最新自动变速器维修实例精华

薛庆文　主编

辽宁科学技术出版社

沈　阳

图书在版编目（CIP）数据

最新自动变速器维修实例精华／薛庆文主编. —沈阳：辽宁科学技术出版社，2018.1
ISBN 978-7-5591-0502-8

Ⅰ. ①最… Ⅱ. ①薛… Ⅲ. ①汽车—自动变速装置—车辆修理 Ⅳ. ①U472.41

中国版本图书馆CIP数据核字（2017）第285298号

出版发行：辽宁科学技术出版社
　　　　　（地址：沈阳市和平区十一纬路25号　邮编：110003）
印　刷　者：阜新市宏达印务有限责任公司
经　销　者：各地新华书店
幅面尺寸：210 mm×285 mm
印　　张：20
字　　数：350千字
出版时间：2018年1月第1版
印刷时间：2018年1月第1次印刷
责任编辑：高　鹏
封面设计：杜　江
版式设计：于　浪
责任校对：李淑敏

书　　号：ISBN 978-7-5591-0502-8
定　　价：68.00元

联系电话：024—23284626
邮购热线：024—23284502
E-mail:atauto@vip.sina.com
http://www.lnkj.com.cn

本社法律顾问：陈光律师
咨询电话：13940289230

前　言

　　薛庆文老师找到我，说："新旗，我想请你给一本书写个前言，我认为你很合适。"当薛老师把这本书的出书过程跟我简要说明以后，我很感动，于是答应下来，但迟迟没有动笔，生怕写不好，不能很好地表达出薛老师和本书作者的心绪和感情，不能让我们的读者了解这本书出书的艰辛和与众不同。

　　本书的作者没有什么大咖级的人物，都是我们这个行业还在一线进行服务维修工作的技术服务从业人员，是一群真正名不见经传的"草根"，因此通书没有高大上的理论和道理，也没有华丽的辞藻和言语，只是一篇篇短小精悍，能直接给你解决疑问或实际问题的"小菜"。但请别小看这些文章，这是一群怀揣着理想，愿意为汽车行业奋斗的年轻人，在薛老师的带领下，从准备到编写、修改、等待，才终于与读者见面，见面的方式不是杂志上的文章连载，而是一本书，我想这一点足以让我们为他们感到骄傲和自豪，也为他们这两年的准备及等待画上一个圆满的句号。

　　本书的一大特色就是文章的内容是由众多一线"草根"合著，本书是涉及汽车自动变速器的所有部件，故障现象也几乎涵盖我们日常维修所见：加速、异响、抖动、控制等。本书的案例来源于一线，是作者亲身解决的问题，作者花费心血进行梳理、提炼，体现的是从现象到本质的思维过程和升华。

　　那么这么一群天南海北的年轻人是因为什么缘由聚在一起来完成出书这件事的呢？是2014年的全国汽车诊断技师大赛自动变速器的比赛把他们聚在一起，他们在大赛中脱颖而出，各自展现出高超的技能。他们共同的导师薛庆文老师鼓励并支持他们完成文章的整理和编写，参加本书编写的有白晓迪、白永平、陈小江、陈怡明、房长瑞、黄途富、李铁峰、林巍、刘华伟、裴振国、任君、商爱朋、宋晓章、温棕明、张杰、张银波。另外还有任姿强、綦昕、刘正卫、李喜得、高秀学等也参与了本书的编写，他们中绝大多数是各自赛区的前三名选手，更有一些还是全国总决赛的十佳选手。这一写就是两年多的时间，俗话说好事多磨，很多时候水到渠成才更是一件好事，现在回过头来看看自己写的文章又或写出些成长过程中的感慨。

　　由于水平有限，书中难免有疏漏或不妥之处，我希望广大汽修行业的同事、专家、老师在提出批评建议的同时，更多的是给予这些年轻人鼓励和支持。

　　本书的内容可供汽车后市场的广大从业人员参考、学习、交流，也可作为广大汽车职业院校的师生，尤其是在校学生的课外参考读物。

　　非常感谢辽宁科学技术出版社及《汽车维修技师》杂志社张永主编提供的平台得已使此书在经过近两年的准备期后，最终得以印刷面市。希望在张永编辑支持及薛老师的带领下，他们能再接再厉后续出版第二本、第三本……

　　《士兵突击》的许三多在入伍时是普通一兵，但经过自己不懈地努力，确定奋斗目标，最终成为兵王中一员，只要坚持理想，努力奋斗，我想这群年轻人中一定会出现我们汽车圈中的王者，期待着……

　　能为本书做此前言是我荣幸。

陆兵学院

王新旗

目　录

第一章 奥迪车系

一、奥迪 A6 行驶中发闯

车型：2003 年奥迪 A6（C5）轿车，发动机为 2.8L 自然吸气发动机，变速器为 01J 型无级变速器，不带 S 挡。

行驶里程：283858km。

故障诊断：该车低速行驶时有发闯现象。

检查分析：该车两个月前曾维修过变速器，故障现象也是低速发闯。故障的原因是由于长时间没有更换变速器油，导致变速器油变质，加剧了链条与链轮之间的磨损以致损坏，更换了传动链条，修复了链轮与链条的接触面，故障就解决了。

这次车辆进厂后，首先检查了底盘及变速器，没有发现明显的漏油现象，只是发动机护板下面有轻微的油迹，疑是转向助力油，经检查转向助力油的确已经超过了下限。连接 VCDS 诊断仪，进入 02 自动变速器系统，读取故障码，无故障码。读取数据流进行路试，挂 D 挡和 R 挡时均无冲击，行驶时有发闯现象，与车主描述的基本一致，但明显感觉到这次耸车和两个月前出现的故障明显不一样，这次耸车的频率很低，也没有感觉到明显的变速器打滑现象。当选挡杆在 D 挡位置时闯车现象存在，但当车速超过 90km/h 的时候，耸车的现象基本就不存在了。当选挡杆位于手动换挡模式时，耸车的现象没有那么明显，在手动 1 挡、2 挡、4 挡时有轻微耸动，3 挡和 5 挡则比较明显，当手动 5 挡，发动机转速在 1500r/min 附近时，发动机转速表针有上下摆动的现象，伴随着车身的耸动，当发动机转速超过 2300r/min 时耸车现象基本不存在。会不会是发动机引起的耸动呢？进入 01 发动机系统，读取故障码（如图 1-1 所示）。有多缸失火故障码。读取数据流第 15 组、16 组发动机缺火数据，数据显示多缸偶发性失火，没有规律。拆下火花塞进行检查，发现该车装的火花塞是一个不知名品牌且装了两种型号，考虑到火花塞间隙也已过大，就先更换了一组。换完之后发动机就恢复

1

了正常。

再次进行路试，情况有所好转但变化也不大，此时偶然听到发动机舱有"嗡嗡"的声音，类似于转向助力泵缺油的声音，停稳车辆左右来回转动方向盘，没有出现异响，助力油也是刚加的。还有，出现噪声的时候是在起步和停车之前出现的，没有旋转方向盘，更加证明了不是助力泵发出的声音。此时疑点转向了变速器，怀疑变速器滤网堵塞或者缺少CVT油。反复使"嗡嗡"声出现，发现噪声最明显的时候是在车快要停止时和急加速到发动机2100r/min时，伴随着噪声发动机转速达到1900r/min时变速器有一次强烈的冲击。

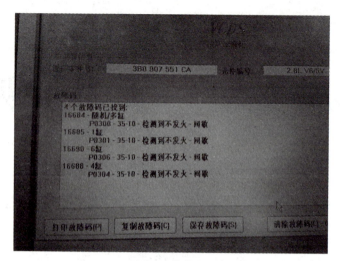

图1-1 故障信息

举升车辆检查，发现声音是从变速器尾部传出来的，检查变速器油，没有油从检查孔流出，熄灭发动机，依然没有油流出，于是拆下发动机护板进行检查，因为之前检查底盘时发现有轻微油迹，但助力油也缺少了，以为漏的是助力油而不是变速器油，颜色是一样的，不容易区分。拆开发现自动变速器的外部过滤器周围有大量的油迹，清理之后发现是由于水箱接口处的密封圈老化导致的漏油。

故障排除：处理好接口处不再漏油，加了足量的同品牌的变速器油，进行路试，做完变速器前进和倒挡离合器自适应，故障排除。

二、奥迪 A6 ESP 异常点亮

车型：奥迪 A6（C6）2.4L 轿车，变速器为 6 速手动变速器。

故障现象：该车在城区行驶时一切正常，一旦出城行驶一段时间，ESP 灯便会点亮，熄火重新启动就又正常了。此时 ESP 故障灯未点亮，只有一个电子手刹的故障指示灯亮着。

故障诊断：操作电子手刹按钮，系统无反应。连接 VCDS 诊断仪，读取故障码。03（地址码）ABS 系统故障码 1-00778- 转向角传感器 -008 不可靠信号，间歇。故障

码 2-00473- 电子停车制动器控制单元（J540）-013 检查 DTC 故障存储器。53(地址码)
驻车制动系统，故障码 1-02443- 操作单元 -012 电路有故障，故障指示灯点亮。清
除故障码，转向角 G85 的故障可以清除，02443 清除不掉。本着先简后繁的原则，先
检查电子手刹系统。根据故障码提示，可以认为是手刹开关的故障，因为给出的是操
作单元电路故障，而不是控制单元电路故障，或者是执行器故障。读取数据流 02 组，
02 区（如图 1-2 所示），显示为操作按钮故障，反复用力操作几次按钮，又恢复正常，
再次按压按钮又显示故障。拆下开关发现，开关的机械部分磨损严重，有时按压不到
位，更换全新的开关，故障排除。

但这和 ESP 又有什么
关系呢！很显然它们不是
一个系统，应该没有什么
必然联系。又考虑到 ABS
系统里的转向角传感器信
号失真的情况，笔者决
定把它们当成 2 个故障看
待。于是进行路试，看数
据有没有不正常的，读取
数据流，车速 40km/h 直线
行驶时，转向角角度一直
在 10° 左右（如图 1-3 所
示），而正常时应该是 0 左
右。停车做转向角基本设
定，试车，转向角度恢复
正常，试车 20km 后故障未
再出现。

故障排除：更换电子
手刹开关，对 G85 转向传
感器进行基本设定，一周
后回访故障未再出现。

故障总结：后来和车

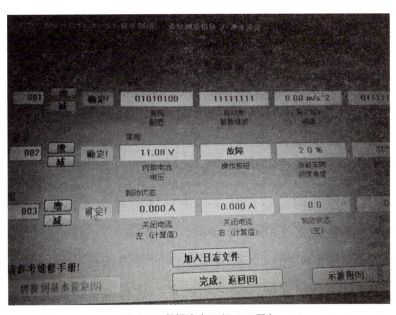

图 1-2　数据流（02 组，02 区）

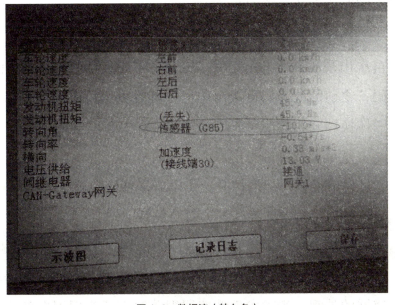

图 1-3　数据流（转向角）

3

主沟通了解到，该车曾在半年前由于 ABS 泵故障，更换过一次 ABS 泵总成，ESP 故障灯以前也点亮过 1 次，但被修理工告知系统正常，不影响刹车。最近车主揽了一个工地，离市区比较远，偏偏电子手刹开关又出现故障了。分析 ESP 故障灯点亮的原因，上一次修理工换完 ABS 泵时没有对转向角传感器 G85 进行正确标定，而该车一直也没有跑过长途，只是最近跑的路线距离比较长。模块根据转向率与横向加速度传感器给出的数值，存在且超过一定时间的不匹配，所以储存故障码，点亮故障灯。车主来的时候说过，跑到妹冢（地名）就亮灯，好几次了。

三、奥迪 A6L（C7）变速器故障灯报警

车型：2012 年出厂的奥迪 A6L，配备 0AW 无级自动变速器。

故障现象：来站时没有故障，客户要求做保养，结果更换完变速器油，客户将车开走途中仪表显示变速器故障灯点亮，但行驶正常。

故障诊断：技师接车后确认仪表显示变速器故障灯报警，车辆行驶无任何异常。用故障诊断仪 VAS6160 诊断，变速器有一条偶发性的故障码：P189100，TIPTRONIC 开关信号不可信，查看故障发生的环境条件，故障码刚刚出现，故障频率为 1 次。询问客户得知，之前行驶一切正常，从来没有过报警的现象。由于刚刚只做了更换变速器油的维修项目，再次回想维修作业的经过，都是按照标准流程操作的，维修出现什么问题能和此故障有联系呢？

由于是偶发故障且频率为 1，删除故障码后继续试车，结果还没开出公司，仪表再次出现变速器报警，中文提示："变速器故障，请到维修站检查！"再次查询故障码，之前的故障码再次出现，分析故障码，应该是变速器控制模块收到了错误的手自一体换挡开关的信号或者信号传输有中断现象。

造成此故障的可能原因主要有：

（1）手自一体换挡开关供电或搭铁线故障。

（2）手自一体换挡开关本身故障。

（3）手自一体开关到变速控制模块之间线的通信线路存在间歇性故障。

再次分析此故障的出现过程，突然想起在换变速器油的时候还特意检查了一下变速器的外观，当时发现变速器端盖线束插头周围有部分油膜粘灰后的痕迹，因为插头

部位存在轻微渗油的现象在此款变速器较为常见，一般如果没有出现大量的漏油或存在变速器性能故障，我们是不做处理的，所以换油的时候没有引起足够的注意。另外该款变速器由于插头针脚部位漏油的故障导致变速器报故障码的案例在以前也遇到过

几例，综上所述，决定先看看插头部位，结果拔下插头后有部分水和油的混合物流了出来，线束的插头侧针脚已经有腐蚀氧化发绿的痕迹，至此，故障原因也就明了了（如图1-4所示）。

由于车辆之前涉水，水进入了变速器插头部位，针脚被腐蚀，时间长了引起控制模块侧插头密封不好，往外漏油的情况，TIPTRONIC开关和变速器控制模块的信号线存在短路的间歇性故障，变速器控制模块在车辆挂低挡行驶中检测到了

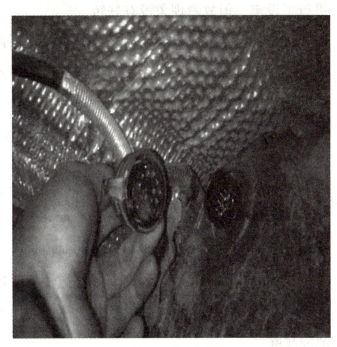

图1-4　故障位置

由于TIPTRONIC开关线路短路引起的错误信号，故而建立了该故障码。但是和本次换油又有什么关系呢？推理：由于之前变速器插头就存在漏油的现象，变速器油的液面略低于正常位置，也不会导致变速器的行驶性能，插头部位的油液也始终不多，故在客户的使用过程中始终没有显现出故障。但本次变速器更换了新的油液，变速器油量充足，液位比之前高，车辆做完换油后通过一段路程的颠簸，大量的变速器油短时间内从变速器控制模块线束插头渗漏出去，导致线路短路的故障出现。

故障排除：更换变速器控制模块和线束后故障彻底排除。

四、奥迪 A4 行驶冲击

车型：奥迪 A4 配置，1.8T 发动机及 01J 无级变速器。

故障现象：该车变速器经维修后出现车速在 10km/h、40km/h、50km/h、70km/h 时车辆有冲击的感觉。

故障诊断：根据该车的故障现象，我们首先利用故障诊断仪 VAS5051 对变速器控制系统进行检测，但没有发现故障码。然后利用故障诊断仪读取了相关数据流，发现有 ADPRUN（自适应正在运行中）的现象。后来我们利用诊断仪对变速器控制单元进行了设定，但故障现象没有好转。

此变速器维修前的故障现象是加油门车子跑不起来。在维修的过程中，我们发现被动锥轮的 2 个锥面和链条已有不同程度的磨损且被磨损的部位主要是被动锥轮的下锥面。根据该款变速器传动系统的结构特点，可以判定是由于锥面和链条间的压力不够而造成的打滑。更换成套的链轮毂以及阀体后，又发现这样的问题。再次拆解检查，未发现任何问题。

经过再次与车主进行询问，听说一年前维修过一次变速器，那时因为车子在高速中突然不走车，并且有很大的声音出现，变速器拆解后发现主动锥轮与中壳连接处的头部发生断裂。其他内部没有发现任何损坏，更换主动锥轮后一切正常。再次进行检查，在中壳与主动锥轮连接轴承处，把轴承拿掉后利用三坐标精密测量，发现有偏心的现象，怀疑是上次所发生的事故而造成的形变。故更换中壳，自适应运转正常，此故障排除。

故障总结：在正常的维修过程中，形变对于变速器所存在的隐性故障越来越重要，对于隐性故障的分析，和精密测量设备相结合，盲目地更换零件可能也会解决问题，但是解决不了真正问题的所在，仔细研究维修的过程才是解决问题的关键。

五、奥迪 A6L 行驶中熄灭

车型：2010 年奥迪 A6L 2.0T，发动机型号为 BPJ，变速器型号为 01J。

行驶里程：83340km。

故障现象：A6L 车速达到 120km/h 时出现失火现象。

故障诊断：现代车辆由于排放标准的提高，发动机控制单元会时刻监测各缸工作状态。一旦发现某缸存在工作不良次数超过设定值就会点亮废气灯；同时会对失火汽缸进行断油，以免损坏三元催化器和排放超标。诊断仪检查有"多缸失火的故障记忆"（如图 1-5 所示），清除故障码后高速试车，发现当车速超过 120km/h 时，方向盘和车身有明显的抖动现象，而此时还没有出现失火现象。继续行驶当车速达到 130km/h 时，在数据块16里发现4缸有失火现象。当失火次数超过24次后点亮废气灯，接着发动机断火。重新熄火再启动，故障不再出现，直到车速超过120km/h。

引起失火的主要原因有：(1) 各缸压缩比相对较大。(2) 某缸点火能量不足（含火花塞、点火线圈以及

车辆车载诊断		01 - 发动机电子设备	
004.01 - 检查故障代码存储器		4F2910115J	4F2907115
成功执行该功能		2.0l R4/4V TFSI	H18 0020
2 是否检测到故障代码？		代码 长	
		经销编号 00000	
00768	P0300	001	
随机/多缸			
检测到不发火			
间歇式			
00772	P0304	001	环境
4缸			条件
检测到不发火			
间歇式			

图1-5　故障信息

电源和搭铁)。(3) 各缸空燃比相对较大（喷油器堵塞或泄漏)。(4) 燃油品质不良。(5) 控制单元软件判断错误。(6) 外部存在电磁干扰。

故障排除： 首先检查火花塞，由于购车时间和行驶里程都很短，发现火花塞燃烧良好。测量汽缸压力4缸在1170kPa，而且各缸压差也较小属于正常。此时分析如果燃油品质和喷油器工作不良，也有可能导致发生失火现象，但客户反映他们单位一起购买了10台同样的车辆，其他车辆也在同一加油站加油并没有出现这样的故障。所以决定对调一下喷油器，看故障是否会出现转移。将2缸和4缸喷油器对调，再次高速试车，发现故障仍然是4缸失火。虽然发动机控制单元也有可能导致这种故障，但发动机控制单元并不是一个易损件，所以也不敢轻易更换。试车时当车速超过120km/h故障还没有出现时，先出现方向盘和车身抖动，而这个故障是由于轮胎动平衡不良所致。虽然轮胎动平衡不会直接导致失火，但会导致曲轴转速产生波动；而失火检测的方法一般是通过曲轴位置传感器和凸轮轴位置传感器来检测各缸工作时，转过相同的曲轴转角所用的时间，和标准数据对比从而得出某缸失火。将4条轮胎做了动平衡，再次高速试车，当车速超过120km/h时不再出现方向盘和车身抖动现象，经长时间试车且车速超过180km/h也没有出现失火记录。

故障总结： 由于轮胎动平衡不良，导致发动机转速波动；发动机控制单元误以为失火，从而点亮废气灯并切断4缸供油。为什么这种情况只会报4缸失火？分析是由于4缸和变速器离得最近，自然受轮胎（半轴）转速波动影响比较大。

六、奥迪 A6L 加速无力

车型：奥迪 A6L 2.0T，发动机型号为 BPJ，变速器型号为 01J 无级变速器。

行驶里程：120292km。

故障现象：加速无力，有迟缓的感觉。

故障诊断：首先分析加速无力的症状，大致分为以下几方面的原因：

（1）火花塞、点火线圈点火性能不好。

（2）涡轮增压及空气再循环阀 N249 损坏。

（3）系统漏气或者真空管路堵塞。

（4）排气不畅或者排气管堵塞。

（5）混合气不正确，过浓或过稀。

（6）燃油低压或高压部分出现异常。

首先连接故障诊断仪 VAS5053 进入 01 发动机系统读取故障码，显示故障码为 000665，涡轮／机械增压不足，P0299-002；001089，EVAP 排放控制系统错误，P0441-001，清污气流，间歇。由于验证第一个故障码需要出去试车才可以验证，所以在车间要先解决第二个故障码，EVAP（燃油蒸发控制）系统的工作原理、工作过程：燃油箱的蒸气经蒸气管道进入活性炭罐，当满足一定条件 ECU 控制炭罐电磁阀打开时，空气自炭罐底部进入，经炭罐真空软管进入进气管。

ECU 控制炭罐电磁阀打开的条件：发动机启动已超过规定的时间；冷却液温度高于规定值；怠速触点打开；发动机转速高于规定值。

对发动机的影响：影响混合气成分，中高速时，进气量大，影响小。

由此可以看出，最主要的就是炭罐电磁阀 N80，那么会不会是 N80 的卡滞造成的呢？首先拿 VAS5053 诊断仪进入发动机读取数据流 1 组检查混合气，来回一直调节显示正常。然后再进行系统执行元件输出测试，目的主要是让 N80 长时间的通断，看看到底会不会卡滞，因为是间歇性的故障，所以看看是否会卡滞导致长通，经过来回地通断再用嘴吹，单向功能良好，那么可能是其他原因导致的了，显示的间歇性可以理解为偶发性的故障。

随后出去试车，读取发动机 14、15 组数据，显示正常，没有失火现象的发生。

随后读取 106 组燃油高压压力的数据，也可以达到 11000kPa 以上，说明没有问题。读取 115 组数据故障点找到了，第 3 区数据和第 4 区的数据相差竟然达到 27kPa 左右，第 3 区显示为实际的增压压力，第 4 区显示为标准的增压压力。正常的相差不能超过 20kPa。那么难道是 N249 损坏造成的？随后拆下检查发现中间小活塞的回位弹簧有点稍微卡滞，于是便和客户协商更换 N249 循环电磁阀，客户同意更换后装车试车，在试车过程中读取数据流没有发现异常，同时加速无力的现象消失了。

故障总结：对于循环电磁阀 N249 装配在 C6 上面的是电动调节的，与气动调节相比更为可靠。N249 的主要作用是：在超速阶段或换挡阶段，持续的增压压力作用在压缩室，由于该压力对涡轮增压轮有强烈的制动作用，因而使增压压力降低。为了避免这种现象的发生，循环电磁阀 N249 通过电动调节打开旁通通道，使压缩气体通过增压轮被引至循环管路入口，因此使涡轮保持在一定的转速运转，当节气门打开时循环电磁阀 N249 被关闭，增压压力立即升高到可用压力状态，此车就是由于 N249 关闭不严或者关闭不上等原因造成压力过低，从而造成加速无力等现象。在进行维修工作时，一定要认真地读取数据流，不放过每一项可能发生故障的点，方可以快速地排除故障。

七、奥迪 A6 空调制冷不良故障

车型：奥迪 A6 2.4L，出厂日期为 2004 年，发动机型号为 BDV，变速器型号为 01J 无级变速器。

行驶里程：340000km。

故障现象：车主反映，该车在长途行驶后，空调制冷不良，出风口风量减小，停车一会儿或将空调关一会儿后重开空调，空调又恢复正常，但驾驶员侧地板上面有大量的空调水。

故障诊断：根据用户的描述，初步判断是由于空调系统蒸发器结冰造成的故障现象。进厂检查，首先检查空调系统的压力，开空调时检查高低压端的压力正常，高压 1600kPa，低压 280kPa，说明系统的压力正常。用故障诊断仪 VAS5054 检查空调控制单元，未检测到故障码，用数据块检查空调控制单元各个出风口传感器的值也正常（如图 1-6 所示）。

读取测量值 08-08-001（如图 1-7 所示）。

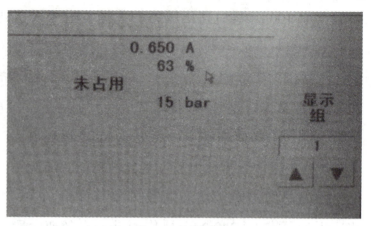

图 1-6　数据流情况

第一区：显示 N280 调节电流，当压缩机切断时，电流小于 0.05A，工作时规定最小电流为 0.3A，压缩机在全负荷工作时电流为 0.65~0.80A，如果蒸发器温度传感器 G263 识别到故障，紧急运行电流为 0.3~0.5A（确保不会使蒸发箱结冰）。

第二区：显示 N280 占空比，压缩机切断时为 0，工作时，根据室内温度的设定来进行调节，一般在 30% 以上。

第四区：高压传感器压力值，压缩机关闭时，在 500kPa 左右，工作时会根据环境温度在 1000kPa 以上（如果小于 260kPa，说明压力过小或没有制冷剂或传感器损坏，大于 2900kPa（包括短时）表示压力过高，可能原因包括风扇不正常、传感器

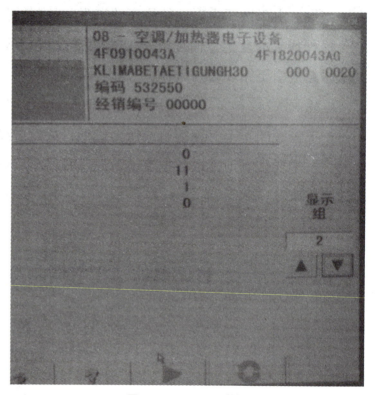

图 1-7　08-08-001 数据

损坏、散热不好等。如果环境温度高于 20℃显示 400kPa，说明高压传感器测量值不正常或缺少制冷剂）。

读取测量值 08-02-002。

第一区：为当前切断原因，第二、第三、第四区分别表示前几次切断条件，如果前几次切断条件都一样，说明故障是实际存在的。

表 1-1 为切断代码条件以及原因，图 1-8 为 A6 空调制冷原理图。

表 1-1 切断代码条件以及原因

切断代码	代码含义	检查方法
0	压缩机打开，未识别到压缩机关闭条件	如压缩机未工作，压缩机故障或查询故障存储器
1	压缩机关闭，制冷剂循环回路中的压力曾经或现在过高	检查高压传感器 G65 测量值 08-08-001 第四区（检查静态压力时注意与环境温度的关系）
2	压缩机功率降低，J623 请求 J255 降低压缩机功率，E87 将调节阀 N280 电流调至 300mA	J623 为了保证加速或由于发动机存在故障，必须把压缩机的扭矩调至最低。检查发动机故障存储器
3	压缩机关闭，制冷剂循环回路中的压力曾经或现在过低	检查高压传感器 G65 测量值 08-08-001
4	压缩机关闭，空调系统中记录一个不允许压缩机接通的故障	查询空调控制单元故障码存储器
5	压缩机关闭，发动机转速低于 300r/min 或未识别到发动机转速	启动发动机，通过 CAN 总线接收不到信息，根据线路图查询空调单元线路
6	压缩机关闭，经济模式按钮 ECON 关闭压缩机或更换 E87 未进行基本设定	取消经济模式，进行基本设定 08-08-001
7	压缩机关闭，空调面板上 OFF 按钮关闭压缩机	接通空调
8	压缩机关闭，测得车外温度低于 5℃	可以给传感器加温（烤漆房），读取新鲜空气温度传感器 G89 和仪表板周围温度传感器 G17 数据，08-08-018（第一、第二、第三区：G263，G89，G17）
9	压缩机关闭，电压现在或者曾经在发动机运转时低于 9.5V	空调控制单元的供给电压太低或接地线有故障
10	未使用	
11	压缩机关闭，发动机温度过高	J285 通过总线系统识别到过高的发动机温度（高于 118℃），并通过舒适 can 发送至 E87，检查水温高的故障
12	压缩机关闭，发动机控制单元关闭压缩机	查询发动机控制单元故障存储器（空气流量传感器、节气门设定等）

奥迪 A6 采用的是变排量式压缩机，初步判断有可能是车辆在长途行驶中压缩机的调节功能失效，一直处在大负荷的制冷状态造成空调系统的蒸发器结冰。造成蒸发器结冰的可能原因有压缩机本身调节功能失效、制冷剂的加注量不正确、系统中有水分、系统的管路堵塞等。

系统的压力虽然在工作时正常，但是压力值正常并不能代表空调系统制冷剂的加注量正常，在回收该车空

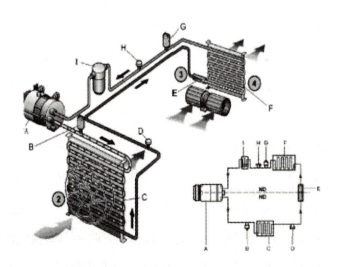

A. 空调压缩机　B. 空调压力开关　C. 冷凝器　D. 高压检测接头　E. 节流孔管　F. 蒸发器　H. 低压检测接头　I. 干燥罐

图 1-8　奥迪 A6 空调系统制冷原理图

调系统的制冷剂时，发现该车空调系统的制冷剂量是510g，正常值应该是650±50g。抽真空并进行系统检漏后，重新加注650g制冷剂，试车，蒸发器结冰的故障现象排除。

如图1-8所示，系统工作时，如果系统中制冷剂的量不够，那么压缩机在高速大负荷运行时，低压端的制冷剂被吸入压缩机，由于制冷剂的量不够，不能充分地循环和补充到低压端，会造成蒸发器内的压力偏低，蒸发器内的制冷剂过少。此时由于压缩机在高速大负荷运行，在高压端的制冷剂压力也比较高，系统的压力差大，制冷剂流过节流管的流速加大，压力变化增大。根据制冷剂的制冷原理，制冷剂压力变化过大时，会大量吸收周围热量，造成温度的急剧降低，从而形成蒸发器结冰的现象。

故障排除：打压测漏后，抽真空并加注标准数量的制冷剂。

故障总结：通过以上的问题分析，我们知道空调系统制冷剂的加注量一定要按照车辆给出的原厂数据进行加注，不能过多或过少。另外，我们要详细地了解系统的工作原理，并根据工作情况分析故障产生的原因，才能快速准确地判断故障并找到引起故障的原因。

在进行车辆故障判断时，一定要确认车辆的故障现象和故障表征，根据用户的描述，初步判断"是由于空调系统蒸发器结冰造成的故障现象"，这种故障判断方法不提倡，应该对车辆进行试车，在故障发生时查看空调系统蒸发器是否真的结冰，只有这样才能有针对性地进行故障检测。依据该初步判定结果，再根据该车采用变排量空调压缩机，又初步判断"有可能是车辆在长途行驶中压缩机的调节功能失效，一直处在大负荷的制冷状态，造成空调系统的蒸发器结冰"。这样的推理逻辑似乎有些牵强。

引发该车故障的根本原因是制冷剂不足。按照常理，如果制冷剂不足，高低压侧的压力均偏低，高压侧热，低压侧冷（制冷剂量正常时的表征也是高压侧热，低压侧冷，但是两者之间是有差异的）。根据检测的压力（高压1600kPa，低压280kPa），该值虽然均在正常范围内，但是均偏向下限，说明制冷剂不充足。如果有红外测温度仪对高低压制冷管路的温度进行测量，同样也能发现温度和制冷剂量正常情况下的温度差异，也同样可以判断出制冷剂不充足。检测的参数虽然在正常范围内，但是已经偏向了高或者低的一侧，就说明空调系统已经出现了问题，标准值只有一个很小的变化范围，维修手册上给出的标准值范围仅仅是最大允许值，临界上限或下限，均说明系统出现了问题，这一点希望广大维修技术人员高度重视。

八、奥迪 01T 无级变速器 6 挡和 7 挡升挡慢

车型：2009 年奥迪 A6L 高速上不会自动升到 6 挡和 7 挡，行驶里程 10 万多千米，搭载 2.8L 发动机，配备使用 01T 型无级变速器。

故障现象：咨询车主，反映该车近段时间上高速后车速超过 100km/h 很困难，发动机转速始终在 3000r/min，手动检查在模拟挡位 5 挡，模拟挡位 6 挡、7 挡上不去。

故障诊断：接车后首先连接诊断仪进行相关数据的检测，在没有发现明显问题后开始进行道路试验。正常加速行驶起步时感觉良好，很快就升到 2000r/min、60km/h，观察挡位在 5 挡，继续加油至 3000r/min、车速 100km/h，挡位还是在模拟挡位 5 挡，6 挡、7 挡始终上不去，手动换挡能换到 6 挡和 7 挡，反复试验自动换挡就是升不到 6 挡和 7 挡，变速器也没有打滑现象，回厂。

第一步，怀疑此故障是发动机动力不足造成，和车主讲检查发动机火花塞和喷油系统，车主讲发动机在 4S 店检查过，火花塞刚换的，喷油器也清洗了，4S 店要价太贵了，没有选择在 4S 店修理。

第二步，在技术上不能只听别人讲，自己眼见为实，拆掉一个火花塞看看燃烧情况，拆一个火花塞检查是新换的。

第三步，七分诊断三分维修，接上诊断仪再次路试。观察数据流，输入输出转速，ABS 4 个车轮速度，油温等发动机和变速器数据流，一切正常，符合标准，回厂。

第四步，分析故障，从路试上看未发现变速器打滑，又怀疑故障是三元催化堵塞造成。征得车主同意后，检查三元催化，拆下三元催化检查没有堵塞。

第五步，看来故障原因还是出现在变速器上，征得车主同意后拆变速器检查，晚上加班拆变速器，奥迪 CVT 变速器修的不少，但此现象还是第一次遇见，将变速器拆下分解，链轮缸很亮没有磨损，打压测试密封良好，不泄压。看来问题出在阀体上，分解阀体，从多年维修经验上判断，阀体没有磨损，没有问题。

第六步，问题还是出在诊断上出现了判断失误，重新梳理思路，发动机检查没问题，变速器分解了也没问题。车在举升机上升起，在车下面发现前轮两只轮胎是新轮胎，而后面轮胎是两只旧轮胎，难道问题出在这里？

第七步，分析认为，前面是新轮胎，后面是旧轮胎，这样就造成车身后面低于前

面，车身的负荷传感器就会测到高度下降，误认为车后面坐满员了，为了保持动力性能和实现大扭矩牵引力，变速器自动延迟升到高速挡。

在以前参加厂家自动变速器培训中讲到过，目前变速器 TCM 控制系统为实现更好的燃油经济性，新的 TCM 控制系统做了以下改进。

（1）基于负荷的换挡策略（LBSS）性能，通过内嵌于 TCM 中的倾角仪实现。

（2）车辆加速度控制系统（VAC）目前将会有 5 级或更多，以取代过去的 3 级，提供了缓和过急加速操作的更大能力。

（3）停车降低发动机负荷（RELS）自动回空挡。

第八步，根据以上推理，赶快把变速器按照标准组装，装车，路试故障依旧。把前面新轮胎装到后面，旧轮胎装在前面，路试 2000r/min 很轻松就能跑到 100km/h，反复路试 6 挡、7 挡很快就能升到，故障消失。

第九步，把故障原因告诉车主，车主回忆 2 个月前，此车前面一只轮胎侧面被扎破无法修补，索性将前面两只轮胎换成了新轮胎，因为车经常在青岛市区上下班跑，时速不快，直到有一次跑高速才发现车速到 100km/h，还不升高速挡的故障。

故障总结：此故障最终原因虽然不是变速器本身故障，但与 TCM 相关，绕了很大弯路，现在车辆技术更新很快，变速器的硬件有更新，变速器 TCM 控制系统同样也有更新。

这个案例让我们了解到车身高度倾角仪负荷的换挡策略使换挡过程得以优化，使变速器的换挡点分配得更加合理，避免无级变速器在大负载下链条发生打滑、损伤变速器链条和链轮缸。

九、奥迪 A6L 行驶异响

车型：2010 年奥迪 A6L，配置 2.0T 发动机，变速器型号为 01T。

行驶里程：85000km。

故障现象：车跑起来有异响，停下就不响，速度越快响声越大，升挡降挡都很正常。故障出现频次：持续。

故障诊断：用故障诊断仪进入发动机系统读取故障码，系统正常，再进入变速器系统读取故障码，也是系统正常。把车子顶起来，启动之后没有响声，挂上挡之后松制动踏板，响声出来了，仔细一听是变速器里面传出来的，和车主沟通之后车主同意分解变速器检查故障点。

按正常程序开始分解变速器，分解之后看到主动链轮上的一个定位轴承磨损严重，而且主轴上的轴承内心也是磨损严重，故障点找到了，就是这个轴承和主链轮上的轴承内心相互磨损严重，使轴承不能正常工作，所以发出响声。

这个轴承内心是拆不掉的，一旦磨损就要把整个主链轮总成换掉，其他的配件还是暂时看不出什么明显异常，因为车主要求只维修异响，所以其他的也没换什么，只换了一根主链轮（拆车）和一个轴承，组装好装车，加油，加完油之后准备挂挡试车。

挂到 R 挡不走，再挂到 D 挡也不走，下意识地踩了一下油门，这时就听见变速器的位置"咔嚓"响了一下，再看变速器中壳和后壳连接处有很多油流了出来，仔细一看原来是裂开了一个口子，位置正是从动液压缸的位置，这是怎么回事？为什么壳会裂开？难道是从动液压缸后面的反丝螺母没紧好，当挂挡从动轮开始工作的时候由于压力大崩出来了？仔细回想一下装配过程，不可能没紧好，当时还用了加力杆加力了，那为什么壳会裂开呢？只好又把变速器拆下来分解看个究竟。

分解之后第一眼就看到从动链轮弹出来了，螺丝帽也出来了，难道是真的没紧好吗？再仔细一看螺丝帽里面的丝也硬生生地都脱掉了，都磨了，是不是螺丝帽没紧好从动轮工作的时候压力大弹出来了呢？在没有找到其他问题之前也只能这样认为了，但还是不甘心，觉得应该不是螺帽没紧好的问题。难道是油路板主油压柱塞卡住了，造成不回油、油压高？把油路板分解之后，看到各个柱塞都活动得很顺畅，也没看出什么问题。另外，既然油压都高出很多了为什么还挂挡不走车呢？分析得出结论，当离合器压力或温度不正常时离合器还有保护功能：（1）安全切断功能。（2）过载保护功能。那么怎么能实现安全切断呢？就是当实际离合器压力明显高于离合器规定压力时变速器就好像进入安全紧急故障状态。在这种状态下无论手动阀在任何位置以及其他系统状态如何，离合器压力都会通过油路板上的一个 SIV 安全阀来安全切断，以确保离合器快速分离。SIV 安全阀是由压力调节电磁阀 N88 激活的，当离合器控制压力（N215 电磁阀的控制压力）上升到约 400kPa 时，到离合器 KSV 的供油被切断油底壳与手动阀连接通道被打开，从而实现安全切断和过载保护功能。而目前的这个压力虽然没有实际测量，但可以肯定的是目前的这个压力肯定是远远超过了 400kPa 的标准压力，其他的配件暂时也想不到如何造成这个故障（原来都是好好的，就是响）。

再次更换了从动链轮缸，这次确定了那个螺帽已经紧得很紧了，更换了中壳和后壳之后再次装车。加完油之后挂 R 挡和 D 挡还是不走，转速表针在挂挡的瞬间还上下波动 100r/min 左右，但是车子还是不走，这次不敢再加油了，再加油还会是那样的结果，挡杆也不敢在挡位上停留。用故障诊断仪进入变速器系统读故障码，故障码是 P1765 液压压力传感器 2-G194 达到自适应极限。

G194 是接触压力传感器，故障码表示达到自适应极限也就是压力非常高了，高得已经超出了控制单元调节的最大限度了，是哪里产生这么大的压力，以至于控制单元都调节不了了呢？由于不敢在挡位上停留，只能在怠速状态下看一下第 10 组前进挡的数据，为 0.310，11 组倒挡的数据也是 0.310，N215 调节的离合器压力是正常的，那么是哪里产生这么大压力呢？分析原因有可能是：

（1）控制单元本身，当接触压力高的时候，控制单元调节不了。

（2）扭力传感器压力太高，压力泄不掉或是不泄，压力达到 G194 反馈的极限。

仔细回想维修过程，控制单元都是原车的，原来都没有问题不可能一拆一装就出现问题啊，难道真的是集成在主动链轮上的机械式扭矩传感器有问题，所有的配件都是原车的，只是更换了主链轮，连扭矩传感器和活塞都是原车的。正在想着，无意当中在 N 挡时转轮胎竟然转不动，卡得死死的，熄火之后再同时转两个前轮，却转得很轻松，N 挡上再启动发动机，又是卡死了。这回原因找到了，是启动发动机后，变速器只要有了油压，就处于锁死状态，主动缸和从动缸都被锁死了。从这一点更能证明是扭矩传感器有问题，当熄火的时候扭矩传感器不工作，所以轮子转得轻松，根据扭矩传感器控制原理分析得出，扭矩传感器发挥的主要作用就是建立起尽可能精确、安全的接触压力，另外，就是监控高精度的静态和动态传递到压力缸的实际扭矩，并建立压力缸的正确油压。扭矩传感器里面的活塞反复调整接触压力，并形成两个压力腔，即扭矩传感器腔 1 和腔 2，腔 1 直接与压力缸相通。发动机扭矩产生的轴向力与压力缸内的压力达到平衡，在车辆稳定运行的时候，出油孔只部分关闭，打开排油孔（扭矩传感器）后压力下降，出油孔进油压力降低，直至恢复压力的平衡。传动比较大时与变速比有关的接触压力在扭力传感器腔 2 内调整提高或降低腔 2 内的压力，腔 2 内的压力是受主链轮上的两个横向孔控制，该孔是通过变速器链轮的轴向位的移动关闭或打开，当变速器位于启动扭矩挡时，横向孔打开（扭矩传感器腔 2 泄压）发动车之后扭力传感器工作，因为主链轮的扭矩传感器位置的油道不同，造成两个腔配合不了或不协调压力顶着一直不泄掉，就平衡不了压力，所以轮子就卡住转不动了。再加油扭矩增高，接触压力随之就更高了，所以就出现了之前的把固定从动轮的螺丝崩出来，从动轮出来把壳体打坏的现象。再一次拆下来分解变速器，直接把扭力传感器分解，把原车的主压力缸放到一起比较，油道不一样，和前面的理论分析如出一辙，后来想起来了，换这个主链轮的时候扭矩传感器工作活塞和扭矩传感器都是装的原车的，肯定就是因为这个换上去的主链轮因为油道不同加上活塞不一样，工作的时候把回油油孔挡住了造成不回油，所以就出现了上述故障现象。

故障排除：更换一样的主链轮装车，再试车问题解决。

故障总结：通过这个案例提醒我们，在维修变速器的时候一定要注重细节，仔细分析工作原理，一步到位，才能降低成本，少走弯路，提高效率。

十、奥迪 Q5 双离合器变速器在热车后挂倒挡熄火

车型：2010 年一汽奥迪 Q5，配置 2.0T 发动机及 DL501（0B5）型 7 挡湿式双离合器控制变速器。

故障现象：该车最早是变速器仪表经常显示报警，故障现象是没有偶数挡和倒挡，但关闭发动机重新启动后故障现象又会消失，所以开始并没有立即维修而是使用很长时间后才到厂维修的。经过检测得到一个故障码：8940-P174E00 [104] 分变速器 2 阀 3（N439- 控制 K2 离合器）电气故障偶发（如图 1-9 所示），更换阀体线板及阀体后现在是热车后有时挂倒挡发动机熄火，如果不熄火会形成严重的连续冲击，严重时发动机立即熄火。

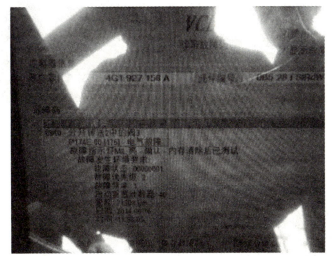

图 1-9　检测到的故障码

故障诊断：我们还是从初始的进厂维修说起。根据故障码含义，我们认为 N439 电磁阀自身的故障可能性不大，应该是控制单元或连接电磁阀的线板线路出现故障，这样我们便把整个机电液压控制单元 J743 总成给拆了下来，并利用万用表直接测量 N439 电磁阀本身的线圈阻值是 6.5Ω 左右，应该没有问题，接下来从控制单元输出端

口的 3 号和 4 号端子到 N439 电磁阀插头处的两个端子进行通断测量（如图 1-10 所示），结果发现 4 号端子与对应的插头端子存在断路情况，这足以证明问题就出在这个线板线路上，而控制单元的可能性不大。

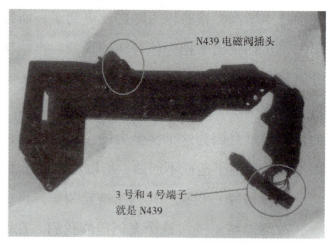

图 1-10　在线板上测量 N439 电磁阀的两条线路

通过配件渠道订购了全新的线板（如图 1-11 所示），重新组装机电液压控制单元，并按照要求调整好每一个液压促动器位置装车，同时还更换了内置滤清器以及原厂 DCTF 润滑油。装车后试车感觉一切良好且变速器再也没有出现过故障报警，故障码也没有再次重现。但用户感觉挂挡接合时不是很舒服，同时快要停车时还有微小顿挫感，因为此次维修仅仅更换一个线板也未涉及其他方面的维修和部件的更换，因此即便有点舒适性上的瑕疵也应该不是什么问题，于是就这样交车了。

图 1-11　全新的阀体线板

可是车主使用了半个月左右又回到厂里，据用户描述凉车时变速器基本正常，可是热车后出现偶发性挂倒挡冲击和停车后冲击。经我们再次检测并没有发现变速器有任何故障码记录，但挂倒挡确实有些生硬且有连续的顿挫感，另外就是制动停车 2—1 挡时有轻微的冲击感。在之前维修中就是更换了一个线板和变速器润滑油，当前的换挡品质应该跟上次维修没有任何关系，也许维修前也有这样的问题，只不过有可能用户没有太在意而已，这样跟用户做出合理解释后我们分析故障的可能性。

在以往针对这款变速器维修中 2—1 挡冲击故障，绝大部分都来源于液压控制部分，如电磁阀或阀体，而挂倒挡冲击问题大多数也是跟液压控制系统有关。在征得用户同意后又更换了一块变速器阀体（如图 1-12 所示），值得说明的是这个阀体据说是从新变速器中拆出来的，因为如果订购全新的不仅仅是阀体还包括控制单元和线板

（为客户考虑维修成本）。阀体装车后通过长时间路试，发现2—1挡轻微冲击故障现象没有了，但挂倒挡依然还是跟原来一样。在这种情况下我们又通过手工方法做了类似于AT变速器的原地挂挡"打滑自适应"功能。通过反复学习发现挂倒挡感觉有所改变，不过有时还是有连续的冲击且从发动机转速表上看表针在冲击时有上下摆动。

图1-12　更换的阀体总成

　　此时虽然制动停车时的2—1挡冲击得以解决，但挂倒挡冲击问题并没有根治，因此用户对此次维修结果极不满意。后来实在没有办法暂时没有收用户任何费用，先让用户将车提走。

　　用户接车后又使用半个月左右再次返厂，此时故障现象极其明显且有加剧情况。那就是热车后挂倒挡严重连续冲击，有时会导致发动机直接熄火。为什么问题会越来越严重呢？难道原来在没有更换阀体前变速器就存在相应的故障隐患，然后随着使用时间的变化逐渐加剧？但此时在接下来的维修中应该从哪入手呢？是控制单元问题还是双离合器问题？在这种情况下通过4S店朋友的指导来进行变速器的各项匹配。

　　因为原来维修中没有更换控制单元等电子部件，所以也没有进行相应的匹配设置，于是我们连接专用诊断仪5054在"引导性功能"路径下进行各项匹配操作，在实际匹配设置操作中"匹配离合器接合点"这一项作业总是被终止，也就是基本设置被中断（如图1-13所示）且提示与输入轴2有关，这说明是与输入轴2相连的K2离合器有关。该离合器（K2）恰恰是管理偶数挡和倒挡的，难怪挂倒挡存在问题。其实在之前试车时1—2挡也有轻微的感觉，而3—4挡和5—6挡就不明显了。通过反复执行"匹配离合器接合点"功能的操作但依然不能通过，从这一点来说极有

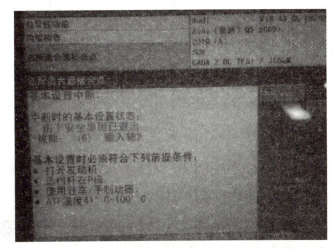

图1-13　利用专用设备进行离合器的匹配设置

可能是离合器机械方面出现了问题。

故障排除： 分解变速器后将双离合器解体发现 K2 离合器已经烧损（如图 1-14 所示），而管理奇数挡的 K1 离合器完好无损，最后更换双离合器，匹配成功后故障彻底排除（注：DCTF 润滑油已经因为烧片而被污染，所以重新更换的同时连同内外滤清器一起更换）。

图 1-14　烧损的 K2 离合器组件

故障总结： 本来该变速器问题并不大，可是在实际维修中却反反复复，真正原因在于之前用户带着故障使用了很久，也就是说，变速器经常没有倒挡和偶数挡时，总是使用奇数挡的过程当中极有可能已经导致机械部件的损伤，包括离合器本身。因此在最早的维修中应该在确定机械部件没有问题的情况下再去更换线板和阀体，那么也就不会出现后来的返修过程了。

十一、奥迪 MOST 系统故障检修

车型： 奥迪 A6L（C6）2.4L。

行驶里程： 86381km。

故障现象： 多媒体系统瘫痪（黑屏）无法使用，如图 1-15 所示。

故障诊断： 该车的多媒体系统采用 MOST 总线通信（光纤）。该系统有个特点，系统环路总的某个控制单

图 1-15　显示黑屏

元故障或总线故障，会导致整个系统瘫痪。根据 MOST 结构图（如图 1-16 所示），该车多媒体系统环路中配备有网关、多媒体操作显示主控单元、收音机、CD 机、音响功放。通过以上信息可以分析出，可能故障原因有：①以上多媒体系统中的某个控制单元故障；②以上多媒体系统中的某个控制单元供电或搭铁电路故障；③光纤总线故障；④多媒体操作面板故障。

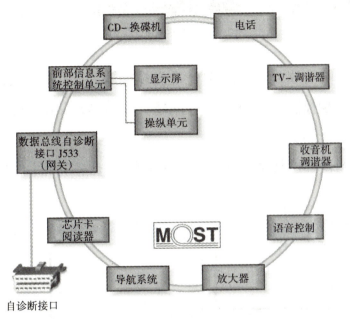

图 1-16 奥迪 MOST 结构图

（1）使用 X431 进行故障码读取，网关中读取故障码：00384 光学数据线，00463 数字音响控制模块 J525（如图 1-17 所示）。

（2）光纤系统故障可使用专用诊断仪 VAS5054 或 VAG6150 引导型功能中的环路中断诊断功能进行直接结果诊断。

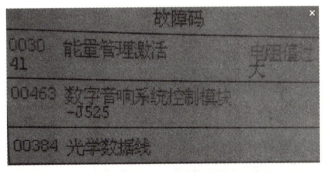

图 1-17 故障码

（3）根据光纤系统特性分析，如果将故障控制单元光纤总线进行短接，系统便会显示正常，但不可短接多媒体操作显示主控单元。

（4）逐个短接光纤总线的各个控制单元，最好使用光纤短接头进行，在没有的情况下可以通过如下方法判断：拔下控制单元光纤接头，打开接头锁定开关，拔下其中一根光纤导线，直接对接另一根光纤，重启系统检查（如图 1-18 所示）。

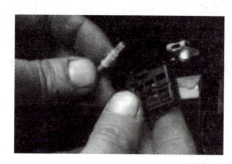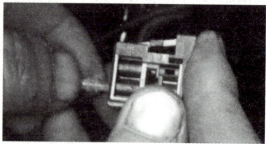

图 1-18　光纤应急短接方法

（5）当短接到音响功放单元 J525 时，重启多媒体系统显示正常，只是处于静音状态。由此可以判断音响控制单元 J525 存在问题。控制单元存在故障可能是供电或搭铁故障。

（6）根据电路图检查控制单元供电及搭铁正常，电路图如图 1-19 所示。

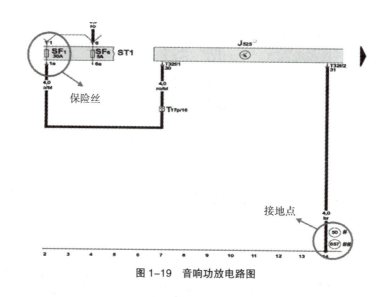

图 1-19　音响功放电路图

（7）音响控制单元 J525 故障。

故障排除：更换音响控制单元 J525，解除部件保护。

故障总结：光纤系统在 2003 年已经在奥迪 A8D3 上使用，现在的高级轿车中大部分都在使用，作为一名维修技师，必须掌握光纤系统的原理并学会检修方法。

MOST 系统的优点：传输速率大，目前传输速率最快的总线系统就是 MOST 总线。大众车系 MOST 总线应用在音响娱乐系统中，用于传输音频和视频信号。当然也有抗干扰强等优点，各种传输方式对比如表 1-2 所示。

表 1-2   各种传输方式对比

总线类型	LIN 总线	CAN 总线	FlexRay 总线	MOST 总线
传输速率	20KB/s	500KB/s	10MB/s	22.5MB/s

MOST 系统的缺点：MOST 系统是环形结构如图 1-20 所示，该结构的缺点就是环路中的某个控制单元损坏或环路中的某段光纤损坏会导致整个系统无法正常工作或不工作。

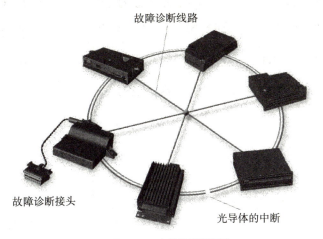

图 1-20   中断诊断原理图

在大众奥迪的音响娱乐系统中 MOST 系统故障通常会导致黑屏、画面断断续续、声音断断续续等故障，系统不受控制等。

当 MOST 系统出现故障时有以下三种诊断方法。

（1）环形中断诊断。在大众的 MOST 系统中，环形中断诊断必须借助专用诊断仪 5054a 或 6150b 进行，环形中断诊断是诊断管理器执行元件诊断内容的一部分。其诊断原理是：诊断线通过中央导线连接器与 MOST 总线上的各个控制单元相连。环形中断诊断开始后，诊断管理器（也就是网关）通过诊断线向各控制单元发送一个脉冲，这个脉冲使得所有控制单元用光导发射器内的发射单元发出光信号。在此过程中，所有控制单元检查两方面功能：一是自身的供电及其内部的电控功能；二是从环形总线上的前一个控制单元接收光信号。诊断管理器根据环路上的各控制单元是否发出光信号和接收到光信号，便可识别两类故障情况，发生故障的控制单元和数据传递中断发生在哪两个控制单元之间。

（2）衰减诊断。衰减诊断的基本原理与环形中断诊断基本相同，也必须使用专用诊断仪进行。不同之处是诊断仪会通过计算发射功率与接收功率之间的关系比例来计算光的衰耗，如图 1-21 所示，光的衰耗越大传输率越低。该诊断方法可判断环路中相邻两个控制单元之间的光纤是否有弯折或损坏。

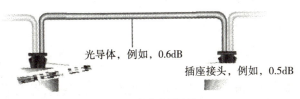

图 1-21   衰减诊断原理

23

（3）短路诊断。在光纤系统的诊断中还有一种更为简单直观的诊断方法就是短路诊断。当系统出现工作不正常或完全瘫痪时，光纤环路中的任何一个控制单元都有可能存在故障，这时我们可通过短接的方法一一去判断。如在图 1-22 的环路中如果想确定是否是电视接收器导致的故障，可断开 TV 接收器短接光纤。如果断开 TV 接收器故障消失，则故障点就在 TV 接收器上。在操作过程中不能短接显示操作单元 J523。注意在确定某个控制单元是否损坏时一定要检查其供电搭铁编码等。

在奥迪 A6L 2011 款（C7）中仪表板也处于 MOST 环路之中。

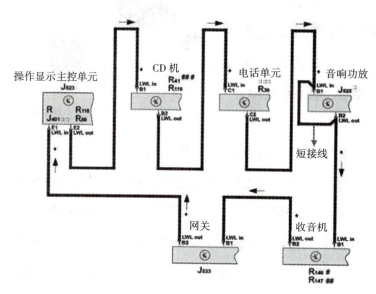

图 1-22 光纤短路诊断

十二、奥迪 A4L 发动机怠速抖动且有异响

车型： 奥迪 A4L（B8）

故障里程： 38107km。

故障现象： 车辆出厂行驶 30min 后发动机怠速抖动且有明显异响。

故障诊断：

（1）诊断仪检测发动机控制单元，故障码为凸轮轴位置传感器无信号——静态，无法删除。通过读取凸轮轴位置传感器数据流，为静态。读取发动机转速传感器数据流，数值正常。先后更换凸轮轴位置传感器和测量相应的线束，均没有问题。

（2）该故障同时伴有异响的存在，该声音明显来源于汽缸盖，于是对其进行拆解，如图1-23所示，同时检查配气正时是否准确。

轴承支架的作用：作为凸轮轴轴承同时供给凸轮轴所需的机油；提供凸轮轴调整所需的机油；N205（凸轮轴调节器）的支架。

轴承座已经磨损，如图1-24所示，控制阀穿过轴承支架后拧入凸轮轴内，凸轮轴通过支架进行轴向定位。

异响的产生：拆下轴承支架后发现，控制阀非常松动并且用手可以直接拧下，这说明在轴承支架损坏后，随着凸轮轴的运转，支架的变形量逐渐增大，导致控制阀凸缘一侧与支架一侧摩擦力增大，使左旋螺纹的控制阀松动。失去轴向定位的凸轮轴与轴承座产生撞击声导致异响。

图1-23　轴承支架出现裂纹

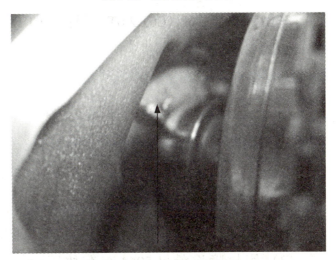

图1-24　轴承座已经磨损

更换轴承支架和凸轮轴，重新校准正时，异响消除，但发动机依然抖动。匹配节气门，故障依旧。相关控制单元无故障码。

检查汽缸缸压正常。测量机油压力，低转速和高转速压力均在正常范围内。而且高转速时发动机工作正常，综合各种因素判断问题出在配气正时，进气凸轮轴调节机构出现故障，于是对控制阀进行拆解，意外发现控制阀在常态时阀芯位置不正常，如图1-25所示。正常阀芯位置为阀芯与端面齐平，安装调节阀电磁铁后与阀芯有一定距离，而故障阀芯直接与电磁铁接触。

控制阀损坏后不能正常向凸轮轴调节装置提供相应流向的机油，也就

故障状态　　　　　　　　正常状态

图1-25　控制阀状态

不能驱动凸轮轴转角提前，怠速时进气量不足，导致发动机的抖动。更换控制阀后故障排除。

故障总结：该车为事故车，保险定损拆解时只是电磁铁插头发生损坏，没有考虑到撞击会使内部轴承支架损坏。由于电磁铁与控制阀距离很近，撞击瞬间可能导致控制阀受力，使阀体和阀芯的公差出现错误，所以在以后的工作中要更加细心地检查。

十三、奥迪 A6L 发动机故障灯报警（OBD)

车型：奥迪 A6L（C6）2.0T，配置 2.0T Bp5 发动机和 01J 变速器。

故障里程：70960km。

故障诊断：

（1）用故障诊断仪 5054 检测有故障码：00768　P0300　001　检测到失火　偶发，00768　P0300　001　检测到失火　偶发。

（2）将点火线圈做上记号，将 4 缸点火线圈与 1 缸对调后，试车故障未出现，与客户沟通先将节气门喷油嘴进气系统和三元催化进行清洗，并添加 2 倍的 G17，一切正常。将车交予客户。客户跑了 100km 时发动机故障灯再次亮起，客户再次进站。

（3）用故障诊断仪 5054 查有故障码：00135　P0087　002　燃油油轨压力过低　偶发，08584　P2188　008　汽缸列 1 燃油计量系统，系统在怠速时过浓。

（4）根据引导性故障查询生成测试计划，检查炭罐电磁阀 N80 正常，炭罐也正常。读取测量值 4 速时的控制值为 −6.3，正常值为 −6~5，由数据可以看出混合气确实过浓，检查机油中并没有多余的燃油，检查空气流量传感器的数据正常 3.3g/s，标准值为 2~4g/s。

（5）由于是混合气过浓，根据生成测试计划的提示可能是进入燃烧室中的空气太少或燃油太多。如果是空气流量传感器到涡轮增压器之间的管路漏气，空气流量传感器是无法检测到的，拆解检查中冷器及管路均正常，废气再循环系统也正常。

（6）检查氧传感器的供电及信号均正常，拆解检查三元催化没有堵塞情况。

（7）由此分析问题应该出在油路上，分别对高低压油泵及管路进行检查，正常，没有泄漏情况，检查喷油嘴阻值及供电均正常，怀疑是不是由于喷油嘴的内部针阀磨损导致喷油量过大，才引起混合气过浓的，抱着试一试的态度将 4 个喷油嘴换成新的，将车交予客户后跟踪故障排除。

故障排除：更换 4 个喷油嘴，如图 1-26 所示。

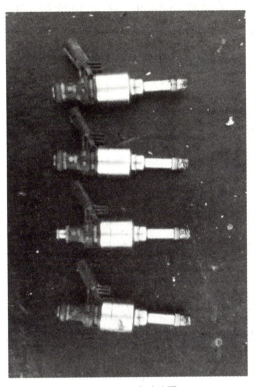

图 1-26　4 个喷油器

故障总结：在维修 OBD 故障灯报警时一定全面检查，各个方面都要考虑到。尤其是对数据块的数据认真分析才能准确地找到故障点，不要盲目地换件。避免不必要的重复维修，细心决定一切。

十四、奥迪 A6 更换方向机及助力泵和管路后方向无助力

车型：奥迪 A6（C5），配置 AP5 发动机。

故障里程：202582km。

故障诊断：该车检查方向转动过程有时个别位置重的故障。当时检查发现转动方向盘向左或右打方向 2 圈后回位的过程中有方向发沉现象。当时助力油压在关闭油压表 10s 内只有 5000kPa，离标准油压 11000~12000kPa 差 7000kPa，转向助力泵压力明显不够，进行更换转向助力泵测量油压为 12000kPa。在排除转向柱及两侧车轮悬挂后，判断为转向机内部故障。进行更换后发卡现象是没了，但方向盘较以前更重，好像没

助力一样。向左/右打方向时助力油壶中的助力油油位上下变动。打死转向时高压也能达到12000kPa，但是方向非常沉，并且还有个非常特别的感觉，就是发动机不启动时方向盘感觉还轻些，启动了反而有些沉，来回快速打方向盘时还能明显感觉到方向机内部扭力杆工作到极限。

根据以上检查诊断初步分析为：

（1）高压油管挤压/堵塞；

（2）回油管回油不畅；

（3）助力油壶过滤网堵塞；

（4）系统管道有空气未排干净。

根据以上分析后进行替换高/低压管、助力油壶，排空气后故障依旧。此时启动发动机读取助力管高压端的高压表数值，在关闭开关后1~2s压力为12000kPa。切断从方向机到助力油壶的回油时油压表不变化，但能感觉到回油管内有压力存在。此时维修陷入僵局（在更换助力油储液罐、助力泵、高低压油管、方向机后方向盘依旧很重）。怀疑是不是新换的方向机内部问题，导致方向盘比没换时重呢？由于没有相同的车型进行检测与替换，故将换下来的方向机重新装入故障车后发现方向盘还是很重，比进厂时重。此时感到奇怪，为什么车辆来我站时方向盘比现在轻，决定重新更换助力泵后测试发现方向盘变轻，但旧方向机发卡现象依旧存在。

难道新换的转向助力泵有问题吗？按照维修手册要求检查转向助力泵，输出侧关闭油压必须达到11000~12000kPa，测试时间不能超过10s。此助力泵完全符合正常转向助力泵的检测要求。然而事实确实说明该泵有故障无法实现转向助力功能。如此简单古老的液压转向助力系统是什么问题导致此故障呢？

我们还是从原理分析该问题吧。系统原理图如图1-27所示。

助力过程如下：转向助力泵运转将储液罐的液压油经过泵腔加压→输出至转向机机械阀→机械阀通过驾驶员施加在扭力杆上的扭力来实现位移，扭力越大输出至活塞腔的液压油越多，助力扭矩越大→机械阀根据扭力杆旋转方向来决定向活塞左腔还是右腔供油→活塞根据左右油压压力实

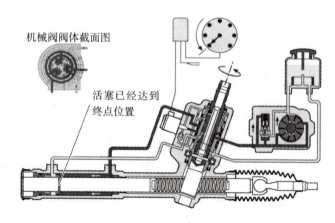

图1-27　系统原理图

机械阀阀体截面图

活塞已经达到终点位置

28

现左右移动助力→相应的低压腔通过机械阀将油压泄至储液罐完成助力功能。

机械阀工作过程：在直线行驶时，方向盘处于中间位置，方向盘辐条处于水平位置，阀芯和阀套之间也处于中间位置，所有控制口接通，液压油毫无阻碍地流经转向阀返回到储油罐。方向盘转动时，转向轴带动阀芯相对于阀套运动，由于阀的控制边口位置的变化，液压油将进入转向器的油缸内，推动活塞运动而产生推力。当向右转动方向盘时，转向力矩使得弹性扭力杆扭转，并且转向管柱的转角要比方向机小齿轮转得多一点，这就使得右边旋转柱塞阀芯下移，使得进油通道开大；左边旋转柱塞阀芯上移，关闭进油通道，此时左右旋转柱塞阀芯分别打开和关闭各自的回油通道。根据右边旋转柱塞阀芯进油通道开度大小，来控制流入工作缸左边的液压油的流量和油压。工作缸左边的液压油推动方向机活塞向右运动，起到助力作用。方向机活塞移动距离的大小，则取决于施加在方向盘上转向力矩的大小。方向机工作缸右边的液压油在方向机活塞的作用下，通过打开的回油环槽返回到储油罐中。当向左转动方向盘时情况与向右转动方向盘时相反，如图 1-28 所示。

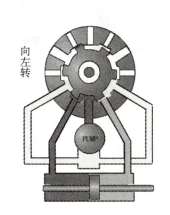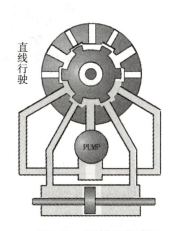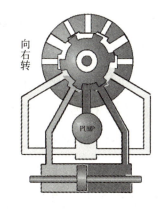

图 1-28 机械阀工作过程

现在我们将该车故障总结一下，该转向助力泵故障大体表现为：

（1）无转向助力且启动后比不启动时略沉；

（2）方向快速来回打能感觉到扭力杆到达极限位置。

且有一个特别的感觉就是方向打死以后，一般车辆能迅速听到转向助力泵泄压的声音，此车需要延迟几秒才能听到泄压声。

我们现在再看一下转向助力泵的工作原理。机构图如图 1-29 所示。

转向助力泵为一个叶片泵通过改变工作腔容积来实现增压，原理较简单，其内还有一个压力安全阀稍复杂。我们先看下它的工作原理：在发动机正常运转时输出压力不足以开启压力控制阀，所以柱塞两段压力保持平衡，上端的弹簧使其处于关闭状态。高速运转或负荷增加时控制阀上端压力克服下端弹簧弹力使控制阀处于打开状态，因节流作用使活塞上腔压力下降，当压力下降至活塞下腔克服活塞上腔压力与弹簧的合力时，活塞开始上移将泄压口打开，将压力控制在 11000~12000kPa 标准压力，如图 1-30 所示。

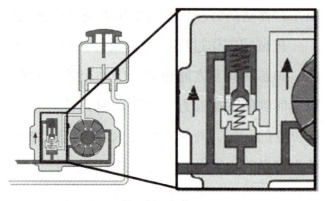

图 1-29 机构图

分析此车的 3 个故障现象，有一点非常值得怀疑，该车测试时关闭管路后压力比正常车压力上升得缓慢，最高压力可以达到说明活塞压缩能力良好，但是在同等容积下压力上升过慢说明泵输出流量不够。难道是有堵塞或泄漏吗？

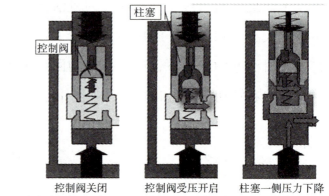

| 控制阀关闭 | 控制阀受压开启 | 柱塞一侧压力下降 |
| （油液流动方向 ➡） | （压力平衡情况 ➡） | （控制阀压力平衡情况 ➡） |

图 1-30 工作原理

带着疑问我们分解了新的转向助力泵，如图 1-31 所示，发现在泄压阀上面有一小块油管橡胶，橡胶部分打开了泄压阀柱塞导致泄漏，所以油液走了内循环导致流量不够，然而当输出管路关闭或负荷增加时，该口因泄漏小于输出量，所以又不影响最高压力，只是有些缓慢，从而导致此故障发生。

在整个检测过程中我们忽略了一个重要问题，那就是维修手册只给了最高压力来判断转向助力泵的好坏，没有把正常工作压力列入检测范围，而此车实车检测时发现故障泵不打方向盘时的压力为 200~300kPa，打方向盘过程中能升高至 600kPa 左右，而正常车不打方向的压力为 800~1000kPa，打方向盘过程中为 1500kPa 左右。

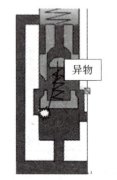

图 1-31 泄压阀上有异物

那么此车还有一个故障现象我们如何解释呢？启动发动机后方向盘反而有变沉的感觉。经过仔细分析认为，由于助力泵输出油量过少，导致正常工作压力过低，同时由于流量低，在转向机等各接口部位的节流作用增大。以左转向

30

助力为例，驾驶员操作方向盘使其旋转，旋转扭力施加于扭力杆上，迫使其转动，因转向助力液不足导致基本无助力，于是扭力杆变形至极限。阀门开度开至最大，但是由于机械阀阀门前端存在节流，所以进入转向机活塞右室的油液严重不足，然而在机械齿条的带动作用下活塞强制向左移动，导致活塞腔形成接近真空状态，由于真空的形成，所以拉动活塞向右与向左的输入力矩正好相反，从而导致方向更加沉重。

故障排除：清洗助力泵安全阀。

故障总结：通过此案例可以总结出平时维修时要多收集与本车型相关的正常数据，当发现相关系统出现故障时，使用该数据进行对比，从细微的变化中找到问题的切入点，以弥补规定值之外的判断依据不足的现象。

十五、奥迪 A3 开音响后，行驶过程中后部音响喇叭有"吱吱"声响

车型：奥迪 A3，配置 1.8T 发动机。

故障里程：42721km。

故障诊断：进厂试车确认车主反映现象存在，在打开音响后行驶过程中可听到后部喇叭有比较明显的"吱吱"响声，同时发现响声在发动机提速时最明显。将音响声音调到最小后，进行原地怠速加油也可以听到明显的"吱吱"声。

通常引起音响喇叭发出"吱吱"声响的故障原因分为音响系统本身部件故障及音响系统受外部信号干扰故障。

（1）对音响系统本身部件及连接线路供电、搭铁进行检查没有发现异常，对音响系统部件进行逐个替换测试故障依旧，将整个音响系统所有部件都替换后测试故障仍旧，确定音响系统部件正常。

（2）排除了音响系统本身故障的原因后，诊断为音响系统可能受外部信号干扰导致，查找产生干扰的信号源，由于没有什么专用设备可进行辅助检测，因此只能在保证正常着车并故障重现的状态下对车辆的车载电气控制系统（如仪表、ABS、安全气囊系统等）逐个拔掉测试，故障依旧。又用导线在多媒体控制单元的外壳上引至车身搭铁以增强滤波功能，但故障一样。

（3）怀疑音响的干扰信号源可能与发动机有关，故障出现在着车及提速时，不着

车则正常。那么发动机能发出干扰信号源的通常有发电系统及点火高压系统。读取发动机数据块没有发现异常数据（供电电压在正常范围，也无失火或爆震现象出现）。将发电机皮带拆掉后着车测试故障依旧，供电系统正常。

（4）最后剩下发动机点火高压系统，将点火线圈及火花塞同时更换后试车故障消除，将原车点火线圈装回后测试正常，又将火花塞装回后试车故障再现，此时确认故障是由于火花塞不正常引起。因火花塞外观没有发现异常，但已行驶 4 万多千米，根据正常保养要求必须进行更新，要求用户更换新火花塞后故障排除。

故障排除：更换新火花塞后故障排除。

故障总结：对于 FSI 发动机，火花塞的工作条件更加恶劣，车辆必须按保养要求的里程数更换火花塞，否则将增加车辆故障排除难度。

十六、奥迪 A4L 无级变速器奇怪的"异响"故障排除

车型：2010 年一汽奥迪 A4L 轿车，配置 2.0T 发动机及 0AW 型 8 挡手动无级变速器。

故障现象：据用户描述，该车在低速起步行驶时有"吱吱"的声音，经维修厂维修人员试车确实有这种"吱吱"的响声。但这种响声很难去形容，首先不像液压系统吸油不足的声音，其次也不像机械齿轮啮合发出的响声，更不像底盘系统橡胶件发出的声音，同时也不像车轮轴承和变速器内部轴承发出的响声，值得一提的是越急加速越明显。

故障诊断：经维修人员长时间路试得出几点规律：第一，只要车辆行驶起来声音便随机出现；第二，响声的大小多少与输入扭矩有关，那就是油门稍大一点，声响就会明显一些且响声是持续不间断的；第三，松油门后声音明显减轻；第四，车速超过 60km/h 时几乎听不到声响了，同时在原地挂挡时也没有响声。通过对前轮及底盘系统的检查并没有发现可疑之处，最后只能确定声音是来自变速器而不是其他系统。但具体响声来源也只有拆解变速器后再做查找。

拆解变速器对所有转动部件包括轴承、差速器、输入离合器等都进行了细致的排查，但很失望，链传动部分几乎没有任何磨损，差速器部分的齿轮啮合及磨损情况一切正常。通过了解在维修这款变速器与响声有关的信息中，只有轴承、差速器或链

传动部分严重磨损时才有响声。后来把最值得怀疑的半轴轴承以及变速器中壳上的几个轴承，包括从动部分的输出齿轮轴轴承全部换掉（如图1-32所示）。

图1-32　更换的部分轴承

更换一部分轴承、滤清器等部件后装车试车，结果响声依然存在且丝毫没有任何改变。看来更换的那些轴承是被冤枉了，那么难道是其他轴承在作怪？再次路试仔细辨别声音来源，反复起步在低速下大扭矩输入运行（在这种工况下声音最明显），最后还是确定声音与其他系统无关（特别是车轮轴承等），就是出现在变速器本身。但变速器的半轴轴承、主从动轴后端轴承等都已更换，难道是主从动轴前端轴承引发的声响？于是再次将变速器抬下来进行拆解检查，在仔细排查中还是没有看出任何问题，把剩下的主从动轴前端两个非常难以更换的轴承全部换掉，如图1-33所示。

图1-33　主从动轴前端两个轴承

重新装车后响声还是存在，跟没修理前一样，此时维修陷入僵局。在汽车维修领域中异响故障是最难排查的。变速器已经折腾两次了，看来接下来锁定的是异响到底来自哪个系统，然后再仔细地逐一去排查。

在解决异响问题时大家似乎没有什么更好的方法，大多还是靠路试或靠听诊器之类的工具来粗略判断响声部位。经过多个技师的反复试听和判断，大家一致认为响声就是来自变速器且前半段比较明显。迫于无奈第三次拆解变速器并重点对前半部分进行详检。通过对每一个部件的详细排查终于发现了问题所在，那就是输入离合器上的辅助减速齿轮下面出现了一道裂痕（如图1-34和图1-35所示），这一点是大家都想不到的，谁也想不到它会出现裂痕，不注意不仔细认真去查找根本就找不到。

故障排除：更换损坏的输入离合器总成（输入轴），异响故障彻底排除。

故障总结：对于变速器的异响故障排查起来确实有难度，特别是响声不是极其明显且没有规律性的更不容易查找。而这个案例严格上讲应该属于个例，应该是元件本身材质问题导致的。但毕竟在实际维修检查中还存在漏洞，同时对异响大体部位的确定还不够准确，大家只能凭借一些经验来更换不该换的部件进行——排除。

图 1-34 输入离合器裂痕起点处　　　图 1-35 输入离合器总的裂痕长度

十七、奥迪 A6L ABS 灯亮

车型：2005 年奥迪 A6L 配置 2.4L V6 发动机及 01J 无级变速器。

故障现象：据车主说早期出现此故障时关掉钥匙后再打开，报警现象消失。但是不定期又会点亮，尤其在颠簸的路上发生的频率更高。一直到现在，故障灯常亮。紧急制动时 ABS 不起作用，四轮有抱死拖印。

故障诊断：接车后用解码器，选择 ABS 系统读取到故障码：01435 制动压力传感器 -G201 不可信。进入发动机系统读取到故障码：05715/P1653 检查 ABS 的 DTC 存储器 ECU 不可信的信号。用解码器清除故障码，发现无法清除。

把车开到举升机上，用手转动每个车轮读取数据流，发现 4 个轮速传感器都是好的（这一步检查似乎没有必要），根据故障码的字面理解首先找制动压力传感器，但是找遍整个刹车系统都没有找到这个传感器。后来通过查找资料发现原来制动压力传感器和 ABS 继电器等元件是集成在控制单元内部的。索性把 ABS 控制单元拆了下来，用锯条小心地把外壳划开。

经观察发现由电路板至控制单元插头的 4 根连接跳线在根部已经断开了。尝试着用细电线将其焊好，装复后用解码器再调故障码，发现制动压力传感器的故障码能够清除了，ABS 故障灯也熄灭了，但是发动机系统的 05715/P1653 故障码还是清除不掉，同时侧滑灯还依然点亮。

再次进入 ABS 系统又读到一个 00778 转向盘角度传感器 G85 无法清除。通过查阅资料知道，有可能是由于拆开了 ABS 控制单元无意地使 G85 传感器的标定数值丢失才会报 00778 故障码。看来只有先把 G85 传感器做一下基本设定，看能不能解决问题。

方法如下：进入 ABS 系统选择安全访问，输入 40168，此时方向盘必须是正的，然后把方向盘左打 15° 再右打 15° 后回正。再进入（基本设定）输入通道号 001 后侧滑灯熄灭了。

故障排除：通过简单的焊接之前所有亮起的故障灯全部熄灭，故障排除。

故障总结：其实这个故障并不特别复杂，只是对此车的控制系统不熟悉，因此走了许多弯路。今后的工作中要多了解现代汽车的设计理念以便直接、准确地缩小故障范围，更快地排除故障。

十八、奥迪 A6L 变速器时常进入安全保护模式

车型：2007 年奥迪 A6L，配置 2.4L 发动机及 01T 型链传动无级变速器。

故障现象：挂挡冲击、起步耸车、制动停车冲击，严重时挂挡发动机熄火。

故障诊断：该车故障最早是在其他修理厂维修的，由于是偶发性故障，因此折腾几次故障都没有得到解决。这样我们从头梳理一下整个的检修过程。

最早用户描述该车在没有任何规律和征兆的情况下仪表中变速器挡位指示灯全部点亮，此时车辆会出现挂挡冲击起步冲击等现象，但关闭发动机重新启动后又恢复正常，同时有可能十天八天故障现象都不会重现。进厂后维修人员并没有试出故障现象来，但从该车的变速器电控系统却读出两个故障码（如图 1-36 所示）。分别是 01831（P0727）无来自 ECU 的转速信号，间断；05955（P1743）离合器打滑监测信号过高。考虑到两个故障码中的 01831（P0727）属于偶发性的，因此重点考虑 05955（P1743）故障码。从字面意义上分析 05955（P1743）离合器打滑监测信号过高，

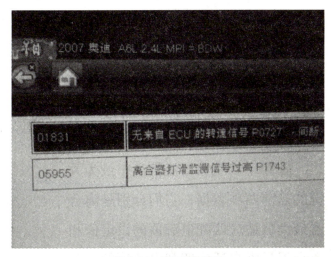

图 1-36　读到的故障码

其实就是变速器控制单元监测到了离合器的打滑量过高而已。而形成该故障码的设定条件有很多可能性：离合器本身存在严重打滑、阀体故障、阀体至离合器之间的油路存在泄漏、计算离合器打滑量的某个传感器信息不良或信号干扰、控制单元本身计算错误等。

删除故障存储器并进行路试，只有在中油门或大油门情况下车辆在起步及低速过程有耸车现象，而小油门正常加速行驶一切正常。反复试车来验证这种耸车感觉，其实就像离合器接合不牢那样，同时在监测第七组数据流时确实发现这种耸车现象出现时是因离合器打滑带来的，如图 1-37 所示。

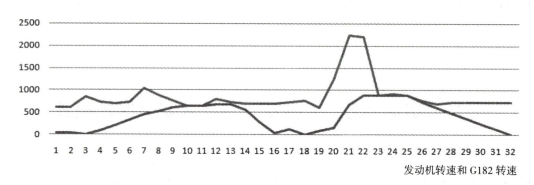

发动机转速和 G182 转速

图 1-37 监测到的离合器打滑数据

在图 1-37 中所显示的两条曲线数据其实就是采集第七组数据流中的前两组数据，分别是发动机转速信息（图中上方曲线）和主动链轮轴 G182 转速信息（图中下方曲线），两个数据信息的转速差就是离合器的精准打滑量。很显然从数据曲线图中不难看出离合器的打滑量已超过几百。那么离合器为什么会存在严重的打滑呢？当然在车辆的起步阶段及低速行驶阶段允许离合器存在微量打滑控制，也就是说不能有过大的打滑量。导致离合器打滑的可能原因有离合器本身间隙值过大或摩擦片摩擦系数过低、阀体存在泄漏、阀体至离合器油路存在泄漏等。为了验证问题又仔细观察了变速器的第十二组数据流，通过数据流信息得知离合器确实存在修理或更换的条件，如图 1-38 所示。

在第十二组数据流信息中最为关键的是前两项数据，它们分别是离合器最大自适应匹配电流值的设定值和离合器最大自适应匹配电流值的实际

Group A: '012				
	Undoc	Undoc	Undoc	Undoc
	TIME			
Marker	STAMP	A	A	A
	0.38	0.82	0.865	0.295
	0.83	0.82	0.865	0.295
	1.26	0.82	0.865	0.295
	1.68	0.82	0.865	0.295

图 1-38 采集到的关于离合器状态信息

值，二者间的差值如果小于65mA或是负值时说明离合器已经达到修理或更换的条件。很显然通过该车实际数据0.82A和0.865A的差值已经形成负值，这就说明离合器已经存在故障了，看来只能通过分解变速器来解决。

分解变速器后并未发现其他机械部件存在问题，但解体离合器后确实发现离合器间隙已经达到2.4mm左右且超出标准值。更换全新离合器摩擦组件并按照要求进行离合器间隙的精准调整（如图1-39所示），同时更换前进挡离合器活塞、内外滤清器以及变速器修理包等。

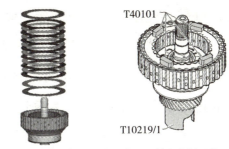

放入全新的摩擦组件及调整垫片　　放上专用工具

图1-39　调整前进挡离合器间隙

故障排除：装车后试车并进行离合器的自适应匹配，故障现象消失，故障暂时得到排除。同时利用原来的同样方法采集了变速器的第七组和第十二组数据流信息，发现这些信息都恢复到正常状态（如图1-40和图1-41所示）。

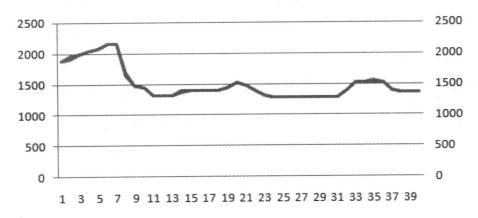

图1-40　正常时的离合器状态（第七组数据流）

从图1-40中的第七组数据流可以看出发动机转速和主动链轮转速G182几乎同步没有打滑量；图1-41中的第十二组数据流已发生了很大的变化，离合器最大自适应匹配电流值的设定值是0.975A，而离合器最大自适应匹配电流值的实际值变为0.785A，二者的差值是190mA属于正常范围。

Group C: '012			
	Undoc	Undoc	Undoc	Undoc
TIME STAMP	A	A	A	
0.28	0.975	0.785	0.3	
0.7	0.975	0.785	0.3	
1.13	0.975	0.785	0.3	
1.58	0.975	0.785	0.3	
2.02	0.975	0.785	0.3	
2.46	0.975	0.785	0.3	
2.89	0.975	0.785	0.3	
3.36	0.975	0.785	0.3	
3.81	0.975	0.785	0.3	
4.28	0.975	0.785	0.3	
4.71	0.975	0.785	0.3	

图1-41　正常时的离合器状态信息（第十二组数据流）

交车后用户大概使用了不到1周再次反映说变速器又不正常了,挂挡冲击、起步冲击等,同时仪表挡位指示灯又再次点亮,关闭发动机重新启动后故障现象消失。由于用户在外地,因此临时继续使用,而且在接下来的使用中都很正常所以也没有理会,可是又使用了一段时间后,同样的问题又再次出现不得已再次返厂。

进厂后直接进行故障检测,结果又是测到最早的两个故障码,01831(P0727)无来自ECU的转速信号,间断,05955(P1743)离合器打滑监测信号过高。在这种情况下通过电话联系到笔者,考虑到该专修厂的维修人员在变速器方面的技术实力,应该先不要考虑变速器本身,而是重点针对01831(P0727)无来自ECU的转速信号,间断进行检查。05955(P1743)离合器打滑监测信号过高的故障码极有可能是因发动机转速信息问题而影响的。

故障排除:他们在检查过程中没有发现曲轴位置传感器本身存在问题(如果该传感器有问题那么会直接影响发动机的正常工作),也没有发现线路存在问题,最终更换点火线圈和火花塞故障彻底排除。

故障总结:该案例属于一个非常典型的案例,其实最早虽说变速器离合器已经出现问题属于双重问题,但大家忽略了那个01831(P0727)无来自ECU的转速信号,间断的偶发性故障码。结果给维修后的变速器留下隐患,有时大家在实际维修中往往对偶发性故障码重视不足,都认为不是什么大问题可以忽略不管,避重就轻直接去检查感觉到的那一块。另外,就是奥迪CVT变速器对来自发动机ECU的发动机转速信息被确定为主信号之一,主要用来计算离合器的油压以及离合器打滑量的评估,所以当该信息不明确或丢失时一定会对变速器产生强烈的影响。

十九、奥迪 A6 挂挡起步和制动停车时严重"憋车"

车型:2003年一汽奥迪A6,配置2.8L发动机及01J型(手动模式6挡)链传动式无级变速器。

故障现象:该车挂前进挡后出现连续向前"一拱一拱"的感觉,就像发动机劲头十足踩不住刹车那样,松开刹车爬行力矩特别大,就像有变扭器的自动变速器一样的感觉;同时制动停车时也感觉踩不住刹车,也是"一拱一拱"的感觉,有时这种感觉会导致发动机熄火,总而言之,就是前进挡起步时发动机劲头太足。另外跑起来也不是很舒服，车身有震动的感觉且噪声很大。

故障诊断：该车初期的维修是在一家综合汽车维修企业进行的，根据用户对故障现象的描述以及实际路试得到的结果，并做出初步分析和判断，应该解决的有三项内容：第一也是用户反映的最主要的问题，那就是开始挂入前进挡到起步阶段再到制动停车时所产生的"憋车"问题（"一拱一拱"的感觉）；第二就是车辆运行中所出现的车身类似于共振的感觉；第三就是噪声问题。综合来看这些问题似乎不一定是在一个系统反映出来的，因此极有可能是发动机问题，也有可能是底盘系统问题或者是变速器问题。

对于综合维修企业的技术人员来说，当他们遇到这样的问题时一定是要从发动机入手的。在发动机没有记录相关故障码的情况下，他们先后进行了节气门体、喷油器及燃油管路系统的清洗，同时还更换了火花塞、氧传感器、炭罐电磁阀等。然后他们在底盘系统检修中调换了轮胎，做了轮胎动平衡及四轮定位等，同时也检查了半轴球笼等，甚至还进行了 ABS 断开下的路试（主要考虑共振方面的问题）。在两个系统检修完毕后并没有任何进展的情况下，最后才考虑到变速器方面。其实之前也考虑到变速器系统可能会有问题，只不过由于变速器系统太过于专业且在综合维修中又是一个薄弱环节，因此不得不放在最后。

这样这辆故障车又转移到一家小型变速器专修厂，开始维修时还是比较保守的，并没有在试完车后直接把变速器抬下来维修。因为他们在试车后得到实际故障现象后认为有可能是液压控制系统故障，因此便尝试着更换了两块阀体（如图 1-42 所示），在均不见效的情况下只能将变速器抬下来进行解体检修。

图 1-42 更换的阀体

拆解变速器后确实发现一些问题：链传动部分中的链条、链轮缸等磨损严重（如图 1-43 所示），磨损后的结果应该是共振和噪声的根源。另外，前进挡离合器的摩擦组件间隙也略有增大。结合实际故障现象来分析"一拱一拱"的感觉的形成可能原因，一个是离合器压力不正确或离合器本身故障，一个是链轮缸内的夹紧力油压不稳定。如果离合器油压过高，那么之前更换两块阀体又怎么来解释，难道是离合器本身引起？理论上来讲，如果与离合器有关的话应该是间隙过小才会带来"一拱一拱"的感觉，而间隙偏大形成这种现象的可能因素较小。因为在以往的维修经验中，当离合器间隙偏大时一般会影响低速起步阶段的加速过程，而几乎不会影响到制动停车过程，因此基本可以排除阀体和离合器的可能性。最后剩下链传动部分了，首先我们分析链传动部件磨损的可能

图1-43　磨损的链传动部件

原因：一个是夹紧力不稳定（过高或过低）导致链条有时松有时紧，松的时候便会打滑，紧的时候会形成过大阻力；另一个是来自冷却系统的润滑压力存在问题，导致链传动磨损。因为链传动夹紧力（接触压力）油压和离合器压力从某种程度上讲存在着必然的比例关系，因此确实不能排除链传动引起的故障。不管怎么样也只能先把变速器修理起来装车后试车再说。

　　这样在维修中更换了磨损的链传动部件，考虑到调整离合器间隙比较麻烦，因此直接更换了一个前进挡离合器总成（输入轴），如图1-44所示。装车后试车发现噪声

及共振故障确实消失了，唯独挂前进挡后踩不住刹车的感觉依然存在且跟原来没有大的区别，同时制动停车时的感觉也跟原来一样，并且完成离合器自适应匹配也不奏效。在这种情况下笔者介入该车故障的诊断维修中。

　　接车后首先亲自感受一下故障所产生的感觉，确实如前面所描述的一样，踩住刹车挂入前进挡首先有一个冲击感觉，紧接着就感觉车自己要跑似的力量特别大，明显感觉刹车要踩不住了，此时如果没有松开刹车踏板

图1-44　更换的离合器总成

的话，所谓的"一拱一拱"的感觉便出现了，有时这种憋车感觉会导致发动机立即熄火。当松开刹车后车辆前行力矩也非常大，跑起来一切正常，但制动停车时"一拱一

40

拱"的感觉便又出现了。从实际故障现象来分析：一个是发动机本身输出扭矩过大，另外就是前进挡离合器油压问题，应该与之前分析的链传动夹紧力关系不大。这样我们通过数据流便可知道问题所在。

连接大众奥迪专用设备进入变速器动态数据系统，结果在第十八组数据中直接看到了错误信息：那就是原地挂前进挡后发动机处于怠速工况下，离合器压力调节电磁阀 N215 的驱动指令电流居然达到 1.1A，要比最大的控制电流 1.0A 还大，正常情况下这个驱动电流应该在 0.2~0.3A，同时离合器压力传感器 G193 也反馈出 1640kPa 的高油压（如图 1-45 所示）。高电流一定会得到对应的高油压，而过高的油压一定会得到过大的离合器传递扭矩，因此一定会产生"一拱一拱"的感觉甚至是发动机熄火。看来问题明朗了，要么是控制单元本身计算离合器油压时输出了错误的驱动电流，要么就是错误的输入信息（例如错误的发动机输入扭矩等）导致控制单元按照错误的信息去计算并发出错误指令。重新观测其他组数据信息及发动机相关信息，发动机的输入信息及其他输入信息基本都是正确的，只有变速器第十组离合器自适应匹配设定电流值有些偏低，不过不会带来当前的故障现象；第十二组数据的前两项电流值差值是有问题的，这两个差值如果小于 0.065A 或是负值时说明离合器达到了修理或更换的条件，而该变速器的实际差值是 0.090A，已经接近临界点，但这样的数值也不会引起当前故障现象，因此就锁定是控制单元本身发出的错误指令。

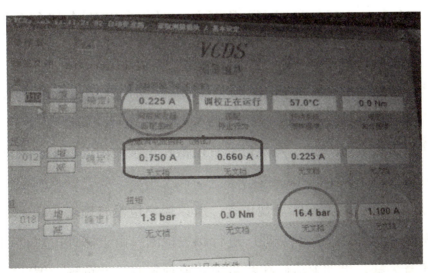

图 1-45　采集到的错误的数据信息

故障排除： 更换变速器控制单元 J217 后（如图 1-46 所示）故障彻底排除，考虑到第十组和第十二组数据有些问题，因此又更换了变速器外部滤清器（解决第十组数据问题），并进行了前进挡离合器摩擦组件的更换和调整（解决第十二组数据问题）。

故障总结：本来该车的故障并不复杂，之所以在维修中走了那么多的弯路，主要原因就是对这款变速器的控制策略掌握得还不够，同时对数据流的分析还远远不够。从车辆进厂后对现象的了解来说初期就是有问题的，一个是实际现象的评估，一个是

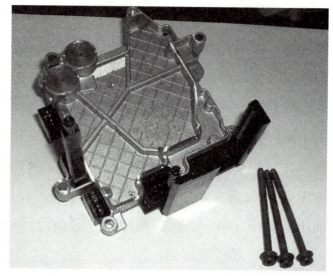

图1-46　更换的变速器控制单元

共振及噪声的问题。作为诊断技师来说，至少我们能够判定出故障的可能部位，不能把一个现象、一个噪声问题和一个共振问题混淆在多个系统中（发动机、变速器、底盘传动系等），至少先把它们之间分开。一旦确定问题出现在某一系统时，问题就简单了。比如说变速器系统，从源头的输出到终端的执行，一步一步去查找去分析问题就变得简单了。即便在解决噪声及振动问题时需要解体变速器，那么最为关键的挂前进挡后和制动停车后的严重故障现象，直接从数据上便可得到。

二十、奥迪自动模式下的换挡功能时好时坏

车型：2002年一汽奥迪轿车，配置V6 2.8L发动机及德国采埃孚（ZF）公司生产的型号为5HP-19FL（大众奥迪命名为01V）型5前速自动变速器。

故障现象：最初据用户讲，该车自动变速器在正常使用过程中出现偶发性不升挡的现象且不总出现（1周可能出现一次）。

故障诊断：由于大多数时间表现正常，所以用户也没有理会，后来不升挡故障现象出现的频率越来越高，于是到修理厂进行相关检测。由于修理厂对自动变速器的维修诊断技术还有欠缺，再加上恰好在路试中故障现象有没有重现，因此维修师傅认为毛病不大，也只能先换换油再说。换完新的ATF润滑油后刚开始使用那两天变速器正常，本以为就是油的问题，可没想到不升挡现象再次重现后，故障频率比原来还要高且有时关闭发动机后也不见效。至此经朋友介绍我们介入该车故障的诊断与维修。

我们接车后刚开始并未试出不升挡的故障，但却试出3-4挡轻微打滑的故障，然后再继续大油门加速试车，3-4挡打滑严重，故障指示灯点亮同时变速器锁在4挡上。利用故障诊断仪检测出关于传动比错误的故障码（如图1-47所示），看来问题并非用户所说偶发性不升挡故障，3-4挡打滑故障也应被重视。于是经用户同意我们准备做变速器的解体，这样维修比较妥当一些。

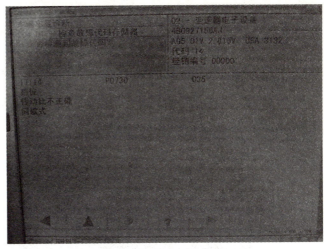

图1-47　检测到的故障码

解体变速器后确实发现了4-5挡离合器E的摩擦片有烧损（如图1-48所示），其他元件基本处于良好状态。由于变速器不升挡的故障我们还没有直接试出来，所以只能先解决变速器的机械部分问题再说。更换了变速器的修理包、4-5挡离合器摩擦片，维修了变扭器等。装车后进行道路试验，变速器升降挡一切正常且3-4挡也不

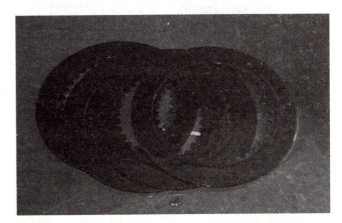

图1-48　烧损的E组离合器（4/5挡离合器）摩擦片

再打滑，但不升挡问题还没有再现，所以不能草草交车。

对于奥迪01V变速器来说，手动模式换挡正常而自动模式偶发性不能升挡，大多还是跟控制系统有关。也就是只要我们能够分析出引起自动模式不能换挡的可能原因来，问题也就容易找到了。首先我们要清楚手动模式与自动模式的区别在哪，通常情况下自动模式是以"经济模式"为主的自动换挡模式，而手动模式时控制单元完全是按照"动力模式"为主的所实现的另一条换挡曲线，因此相对来讲自动模式下的变速器主油压要低于手动模式下的主油压。无论是自动模式换挡还是手动模式换挡其实均是控制单元先通过信息的接收和计算，然后对换挡电磁阀发出换挡指令后变速器才执行升降挡。手动模式控制我们暂且不去理会它，而就自动模式的控制特别是升挡控制单元需要的最主要的参考信息有发动机载荷信息、变速器输出速度信息（车速）、温度信息以及离合器打滑量信息等。这样在试车环节中我们重点观察与升挡控制有关的

信息就可以了。

接下来依然是连接故障诊断仪，路试的同时主要观察故障再现时与升挡有关的动态数据。经过长时间路试在一次不经意间发现发动机转速急剧升高而实际车速并没有明显变化，此时车速较低，把选挡杆推到手动模式位置，发现变速器锁在2挡上了（如图1-49所示），无论怎样加减油门变速器就是不升3挡，赶紧看动态数据，结果在第四组数据块中发现ATF温度信息居然达到167℃（如图1-50所示），难怪变速器

图1-49　变速器只在2挡上工作

不升挡（01V变速器一种高温保护模式被启动）。关闭发动机重新启动后变速器又一切正常，此时油温数据在96℃左右，看来167℃并不是变速器真实温度，应该是油温传感器反映的信息有误或控制单元计算有误。

故障排除： 重新拆开变速器油底壳，并把带有油温传感器的线束拆下来进行加温测量（如图1-51所示），

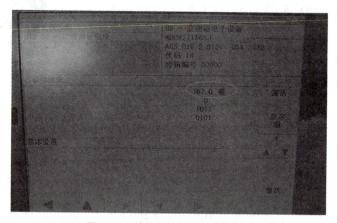

图1-50　捕捉到的错误的油温信息

结果油温传感器阻值在温度变化中有时特别不准确（与无故障传感器比较测量），最终更换带有油温传感器的电磁阀线束（如图1-52所示），故障彻底排除。

故障总结： 该案例在实际解决中并不复杂，但值得说明的是遇到偶发性故障时，我们一定想尽办法去捕捉到故障时的信息，有时看似问题解决了，但其实隐性问题依然存在，在这种情况下不能轻易把车交出去，一定在万无一失的情况下确信故障根源

后维修才算结束。

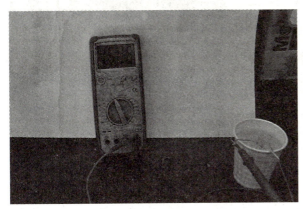

图1-51 对油温传感器进行加热测量

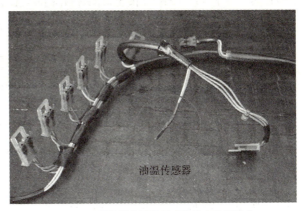

油温传感器

图1-52 更换带有油温传感器的电磁阀线束

二十一、奥迪 CVT 故障

自从2002年奥迪率先在国内使用01J型链条式无级变速器以来，在厂家的不断更新和优化后从整体设计及制造加工技术已经越来越完善并逐步走向成熟。但在市场使用中因各种原因奥迪CVT故障仍然是存在的。主要表现在滑阀箱故障及输入离合器故障引起的换挡品质，控制单元故障引起的不能启动或不能行驶故障，变速器高温故障引起的车辆没有爬行功能，机械部件故障引起的换挡品质故障，早期车辆的倒挡延迟加冲击故障，早期车辆继电器故障引起的车辆不能行驶以及链条及链轮缸拉伤引起的耸车故障等。

1. 滑阀箱故障及输入离合器故障引起的换挡品质问题分析与解决

滑阀箱故障和输入离合器故障引起的换挡品质问题还是有很大区别的，但有些时候容易混淆在一起，即类似于离合器故障又像滑阀箱的故障，同时有些时候故障现象并不明显但控制单元会给出故障内容的警告，因此在维修诊断过程中一定要结合实际故障现象的规律及动态数据进行故障根源划分。

（1）滑阀箱故障特点：一类是有故障码的，一类是没有故障码的。当变速器电控系统故障存储器中记录18181、18149、17114、06031等故障码，大多数情况下均是滑阀箱故障而引发的。

接下来我们就这几个关键的故障码进行分析，18181其解释含义在奥迪里是指离合器压力传感器G193信号超出极限值，G193用来监控由离合器压力调节电磁阀N215

及离合器压力调节阀KSV共同调节后的离合器实际压力，当G193压力传感器给控制单元J217反馈的真实离合器油压超出控制单元内部极限值标准时（高于最高值或低于最低值）该故障码便被设置出来。由于该传感器属于3线应变片式传感器（如图1-53所示），因此本身不容易发生问题，这样就极有可能是系统压力调节阀或离合器压力调节阀出现问题后导致G193的实际信息失真，最终导致故障

图1-53　奥迪01J型CVT离合器压力传感器

码的出现，同时变速器进入故障模式，从而通过更换滑阀箱来解决该问题（当然在特殊情况下也有可能是其他问题引起）。

　　18149该故障码解释含义为离合器自适应压力达到极限，很明显与18181的解释有很大区别，由于该变速器的离合器压力自适应功能是出现在微量打滑控制阶段，也就是仅出现在低速起步控制阶段通过"低负荷的怠速爬行"和"半负荷的加速起步"两种状态来得到自适应条件，这样我们便知道离合器压力在实施自适应学习过程，其实学的就是有微量打滑下"离合器低油压"范围，确切地讲就是控制单元J217在两种状态下（自适应状态下）最终学习到的是离合器压力调节电磁阀N215的精确电流值。当然这个学习值（电流值）也是有一定范围的，即最低极限值和最高极限值（注：最高极限值其实也不是离合器最高压力值，而是其自适应值中的上限沿数值）。那么控制单元（N215电磁阀）最终确定的学习值（自适应值）会在动态数据块内容中显示出来，其中前进挡自适应电流值在第十组而倒挡自适应电流值在第十一组中。标准的学习值是在车辆出厂前早已写在J217的CPU内部，我们把它称之为额定值，而实际值就是控制单元通过离合器在自适应过程中最终确定的数值，最终控制单元要比较额定值与实际值之间的差异，一旦实际值超出额定值（标准值）时18149故障码便会设置出来。我们所说的额定值的标准范围到底指的是什么或者说应该是多少，这里不同时期的软件在标定时是不一样的，比如说早期2002—2004年不带"S"挡位的01J变速器车型，一般来说，离合器自适应标准电流值确定在0.255~0.295A之间，而新型车由于硬件上有变动，因此软件也随之有所变动，因此它的标准离合器压力自适应电流值确定在0.275~0.325A之间，因此当离合器压力本身（滑阀箱内部故障）问题或其他跟离合器压力控制相关的信息（外部滤清器堵塞引起链条接触压力过高，控制单元只能修正离合器自适应压力）出现问题时就很容易导致控制单元重新确定离合器压力

自适应电流值，一旦该电流值超过标准范围值，18149故障码就会出现，同时变速器进入故障运行模式。当然实际离合器压力自适应电流值不一定在刚刚接近或刚刚超出其标准范围值便立即设置故障码（比如说早期的车辆自适应电流值可能在0.245A或0.300A时也不一定报故障码）。在实际诊断维修环节，我们必须根据实际情况首先在确认当18149故障码出现后的离合器压力自适应电流值是高还是低，有些时候不一定都是滑阀箱本身故障引起的，但大部分问题均是滑阀箱引起或滑阀箱至终端离合器之间的油路引起的。

17114该故障码解释含义为换挡监控信息错误，实为变速器传动比信息错误，能够出现这个故障码的车辆大部分是2005年改款之后的车型，该变速器在硬件方面变化改动较大，例如油泵由原来的齿轮式改进为叶片式，同时个别阀门包括密封环也有所改进。虽然更多的地方有所改进但也有其薄弱环节，比如说出现17114故障码的大部分问题是滑阀箱中的换挡阀（UV减压阀）端塞在换挡油压不正常时损坏（如图1-54所示）。因此这种故障的规律就是久未更换CVTF润滑油并重新更换新的CVTF润滑油后而引发的，原因是新的润滑油有清洁功能而久未更换的CVTF润滑油中在高温度下会形成油垢和脏污，新油在循环流动过程中通过清洁功能会把油垢和脏污形成的颗粒冲刷下来，从而影响系统压力。而系统油压变化时最容易受伤的就是设计环节最薄弱的部件，所以最终导致换挡阀端塞损坏，从而影响了变速器的换挡功能，使传动比计算失效，控制单元便记录并设置出17114，因此在这种情况下只能通过更换滑阀箱来解决。在这里说一下01J变速器的换挡控制（升降挡），如图1-55所示，在电子液压方面控制单元通过驱动指令一个换挡电磁阀N216，N216在工作过程中实现输出换挡信号油压并驱动UV换挡阀改变位置，从而实现变速器的升挡和降挡过程，而UV换

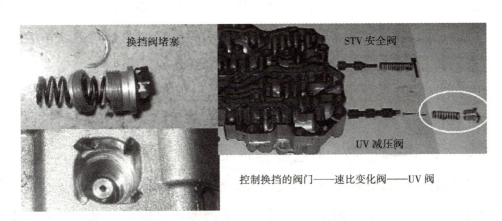

图1-54 换挡阀UV端塞损坏

挡阀在改变其工作位置时其实就相当于改变了系统油压被切换的方向，最终把系统油压引到相应的换挡压力缸内（主动压力缸和从动压力缸）。在机械液压方面，变速器在实现无数个传动比过程中其实就是改变主从动链轮缸沿轴向的移动半径，最终得到相应的挡位及车辆速度，那么主从动链

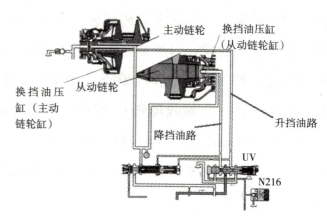

图1-55 奥迪01J变速器换挡油路图

轮缸沿轴向的移动就是靠N216电磁阀控制UV换挡阀改变位置，并把系统油压输出至某链轮缸换挡压力缸内油压来实现的。当然UV换挡阀在改变其工作位置时只能把系统油压切换到一个链轮缸内，不能同时让两个链轮缸内均有换挡油压，也就是说，给主动链轮缸供油时（升挡传动比减小）从动链轮缸内的油压是释放过程，相反给从动链轮缸供油时（降挡传动比增大），主动链轮缸内的油压是释放过程，一旦UV换挡阀端塞断裂损坏后该阀门不再受N216换挡电磁阀的控制，而链轮缸内的换挡油压也随之不正确，继而出现换挡打滑影响传动比的计算。

06031该故障码解释含义为液压控制阀被污染，这个故障码是在2008年以后的奥迪车型上给出的，目的是在变速器运行过程中针对阀门状态以及CVTF润滑油状态而编写的一个故障码，也是考虑对CVTF润滑油更换周期的要求以及滑阀箱各控制阀，特别是离合器压力调节阀状态进行监督。那么这个故障码的存储一般不会影响变速器的正常运行，但控制单元会一直有记忆功能。因此在维修作业时往往已经更换了全新的滑阀箱和CVTF润滑油，但故障灯依然点亮着，故障码依然还会出现。这主要是因为控制单元的记忆值没有被删除，所以更换完滑阀箱和CVTF润滑油后需要用专用设备完成自适应值清除故障才能彻底解决。当然我们在作业过程中除了滑阀箱以外CVTF润滑油的质量也非常重要，虽然在硬件不变的情况下我们之前修的01J变速器所用CVTF润滑油用起来均没有问题，但在增加06031故障码后控制单元就能够识别出CVTF润滑油的好与坏，那么此时肯定有人想不明白控制单元功能怎么能这么厉害，连"假油"都能识别出来？我们通过图1-56来分析一下便会知晓。在正常情况下，离合器的状态信息适时被控制单元所监控。离合器的摩擦扭矩等于离合器的正向压力乘以摩擦系数，在压力不变的情况下，假如变速器油质量较差，那么其摩擦系数就会变得很低，因此直接导致摩擦扭矩下降，继而形成错误的打滑量，也由此电脑便设置

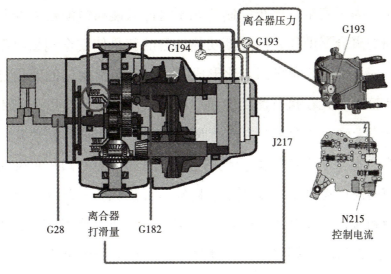

图 1-56 奥迪 01J 变速器的离合器状态监控功能

出 06031 故障码来。具体来讲，首先控制单元 J217 根据各种信息计算出离合器的理想控制压力，也由此计算出 N215 电磁阀的驱动控制电流，对应的电流会产生对应的离合器控制压力，实际压力适时被压力传感器 G193 所监控，那么 G193 便把实际压力信息反馈给控制单元，控制单元在此完成修正处理过程，同时还要计算在此情况下的离合器打滑量，对应的电流（N215）得到对应的控制压力（G193）势必会得到对应的离合器打滑量（通过发动机转速和主动链轮转速计算得到的），由于质量较差（假油）或原车 CVTF 润滑油老化都是摩擦系数在变化（摩擦系数降低），因此得到错误的离合器打滑量，也由此控制单元便识别出 CVTF 润滑油的状态或控制阀的状态。遇到这样的故障码时，首先确定变速器油质量，其次就是滑阀箱，当然一定要记住作业完毕后要删除离合器自适应值，否则故障码还会再现。

还有就是在没有故障码的情况下我们如何来确定滑阀箱是否存在问题。此时只能借助相应的动态数据，再加上实际的故障现象进行综合分析。例如，可以通过第六十五组数据块的信息来确定滑阀箱内控制阀的状态并确定是否需要更换，第六十五组数据块是在有"S"挡位的 CVT 车型才有的，具体来讲，该组数据信息是用来实施"离合器安全阀清洁状态功能"的评估，也就是带有"S"挡位的 01J 变速器在软件方面应该在 2005 年前后新增加一个考虑安全停车的"安全阀门清洁功能"，以防止离合器阀门出现故障、离合器需要释放时（制动停车时）安全阀被控制单元激活后不能动作，而引起发动机熄火，从而带来行车安全隐患的一项功能。确切解释：制动停车时需要离合器压力逐渐释放，那么控制单元便逐渐降低 N215 的控制电流，假如此时离合器阀门不能按照 N215 电磁阀电流的降低而随之移动，控制单元又通过 G193 得到很高的离合器油压。为了安全，停车控制单元不得已只能通过激活安全阀来切断离合器阀门至手动阀间的离合器油压，因此新功能的目的就是使安全阀始终保持良好状态而不至于卡滞。但一旦CVTF润滑油老化形成脏污后，包括阀门的磨损都会形成阀门卡滞的风险，因此控制单元在执行此功能后"清洁成功与否"可以从第六十五组数据块内容来识别，最终来确定是否需要更换滑阀箱。2005年奥迪厂家曾发出技术公告：如果从第六十五组数据块第二项数据看到的数值大于3，而CVTF润滑油中又有金属微型颗粒，说明控制阀已有磨损需要更换滑阀箱，如果数值虽然大于3但CVTF润滑油中没有金属微型颗粒，则说明控制阀没有磨损，不需要更换滑阀箱，更换CVTF润滑油即可，但需要人为清洗滑阀箱。另外就是车辆在正常行驶过程中偶发性地出现冲击感，这也是滑阀箱形成的系统压力不稳定造成的，同时在中高速行驶过程中（此时离合器已完全接合无打滑量）突然做出急加速的操作，而此时车辆又有剧烈的冲击感，一般情况下也是由于滑阀箱内离合器阀门调节出的离合器压力不稳定造成的。无论是哪种类型，在故障诊断环节都需要我们利用诊断仪通过读取动态信息来确定，那么关键的数据信息主要在第十八组数据内容中（如图1-57所示），在图1-57中很显然离合器压力调节电磁阀N215的电流已经接近最大值（第四项），而G193反馈的离合器真实压力并不大（第三项），首先说明在大油门操作情况下控制单元输出指令是正确的，但反馈的对应压力是不正确的，而压力的快速建立不仅在于油泵自身，关键在于离合器压力调节阀的能力，所以像这种情况多是滑阀箱的问题，更换新的滑阀箱后需要进行离合器的自适应匹配。

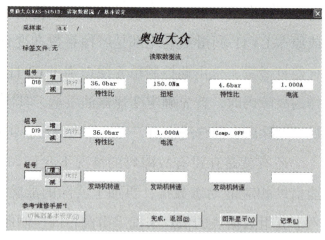

图1-57 故障数据

（2）离合器故障特点：离合器故障的最大特点绝大部分体现在车辆的低速起步过程或低速范围内的急加速过程。从传动比范围来讲，一般针对2005年以后的车型来说，离合器故障会体现在80km/h以下，传动范围在1~5挡间，而且相对来讲离合器故障要好判断一些，它所反映出来的故障现象极其明显，跟传统手动变速器离合器故障差不多，突然离合带来耸动或连续冲击现象且前进挡的故障要多于倒挡故障。在故障现象出现时最为明显的是发动机转速也随之波动，同时很少有烧片故障。一般来说，通过数据块第七组的最后一项内容来判别（如表 1-3 所示），所以修理起来也相对容易一些。在过去一旦判断是离合器故障后，一般都是通过更换全新的离合器总成（即输入轴总成）来解决的。而现在不需要更换总成了，需要更换相应的摩擦组件、密封件并重新调整好离合器的工作间隙就能解决。在实际维修中好多维修人员解体离合器后并未明显发现问题所在（因为从摩擦片表面根本看不出任何问题），所以大家认为离合器不会有什么故障。但仔细去测量离合器工作间隙时却发现确实是间隙比较大，那么从摩擦片表面来看似乎又没有形成磨损，为什么原有的标准间隙值却增大了很多呢？原因很简单，自然磨损肯定会有的，只不过我们可以理解为微乎其微。但要知道离合器在形成足够的摩擦扭矩时主要是通过不断的挤压来实现的，所以我们说摩擦片变薄了，同时还要注意有些时候摩擦片看似很好大家就不去更换，严格来讲无论是大修还是单一地解决离合器引起的故障，离合器片都需要更换全新的，因为有一个重要的因素就是摩擦片表面的摩擦系数已经降低了，但仅凭眼力直观是看不出来的，所以必须更换。还有就是大家对前进挡离合器间隙的调整还有一定的障碍，它需要利用专用工具经过多次测量并计算而得到结果，因此大家一定按照手册调节步骤来进行调整。

显示组 007　　　　　　　　表 1-3　奥迪 01J 变速器第七组数据块信息解释

	显示区	数据注解
1	…r/min	发动机转速
2	…r/min	变速器输入转速 　输入轴转速传感器 –G182– 数值
3	0…2200r/min	变速器输出转速 　说明：此数值由输出轴转速传感器 1–G195– 获得当输出轴转速传感器 1–G195– 故障时，将显示输出轴转速传感器 2–G196– 的数值
4	SY	同步运行标记 　持续驾驶车辆 ←发动机转速与变速器输入轴转速几乎相同
	AS	加速车辆或起步 ←发动机转速与变速器输入轴转速不同 当持续驾驶车辆 "AS" 总是显示时，说明可能离合器打滑，应检查油面、查询故障记忆存储器

　　在实际诊断中，如果电控系统记录 18151 故障码时也极有可能是离合器故障或离合器供油油路存在泄漏引起的。18151 该故障码解释含义为离合器监控打滑信号过大，也就是控制单元在计算离合器标准打滑量时实际打滑量远远大于额定量便会设置该故障码，因此可能是离合器活塞密封问题或离合器供油压力不足（油路泄漏）而引

起的。在维修检测中如果通过数据块得到离合器压力调节电磁阀的控制电流没有问题，而离合器压力相对也没有问题的情况下，需要更换离合器总成或通过对离合器本身密封性的检查以及其供油油路的检查，最终查找到故障点并得到解决方案。

另外，类似于离合器故障引起的耸车还要注意对行星齿轮机构进行相关的检查，松油门再加油门反复操作也有类似于离合器突然接上突然又断开的现象，有些时候是因行星齿轮在齿轮架上的滚针轴承磨损或损坏引起的（如图1-58和图1-59所示），所以在维修中尽量通过专用工具把离合器彻底解体方可检查到。更换离合器总成或修理离合器后均需要对离合器进行自适应匹配。

图1-58 离合器供油密封处形成磨损

图1-59 有故障的前进挡离合器行星齿轮架

2. 控制单元故障引起的不能启动或不能行驶故障分析与解决

相对2005年前的车型，奥迪01J变速器控制单元故障确实少多了，但在维修市场中仍会占据一定的份额。变速器控制单元故障的特点就是几乎百分之百都会记录相应的故障码，比如说常见故障码有17090、18201、16987、17086、17034等。无论是老款车型（A4、A6、A8）还是新款车型（A4L、A6L、A8L），17090和18201的故障码出现的频率是最高的，其中17090的解释是挡位开关信息F125不可靠信号，18201则是输出速度传感器G196信号故障。同时出现这两个故障码后仪表挡位显示屏PRNDS均会频繁地闪烁，另外在表现形式上新老款车型还有些不一样，A4、A6出现这些故障后，挡位显示屏最初只是偶尔闪烁一下，如果没有立即维修或更换，那么随着时间的推移挡位显示屏闪烁频率就越来越频繁，直至每一天都会闪烁且最终出现严重性故障，而A6L、A8、A8L锁挡频率也是随着时间的延长锁挡的频率更频繁的。另外，在故障现象中A6、A4会表现为倒挡无力、倒车雷达不响、不倒车等故障现象，有时发动机扭矩被限制输出即油门加不起来，同时还有部分车型出现高速行驶时加不上速，有时甚至会导致车辆在前进挡也不能行驶（安全切断功能被实施）。而 A6L、A8、A8L 控制单元最初损坏时会锁死，转换挡位启动钥匙均无反应，同样挡位显示屏不再正常显示挡位（有时什么也看不到），用控制单元清除一下故障码或按一下烟灰盒底下的应急开关按钮还可以正常着车。其他故障码 16987 和 17086 就比较明显了，主要体现在 2005 年以前的车型上。16987 的意思是控制单元 J217 内部故障，而 17086 则是控制单元 J217 电气故障，这两个故障码均是反映控制单元本身的问题。17034 号故障码并不是在控制单元 J217 故障存储器中读出来的，而是从其他控制单元读出来的，比如说在发动机、仪表、ABS 等系统出现的，它的解释含义是通过 CAN 数据总线把来自变速器控制单元的数据信息丢失，相当于网络通信故障，因为其他系统均报出同样的同一个系统的通信故障，所以一定是控制单元 J217 本身的通信功能失效了。因此如果出现以上几个故障码直接更换控制单元就可以了。

值得注意的是早期车辆（2005 年前）更换控制单元后直接通过完成离合器自适应匹配就可以了。但 2005 年之后的车型把防盗功能也加在变速器控制单元 J217 当中了（如图 1-60 所示），因此更换后需要解锁，也就是大家在维修中所说的"在线匹配"。如果不解锁那么装车后就出现一个"18109"的故障码，而且车速只能跑 30km/h 左右，同时仪表在自动模式显示正常而手动模式却无任何显示。18109 故障码的解释是来自发动机 ECU 的数据信息丢失。在没有解锁时变速器控制单元的通信信息是不能放在网络上的，所以与其他系统之间无法进行对话通信。过去必须要到 4S 站才能做解锁处理，不

图 1-60　奥迪 2005 年后的控制单元

过现在好了，其他地方也可以进行解锁处理了，这样即便在当地没有 4S 店也不用到其他城市的 4S 店进行解锁处理了，方便了综合维修厂的维修。当然控制单元故障还会表现其他种形式，只不过极少，比如新款车型在报出"F189 模式选择开关"故障码时也有可能是 F189 开关及线路没有问题而是控制单元的问题。另外，可能在没有故障码的情况下需要专业的技师对控制单元故障进行判断。

3. 变速器高温故障引起的车辆没有爬行功能分析与解决

在奥迪 01J 无级变速器中产生的热源有两个：一个是离合器因摩擦生热；另一个就是变速器在变速过程中链条与链轮之间在产生滚动摩擦时会生成大量的热。因此严格上讲该变速器的冷却控制系统就是为链轮缸内的变速器油控制恒温的，而冷却管路的进油管路也恰恰是连接主动链轮缸到冷却器的。当离合器高温时控制单元 J217 有对其控制的冷却控制功能、限扭控制功能和安全切断控制功能，也就是说，一旦离合器温度过高，车辆可能会出现发动机加速不良（油门加不起来）以及车辆不能行驶的故障。而因链条与链轮之间滚动摩擦产生的热往往都是冷却控制系统工作不良而引发的，此时可能会引起车辆在起步过程中没有爬行过程，并能够影响离合器自适应匹配控制。我们可以借助图 1-61 来分析。

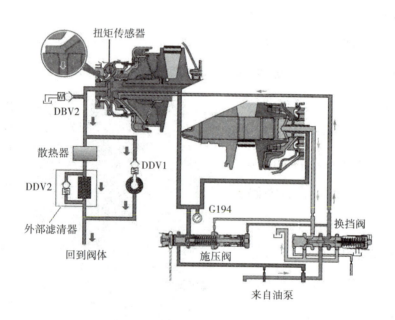

图 1-61　奥迪 01J 型无级变速器冷却控制流程图

从图 1-61 中不难看出，主动链轮缸内热的 CVTF 润滑油通过该轴前端出来，经过一个限压阀 DBV2 去往冷却器进行降温。而链轮缸内的 CVTF 润滑油温度的变化又取决于链条的夹紧力，夹紧力越大链条在链轮上产生滚动摩擦所带来热量（此时链条相对没有打滑）就会越少，相反夹紧力越小链条在链轮上产生滚动摩擦所带来热量（此时链条相对存在打滑）就会越多。而链条夹紧力的大小又取决于车辆的运行速度和发动机输入扭矩，同时链条夹紧力的控制又是通过扭矩传感器中滑轨架位置来实现的，因此我们说从主动链轮缸内出来的 CVTF 润滑油的流量是可变的，注意看图 1-61 中左上角圆圈标注处，扭矩传感器中滑轨架沿轴向位移时相当于在控制去往冷却器 CVTF

润滑油的流量，并由此来控制链条夹紧力。链条夹紧力原理是：在行驶速度相同时，即传动比不变时主要看发动机输入扭矩的大与小，输入扭矩大链条夹紧力大一些，此时去往冷却器的变速器油流量就会少一些，输入扭矩小，链条夹紧力小一些，此时去往冷却器的变速器油流量就会多一些（因为此时会导致油液温度升高）；在数据扭矩不变时，我们看行驶速度即传动比大与小，传动比大时车速慢（低速起步阶段），此时需要链条夹紧力要大一些，因此去往冷却器的变速器油流量就会少一些，相反传动比小时车速快（高速行驶阶段），此时需要链条夹紧力要小一些，因此去往冷却器的变速器油流量就会多一些。去往冷却器的热的变速器油流量无论是多还是少，均需要冷却控制系统保证变速器内一个合适的温度。从冷却循环管路看经限压阀 DBV2 去往冷却器的路径当中又使用一个 DDV1 差压阀，该阀门的作用是当变速器油在低温状态时，由于黏度大压力相对又高一些，因此该阀门会打开把从主动链轮缸内出来的变速器油引到变速器内部，相当于管路形成短接没有去冷却器冷却，其目的是让变速器油尽快地预热，让变速器尽快地升温，所以我们把这一控制模式称之为变速器的加热模式，而 DDV1 差压阀又相当于一个加热装置。热的变速器油进入冷却器进行降温后，通过回油管路又回到变速器内部，但在变速器回油管路中又串联一个压力滤清器，就是图 1-61 中的外部滤清器。在这个滤清器里面除了有一个滤芯外，还有一个差压阀 DDV2，不用说滤芯是起到变速器油的过滤作用，而差压阀 DDV2 则是当滤芯堵塞时由于变速器油流动受阻压力上升，继而通过该阀门把一部分变速器油接通至变速器内，回到离合器冷却控制阀的同时，还要给链条做润滑。但殊不知当滤清器堵塞后可能会带来车辆起步没有爬行过程以及无法完成离合器自适应匹配控制。为什么滤清器堵塞会影响到离合器的起步控制和自适应匹配控制呢？接下来我们再结合图 1-62 来分析。

当踩住制动挂住动力挡后（前进挡或倒挡），发动机动力流是通过离合器被切断的，初期开始入挡时离合器有接合扭矩（车身有接合感觉），但此时的扭矩不能过大，否则会导致由于发动机与变速器之间形

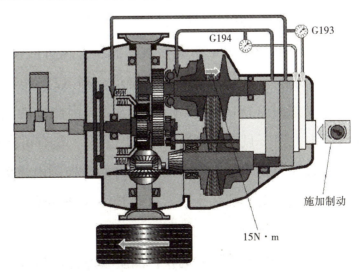

图 1-62　奥迪 01J 型无级变速器起步扭矩控制功能

55

成刚性连接而熄火。随后离合器压力开始释放（并未完全释放完毕而是保持一部分压力），一直至离合器虽不传递扭矩但也刚好处于即将传递扭矩的状态，随着制动力的减小，离合器压力会随之上升，并形成驱动扭矩使车辆完成起步爬行过程。很显然离合器压力跟制动力存在某种比例关系，同时制动力还与链条的夹紧力也存在一定的关系，要想完成车辆起步过程以及变速器整个运行过程，既需要离合器接合扭矩还需要链条夹紧力的扭矩，二力合一最终完成整个扭矩控制功能。因此我们看图 1-62，当踩住制动挂动力挡时离合器处于即将传递扭矩状态，而此时的链条夹紧力的接触扭矩刚好在 15N·m 左右（接触压力传感器 G194 计算得来）。随着制动力的减小，离合器压力（扭矩）上升链条夹紧力也会增大，当没有制动力时链条夹紧力的接触扭矩能够在 40N·m 左右，因此说离合器摩擦扭矩与链条夹紧力形成的接触扭矩应该是处于固定范围，也就是说既不能太大也不能太小（二合为一），能够完成初期的爬行起步即可。这样当两个扭矩中其中的一个信息出现问题时就有可能形成故障现象的出现。另外在变速器的闭环控制功能中，离合器压力的修正控制单元可以通过自行修正来完成，而链条的夹紧力（链轮缸内的压力）控制单元却无法独立修正，只能通过对离合器压力的修正来完成其闭环控制。所以一旦主动链轮缸内的压力发生变化时控制单元一定去调整和修正离合器压力。我们再看图 1-61，当外部滤清器堵塞时的状态，由于该滤清器被串联在冷却器回油管路中，一旦滤清器堵塞后其所形成的背压便顺着管路作用到链轮缸内（接触压力缸），此时该压力缸内油压适时被压力传感器 G194 监控并计算（如图 1-62 所示），这样控制单元就得到一个很高的链条接触压力，特别是在制动挂挡时，控制单元计算的接触扭矩不再是 15N·m，可能是 18N·m，也可能会是更高的扭矩，没有办法控制单元只能去降低离合器的控制压力，即离合器压力调节电磁阀 N215 的控制电流被降低，也由此导致车辆没有爬行过程。由于离合器的控制电流被降低，因此离合器自适应电流也自然会降低，当 N215 电磁阀的自适应匹配控制电流低至其极限控制值时，18149 故障码便被激活，因此也就无法完成离合器自适应匹配。所以在维修中大家一旦遇到这样的故障现象时，很有可能同时还伴有 18149 故障码的出现，一定要关注数据块第十组中离合器自适应控制电流值是否过低，如果观察到变速器还有高温表现情况，那么十有八九就是因为外部滤清器堵塞而引起的，不要破坏该滤清器直接更换全新的即可。

4. 机械部件故障引起的换挡品质故障分析与解决

01J 型无级变速器机械部件故障引起的换挡品质故障很多，在这里我们重点分析主动链轮中的扭矩传感器花键槽出现磨损时以及该变速器冷却管路中差压阀 DDV1 出现磨损后带来的故障分析与解决。

首先我们看当主动链轮前端的花键齿与扭矩传感器滑轨架 2（带花键槽的）之间轴向移动时形成严重磨损后带来的问题。奥迪 01J 型无级变速器主动链轮轴上的扭矩传感器工作原理（如图 1-63 所示）：它是利用齿轮啮合过程中形成的旋转力（扭矩传感器中带齿轮的滑轨架 1），根据几何原理转换成轴向位移力（扭矩传感器中带花键槽的滑轨架 2），形成位移力后即可改变链轮缸内的压力，从而改变链条夹紧力。由于既有旋转力又有轴向位移力，因此很容易导致滑轨架 2 与主动链轮轴间的磨损，通常情况下根据金属材料本身因素，滑轨架 2 不容易被磨坏而受伤的往往是主动链轮轴（如图 1-64 所示）。

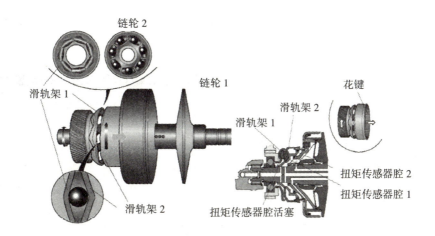

图 1-63　奥迪 01J 无级变速器扭矩传感器结构和功能

无论是哪一侧出现磨损后都会影响到滑轨架 2 在主动链轮轴上移动的顺畅性。在变速器正常运转过程中由于滑轨架 2 准确位置失真（滑动受阻或有卡滞现象）而使链条夹紧力控制失效（链条便会出现松紧度的无常变化），继而带来变速器的换挡品质故障。通常情况下会在车辆的起步或

图 1-64　严重磨损后主动链轮轴

制动停车阶段出现耸动，同时还有可能出现在发动机扭矩突然急剧变化时（急加速驱

动），车辆也会出现严重的闯车或耸动现象。在实际故障诊断中，大家都认为是离合器或液压控制滑阀箱的故障，因为从故障现象来看特别接近于离合器突然离合或链条突然有抽动那样的故障现象。但我们从动态数据信息中看并未明显发现离合器的信息存在问题，不过当故障现象出现时能够从链条接触压力 G194 的反馈信息中发现链轮缸内的压力波动较大，因此好多维修人员有可能看到这种情况后认为是滑阀箱的故障（有这种可能），于是更换了滑阀箱，但试车后故障现象依然存在，最后不得以解体变速器后才看到主动链轮轴前端花键槽有严重磨损。这里值得说明的是，当主动链轮轴前端花键槽完全磨光后车辆便不能行驶了，解决方案只能是更换主动链轮轴总成了。

变速器在发动机怠速工况任何挡位都有"吱吱"的响声，并且和方向助力泵声音很类似，油门加到 1200r/min 就没有声音了，散热器油管有震动。这种现象往往越是凉车越明显，而热车后明显减轻，有些时候还会影响到车辆的挂挡过程和起步过程，比如说挂挡冲击严重时还会导致发动机立即熄火，另外就是变速器的温度上升速度较快。

检修过程：在检修环节由于响声存在时散热器油管有震动但是并没有堵塞，所以不会怀疑变速器油压不正常，而观察动态数据时发现离合器自适应匹配控制电流明显又特别高（如图 1-65 所示）。根据这种情况分析，应该是系统油压或者离合器油压有泄漏，然后控制单元在实现闭环控制时不断地在提升离合器压力调节电磁阀

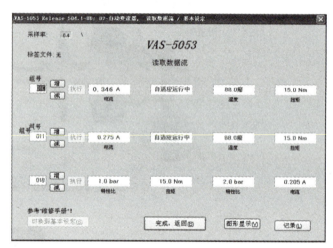

图 1-65　错误的动态数据信息

N215 的自适应控制电流（当然也有可能会激活离合器自适应匹配达到极限的故障码），以使其达到工作要求。高电流高油压难免会出现挂挡冲击的故障现象，严重时还有熄火现象。在这种情况下大部分修理人员都是直接更换滑阀箱来确认故障能否解决，但换完滑阀箱后故障现象及响声似乎并没有任何改观。

于是再次仔细分析：故障现象及响声均与冷热有关，那么为什么变速器温度上升速度那么快呢？难道是冷却系统有故障？另外就是既然液压系统没有问题（更换了滑阀箱），那么离合器自适应匹配控制电流值为什么控制单元设置那么高呢？通过检查冷却器和外部滤清器并没有问题（如果堵塞离合器自适应匹配电流值应该低才对）。综

58

合考虑还是内部散热系统的液压有问题，外边既然没有问题只能拆解变速器去检查其内部情况。分解变速器后直接查找冷却控制油路，结果发现冷却回油管路中的 DDV1

差压阀已经严重磨损（如图 1-66 所示）且磨损出很深的三道沟槽来，直接更换冷却回油管路的弯形管（DDV1 差压阀被安装在里边），故障彻底排除。

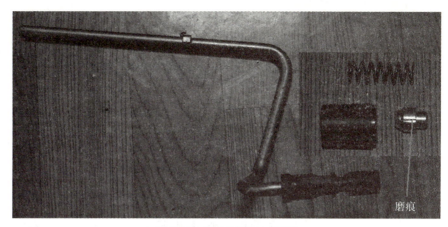

图 1-66 磨损的 DDV1 差压阀

故障原因分析：为什么小小的 DDV1 差压阀磨损后对变速器影响这么大呢？我们还是结合图 1-67 和 图 1-61 一起来分析一下。在前面的分析中我们知道，DDV1 差压阀其实就是变速器在低温状态

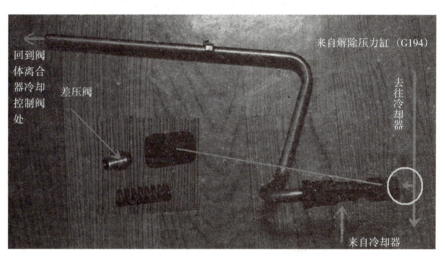

图 1-67 带有 DDV1 差压阀的弯形管及油路流程走向

时的加热模式阀，低温时让更多的 CVTF 润滑油形成油路，短接直接回到变速器内部，而少量的 CVTF 润滑油去往冷却器，目的是让变速器的 CVTF 润滑油的温度尽快有所上升。一旦升温后该阀门处于关闭状态，所有的 CVTF 润滑油都去往了冷却器，此时变速器的加热模式解除。但一旦 DDV1 差压阀磨损后（一般会磨出很深的三道沟槽），相当于变速器始终处于加热模式，因为无论凉车还是热车均有一部分 CVTF 润滑油经过磨损出的沟槽直接回到变速器内部，这样仅有少量的 CVTF 润滑油去往冷却器，因此会带来变速器的高温。同时由于去往冷却器的 CVTF 润滑油的流量少了，并且无阻力地通过磨损的沟槽流回变速器，G194 压力传感器得到的链条夹紧力形成的接触扭矩就会变低，与外部滤清器堵塞时不同（背压升高接触扭矩即会增大），控制单元在完成起步扭矩控制功能的修正过程中只能通过提升离合器油压来实现车辆的起步扭矩控

制。因此就出现了离合器自适应电流值（N215）的升高，而引起的挂挡冲击或入挡发动机熄火等现象。而变速器在凉车时发出的响声也很容易理解，那是 DDV1 差压阀频繁动作产生的（毕竟本身因磨损而有泄漏）。在过去的维修中大家很少能找到这里的故障，而现如今为什么在配件市场能够找到全新的带有 DDV1 差压阀的弯形管（如图 1-67 所示），不用讲我相信大家此时就会明白了（弯形管内的 DDV1 差压阀易磨损）。

5. 早期车辆的倒挡延迟加冲击故障的分析与解决

针对早期奥迪 2.8L 且不带 S 挡的装有 01J 型无级变速器的轿车，近两年普遍出现倒挡延迟加冲击的故障现象，而且在实际维修中并不是很容易解决。一般来说故障现象有这样几种类型：踩住制动挂入倒挡后松开制动踩油门时，车辆没有爬行同时会出现严重的冲击感，有时在动作上稍微迟缓一点则表现为踩住制动挂入倒挡后松开制动还没有踩到油门时车辆有"咯噔"一下的感觉，此时稍有爬行过程就不会出现严重的冲击感；另外，如果踩住制动挂入倒挡不立即松开制动踏板，也就是多踩一会制动松开后再去踩油门的话，就显得一切正常无任何冲击感。所以 4S 店的维修人员会告诉用户在使用倒车挡时要保持一个适宜的操作过程，等到听到倒车雷达声音后再松开制动踏板并驱动油门。其实这也是有偏见的，我们不能在没有办法解决的情况下去改变用户的驾驶操作习惯，人家一连贯的动作已经形成习惯，不能要求用户改变习惯。从根本来讲，任何自动变速器在挂动力挡时均有标准的接合时间以及标准的规范动作时间。这一点从过去的自动变速器"时滞试验"说明问题，那就是大部分自动变速器前进挡的标准接合时间是在 1.2s 左右，而倒挡则是 1.5s 左右。在 2005 年以后的奥迪 01T 变速器中，为使坡道停车功能更加有效，在新的软件功能里增加了"制动力短暂保持功能"，那就是松开制动踏板后四轮制动分泵内的压力不会立即释放，而是会通过 ABS 系统的止回阀实施短暂的关闭（目的防止离合器扭矩过低而溜坡），并给我们留出 1s 的时间去驱动油门踏板，此时如果我们右脚在离开制动踏板后没有在 1s 之内完成油门踏板的驱动，车辆则有可能会出现溜坡现象，因此驾驶员的操作一定是在合理规定时间内来完成的，由此说倒挡延迟加冲击应该属于故障范围。

但在故障维修中确实存在一定的难度，我们分析"延迟"和"冲击"时两个现象并不一定是并存的（延迟是始终存在的，而冲击就不一定了），"延迟"是指终端元件（离合器或制动器）在充油过程中没有在规定的时间内完成动力传递或动力连接过程，一般来讲有几种可能：终端元件自身间隙过大（活塞容积腔加大并使活塞移动形成变大）导致充油时间拉长，系统压力偏低导致去往终端元件压力不足或液体流速变慢，导致终端元件不能在规定的时间内完成接合过程，系统压力源至终端元件间的油路存在泄漏情况最终导致元件接合过慢，而这种可能性极低，因为在01J变速器中倒挡元件的供油仅靠一根管两端实现密封，所以很难会出现故障。大家从最简单可能的原因开始排查，先是更换滑阀箱（压力源），在不见效的情况下只能去研究终端——倒挡执行元件。但往往即便更换了全新的倒挡摩擦组件（如图1-68所示）及密封件也不一定见效，所以就会出现反复调整间隙的作业过程。冲击现象的出现完全是终端元件在未接合时突然提升系统油压引起的（踩油门），而松开制动踏板后的"咯噔"一下也很容易理解，其实也是跟

图1-68 倒挡摩擦组件

压力有关。奥迪01J变速器终端元件的压力是跟制动力大小有关的，由于可能因充油时间过长而终端元件还未实现接合，松开制动踏板后相当于制动力消失，因此离合器压力自然会升高，同时由于我们右脚还没有踏到油门踏板，所以油路升压的过程所形成的"咯噔"一下的感觉自然就不是冲击了。由此分析冲击根本不是我们要解决的问题，一旦延迟现象消失那么冲击和"咯噔"现象也随之消失，因此我们重点要解决倒挡的延迟故障即可。

解决方案：

（1）在实际操作中如果把倒挡制动器间隙调整到1.8~2.0mm，装车后挂倒挡时有时候发动机会立即熄火，这说明间隙值调得太小了。

（2）那么如果把间隙调整到2.5~3.0mm，挂倒挡稍微慢一些，如提前松制动还会"咯噔"一下，显然间隙值又偏大一点。

（3）如果把间隙调整至2.3~2.5mm，变速器显得一切正常（此时N215电磁阀的离合器自适应匹配电流值会出现在0.295A左右），但挂倒挡偶尔冲击（未匹配原因），自适应匹配完毕后基本正常（此时N215电流值在0.270A左右），但立即松制动还有"咯噔"一下的感觉，接近于正常车的范围，如果用户认可我们也可勉强交车。可是在试车时会故意甚至刻意地去完成操作动作，因为有可能不是在模拟平常时开车的动作，所以本来是正常状态了但动作稍快"咯噔"一下的现象还会显现，但绝对不会有

冲击感了。聪明的修理工可能此时就想到了一个问题，那就是让系统的压力再稍微高一点，也就是 N215 电磁阀的自适应匹配电流值再高一点，能够达到 0.295A 的话估计稍微延迟的问题也就根治了。在这种情况下我们可以尝试更换 01T 变速器叶片式油泵的滑阀箱，绝大部分是能够解决此故障的。但有些时候由于新型滑阀箱密封性能过于良好，会导致 N215 电磁阀的自适应匹配电流值变得很高（可能会在 0.315A），那么在车辆正常使用过程中可能会使变速器故障灯点亮，故障存储器中会记录 18149 离合器自适应匹配压力达到极限，这是因为早期软件与新款车型软件标定有所区别，很显然是因为 N215 电磁阀自适应匹配电流值过高而引起的，所以我们有办法去处理，调整压力调节阀门的调整螺丝来稍微降压或更换原来的供油密封环（新型密封环是 T 形槽式，早期是直切式或斜切式）即可。

6. 早期车辆继电器故障引起的车辆不能行驶分析与解决

早期（2002—2005 年）装有 01J 型 CVT 的奥迪 2.8L 和 2.4L 排量轿车（注：2002—2004 年相对多一些）用户在正常使用中出现变速器有打滑迹象，随即出现不能行驶的故障时有发生，同时故障现象出现时变速器挡位显示灯（故障灯）偶尔闪烁，维修人员检测时变速器电控系统报出 18165 控制单元供给电压断路的故障码，但点火开关关闭重新启动后有时还能跑十几千米都正常，有时干脆就不能行驶。

根据故障码含义给人的感觉似乎是控制单元故障引起的，所以很多维修人员不假思索地就更换了变速器控制单元 J217，结果装车后试车依然还是报 18165 故障码。有人找电脑高手把控制单元拆开检查但并没有发现问题，而变速器解体后也没发现问题。最后经过电工的仔细检查和测量发现原来是控制单元的两个供电线路有一条没有供电电源。顺着该线路（如图 1-69 所示）继续查找又发现 01J 变

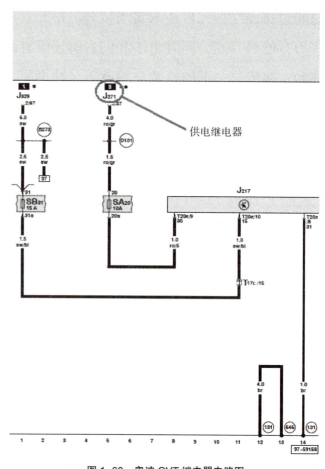

图 1-69　奥迪 CVT 继电器电路图

速器控制单元供电电源线要经过一个继电器和保险丝，检查保险丝没有问题，最后确定应该是继电器的问题，把供电继电器打开结果发现真正的故障点原来是有三个焊点脱焊导致的（如图1-70所示），重新焊接或更换同型号继电器后故障得以排除。

图1-70 奥迪01J无级变速器控制单元供电继电器内部焊点

　　故障总结：这种问题往往在专修厂里不能得到尽快解决，原因是他们对该款变速器本身的控制及机械液压原理都比较了解，但对变速器外围控制却不是很了解，特别是控制单元的供电控制，因此在维修中往往走了许多弯路。但仔细想想走弯路也是我们对故障码含义没有做出更详细的解读，其实"18165电脑供给电压断路"这句话很显然说的是控制单元的供电电路上出现了问题，所以断然更换控制单元纯属不假思索的一种做法，显然不具科学规范的诊断思路。

　　7. 链条及链轮缸拉伤引起的耸车故障分析与解决

　　在进行奥迪CVT车辆故障试车环节中，我们还经常遇到匀加速行驶时车辆有耸车的现象，有时甚至在急加速时也有耸车现象且一般都反映在中高速阶段，在低速下不一定能试出来。

　　根据实际故障现象大家能分析出这种耸车现象故障可能出在离合器、链传动方面或者是液压控制方面。为了区分故障部位，有经验的维修技师会通过动态数据结合实际故障现象来锁定故障点，但在捕捉动态数据时并未发现耸车现象出现时离合器存在打滑现象，同时离合器控制压力及链轮缸内接触压力并未在故障现象出现时有很大波动，所以基本可以排除离合器和液压阀体故障的可能性，因此在这种情况下一般会把变速器抬下来进行解体检查。

　　解体后不出所料链传动部分确实存在严重磨损情况，无论是链条还是主从动链轮均磨损严重（如图1-71所示）。而此时我们一定要找出这些

图1-71 严重磨损的链传动部件

63

机件的磨损原因，否则重新更换还有再次磨损的可能性。大多维修人员为了避免二次返修的风险，一般说来更换磨损部件的同时会连同阀体一起更换的。但外部滤清器是一定要换的，原因是链条及链轮的润滑是靠来自冷却器回油管路经外部滤清器回油实现的，当滤清器轻微堵塞时会影响其回油量，继而影响链传动的润滑最终导致严重磨损。当然链条在链轮缸上滚动摩擦时夹紧力也是相当重要的，如系统压力偏低，链条夹紧力不足会使链条打滑而磨损。所以在车辆故障检测时一定要注意链传动接触油压的变化，根据数据组第十八组即可观测到链条夹紧力的变化，并确定整个液压系统的压力是否相对稳定。通过对冷却器回油流量的检测是很难确定其标准流量的，原因是链条夹紧力是总是在变化的（根据发动机输入扭矩及传动比两个信息的变化而变化），因此链条润滑油压也随之变化无法确定其标准数值。

故障总结：链传动部件磨损后带来的耸车故障现象一般来说是很有规律性的，大多数情况匀加速行驶时尤为明显，仔细听变速器内还伴有摩擦带来的"嚓嚓"声响，而且即便是急加速也有耸车现象，但它所表现的绝对不像离合器那样激烈。其实故障现象的对比仅仅是一个方面，关键是我们如何从动态数据上来分辨最终确定故障点。首先依然还是排除离合器的可能性，对应的离合器电磁阀 N215 驱动控制电流形成离合器真实反馈油压（G193 获得）的同时，也得到离合器摩擦时的真实传递扭矩，如果此时离合器摩擦过程并未出现过大的滑移量就绝对不会有严重的耸车现象。另外就是接触压力的变化，一般情况下车辆行驶过程中该压力是与离合器所传递的扭矩压力成正比的，通过观察接触压力（G194 获得）我们可确定液压控制系统是否存在问题。这样最终逐渐找到故障点，虽说通过解体检查发现机件存在磨损，但不能仅凭一个故障现象不做任何检测就做变速器的拆解。

8.变速器异响故障的解决方案

奥迪 CVT 变速器内部机械部件故障所能够形成的不正常响声与传统 AT 变速器和 MT 有很大区别，在这里我们重点探讨差速器、链传动轴承及双质量飞轮三个部分形成故障响声原因。

首先我们看差速器部分形成的故障声响，差速器形成的不正常响声绝大部分是齿轮润滑不良引起的，不严重时不影响车辆行驶，但加油或松油时变速器差速器内有齿轮啮合的响声，严重时导致车辆不能行驶（如图 1-72 所示）。无论是响声还是响声过后的车辆不能行使都是因为差速器部分缺少齿轮润滑油导致的，用户在使用中常常忽略对该变速器中差速器齿轮部分的润滑油量进行常规检查，直到上述故障的出现。

故障诊断：奥迪01J无级变速器漏油主要指的是漏差速器齿轮油而不是变速器油，这类问题主要反映在2004年以前的大部分车辆，当然新款车型也存在这样的问题，只不过少了许多。导致漏油的主要原因是奥迪车辆底盘较低，长时间涉水后就会造成差速器内部进水，进水后使差速器主动轴（变速器从动链轮轴）产生锈斑，锈斑破坏了双唇面油封的密封性能，从而导致齿轮油从差速器侧盖的

图1-72 严重烧损的奥迪CVT差速器

漏油观察孔漏出，长时间行驶后由于润滑不良而导致差速器烧损。01J无级变速器仍然像过去大众奥迪车装有ZF公司生产的5HP-19（大众奥迪命名01V）5挡自动变速器一样，差速器部分和变速部分采用两种润滑油，利用高效能的双唇面油封彼此隔开，油封哪一边唇面受伤损坏哪一边的润滑油就会通过油封中间位置的小孔再经差速器侧盖上的漏油观察孔（如图1-73所示）流出，以提醒驾驶者或维修人员变速器已经漏油了，需要赶紧维修以避免差速器因润滑不良而彻底烧损并带来不能行驶的严重故障。在2004年前修理人员不知道这个孔起什么作用，所以有人在看到润滑油从这个地方流出来后就直接用密封胶将其堵死，这是万万不可以的，因为一旦漏油观察孔被堵死后，由于内压

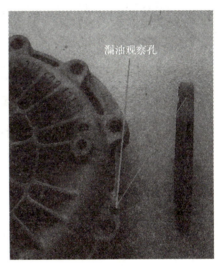

图1-73 奥迪差速器边盖漏油观察孔

原因油封两端的不同润滑油也就会交叉渗漏，这样的后果可想而知，即会导致链条与链轮形成磨损，也会导致差速器主从动齿轮磨损，所以这样维修危害是相当大的。如果我们发现漏油要及时修理以防更加损坏变速器部件。

在维修更换差速器部件以及双唇面油封时一定要使用相应的专用工具，特别是安装双唇面油封时必须使用专用工具（如图1-74所示），否则第一安装位置不正确还会导致漏油，第二如果用敲击的方式安装双唇面油封时极易损坏其密封唇面也会漏油。

为了防止维修后再次进水出现漏油问题，所以无论是维修后还是更换变速器总

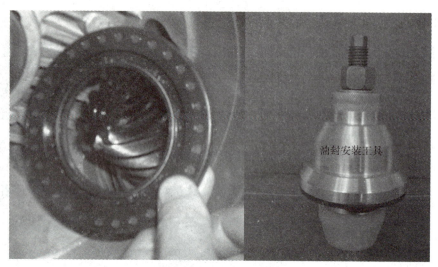

油封安装工具

图 1-74　奥迪 CVT 变速器差速器双唇面油封安装

成，都必须加装软管并改进进水处，这一点主要还是针对 2005 年之前的部分箱型，而当前新款变速器出厂时厂家已经得以改进不需要我们维修后的修改作业。

通气冒

图 1-75　修改奥迪 CVT 变速器差速器通气管路（第一步）

第一步：将变速器前部差速器通气管上的通气冒拆下，如图 1-75 所示。

第二步：插上合适的橡胶软管，一定要注意将软管接头插到底，如图 1-76 所示。

第三步：一定要把软管卡子紧压在变速器壳体上，如图 1-77 所示。

图 1-76　修改奥迪 CVT 变速器差速器通气管路（第二步）

第四步：在软管的第一个弯曲处尽量用力向里压，以便减小卡子的张紧力，确保卡子和软管都不会脱落，如图 1-78 所示。

虽说目前大部分新款奥迪 CVT 车辆差速器烧损故障少了许多，但对差速器润滑油量的常规检查还是有必要的，双唇面油封的故障并不一定来源于差速器主动轴的锈斑或磨痕，有时该油封在变速器长时间高温条件下也会存在密封不良的现象而导致漏油现象的发生，最终导致差速器齿轮润滑不良而烧损。虽说差速器齿轮润滑油属于免维护润滑油不用更换，但定期对油量的检查不容忽视（自然损耗也是存在的），从而避免不正常响声的发生。

卡子

图1-77 修改奥迪CVT变速器差速器通气管路（第三步）

图1-78 修改奥迪CVT变速器差速器通气管路（第四步）

　　另外，除了差速器润滑不良产生的响声外，还有就是啮合齿（差速器主动轴）局部受伤所产生的有节奏且有一定频率的"咯噔咯噔"响声。这种情况一般都是因外力导致个别齿轮受伤，主要原因是该变速器曾经被拆解过而且差速器主动轴并不是利用专用设备压出去的，而是利用锤子之类的工具砸出去的。齿轮不受外力是很少掉齿的（如图1-79所示），因此在这里再次强调对于该变速器差速器的拆装一定要选择合适的专用工具来操作，并避免伤害齿轮部分引起的不正常响声。

图1-79 损坏的差速器齿轮

　　另外，2005年之后的装有01T型CVT奥迪在正常使用过程中经常会发现变速器内部噪声特别大，声音类似于车轮轴承发出响声但来源是在变速器内部，而且2.0T车型的这种故障相对多一些。当我们进行变速器解体检查时很容易发现问题所在，原来是变速器中壳上的轴承故障导致与其结合的主动链轮轴形成表面伤害（如图1-80所示），此时不仅仅是轴承的问题连同主动链轮轴总成要一起换掉。一般来说，这种故障主要是轴承质量问题导致的，因此选择材料时大家一般都会选择老款比较耐用的轴承。

图1-80 磨损并受伤的主动链轮轴

在 2005 年之前一些装有 01J 变速器的奥迪 A4 轿车经常在启动发动机时或在关闭发动机后瞬间，在变速器与发动机之间有"哗啦哗啦"的金属响声。这种情况下我们不必考虑是变速器内部发生的响声，通过检查和备件的替换最终确定是双质量飞轮的故障，直接更换新的双质量飞轮即可解决，如图 1-81 所示。

部分 2005 年之后 C6 奥迪 2.4L 装有 01T 型变速器经常会出现原地挂挡后（R 挡最明显）变速器前端和发动机后端有异响，同时走起来

图 1-81 有故障的双质量飞轮

低速范围响声也依然存在，但车速一般上升至 30km/h 响声基本听不大清楚的故障现象。在故障诊断过程中大家一般都会认为这种声响是变速器机械部件形成的，所以在实际维修中更换了链传动部分、输入离合器总成部分（行星齿轮机构也在其中），甚至差速器总成也已换掉但终究解决不了这种响声。有些维修人员甚至连液压阀体都换了还是不能解决问题。更有甚者把该换的都换了，没有办法干脆将另一变速器总成装上但响声依然还在，这充分说明响声并非来自变速器本身。经验丰富的维修师傅在试车时抓住了规律，那就是挂倒挡时左脚踩住制动，右脚提升发动机转速后响声就会消失。最终确定响声是来自发动机机械传递齿轮链（正时链条）方面（如图 1-82 所示），而核心问题是因为液压方面缘故导致链条张紧力不足而产生响声，更

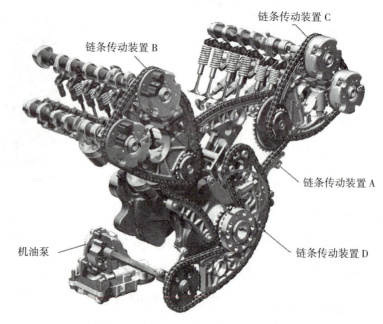

图 1-82 新款奥迪 2.4L 发动机正时链条传递部分

换正时链条中的几个张紧器即可解决。但有些时候并不一定通过更换全部张紧器包括链条及链板能够解决问题，可能要彻底维修发动机才行。

9.特殊情况下引起的车辆不能行驶故障的解决

目前一些装有 CVT 的奥迪轿车在正常使用中偶尔会出现动力中断的故障，有的是因链条突然断开导致的，此时有可能还会因链条断开而将变速器壳体打坏。有些时候还有更可怕的情形出现，那就是链传动中的从动链轮轴突然断掉而导致车辆不能行驶（如图 1-83 所示），在这种情况下维修站一定是通过更换变速器总成来完成维修作业的（因为轴断掉后还会导致其他元件损坏），但我们在实际维修中如果遇到这种情况的需谨慎维修，更换优良部件的同时一定要注意对控制系统仔细检查做到万无一失。

还有些情况是发生在变速器总成维修作业后，一些非专业厂委托专业变速器维修厂进行变速器维修作业后，在安装完毕后试车时发生了不该发生的严重问题。值得说明的是 2005 年后 01T 型变速器使用的是叶片式油泵的阀体，如果更换阀体后没有在实验台架上运转，那么安装车辆后一定要注意。添加足量的变速器油后千万不要在举升架上运转试车，如果发现挂动力挡后车辆没有行驶迹象的话先不要急于加油门，如果加油门到底因为变速器系统油压刚好建立完毕后且形成离合器最大扭矩输出，可能会损坏链条或其他机械部件，而往往最容易受伤的就是机械中最薄弱的环节，最有可能使从动链轮轴端部反扣螺母处断裂或直接断掉（如图 1-84 所示），因此经验丰富的维修人员遇到这种问题并不会急于去进行路试，而是让液压系统建立起足够的油压后再去试车。注：叶片泵式阀体在抽真空形成系统油压时要慢于过去齿轮式油泵的阀体，因此可能初期液压系统还没有真正建立起足够的油压，而我们却做出了连续驱动油门的动作，很容易形成机械部件的损坏而导致车辆不能行驶。这样从添加变速器油开始

图 1-83　断掉的从动链轮轴

图 1-84　损坏的从动链轮轴

到试车环节一定要形成良好的规范习惯，避免不该发生的故障发生。

10. 2008 年后部分奥迪 CVT 车辆出现不能启动发动机及点火钥匙不能取出的故障

2008 年后部分装有 CVT 变速器的奥迪车辆经常会出现发动无法再次启动，同时点火钥匙的防拔功能起作用（故障时在 P 挡位拔不出钥匙来）的故障。利用奥迪专用检测设备进行引导性故障查询时在"05 进入和启动认可"系统中得到"00230 号故障码——变速器停车选择开关 F305 对地短路"，如图 1-85 所示，有时是临时故障码有时是静态故障码。此时由于大多维修人员（除奥迪 4S 店技术人员外）不清楚变速器停车选择开关 F305 到底是哪个开关，而过去仅有 F125 变速器多功能开关和 F189 变速器手动模式开关，所以有时断然认为是变速器控制单元的故障，结果更换控制单元后往往故障得不到解决。当我们遇到这种故障时切不要着急，应一步一步检查来确定故障范围及故障原因。

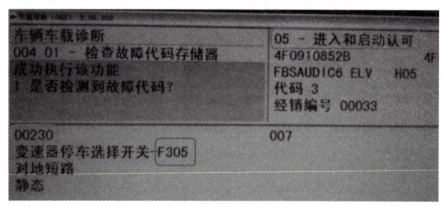

图 1-85　诊断仪中的故障码

这个问题主要是在新型奥迪车通过新增加 P 挡位的钥匙拔下功能，即"点火钥匙防拔功能"而新使用了一个停车选择开关 F305。这种情况下发动机既不能启动，选挡杆又锁在 P 挡驻车挡位，我们可以首先选择人工应急解锁功能把点火钥匙取下来以及把选挡杆从 P 挡位移出。在点火钥匙孔左侧有一紧急解锁孔（如图 1-86 所示），通过一个很小很细的东西插入该解锁孔即可临时把点火钥匙取出，同时在烟灰盒里也是利用同样的解锁方法把选挡杆从 P 挡位移到 N 挡位，此时一般说来发动机就可以启动了，我们就可以先把车辆开到修理厂进行下一步的检查维修。

该车辆新增加停车选择开关 F305 后的点火钥匙防拔功能的工作原理（如图 1-87 所示）：换挡杆挡位 P 的信息传到两个机械式微型开关 F305 上（如图 1-88 所示），这两个开关串联在一起形成一体。换挡杆在挡位 P 时，这两个开关是合上的，并将一个接地信号发给 E415（点火装置）。如果这时关闭点火开关，那么电磁铁 N376 就会被短时通上电，一个杠杆机构就会抬起点火钥匙防拔锁。

这种结构主要出于安全考虑才使用并安装了两个微型开关，只有在换挡杆挡位 P 时松开换挡杆按钮，微型开关 1 才会启动（击中）（按钮未压下）。通过串联的电阻可以对信号线进行自诊断。该开关用来传送换挡杆挡位 P 的锁止信号。只有当 P/N 锁的锁杆处在初始位置时，微型开关 2 才会启动（见 P/N 锁的功能说明）。该开关用来传送换挡杆挡位 P 的锁止信号。这样根据该开关的结构原理就可轻松查出故障原因。

点火钥匙紧急解锁孔

图 1-86 奥迪点火钥匙紧急解锁孔位置

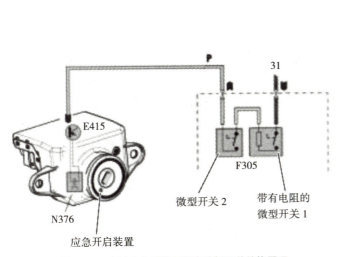

图 1-87 奥迪点火系统与停车选择开关结构原理

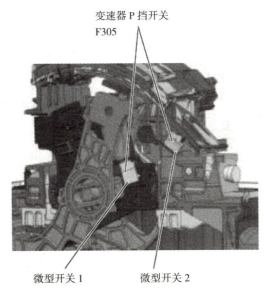

图 1-88 停车选择开关 F305

第二章　大众车系

一、途安 0AM 变速器维修案例

车型：2013 年途安，配置 1.4T 发动机及 0AM DSG 7 速干式双离合变速器。

故障现象：车主描述，该车 R 挡时有时无，打开点火开关，如果仪表盘上亮扳手就没有 R 挡了，但前进挡行驶正常。

故障诊断：接车后先用 VAS 5054A 打开自诊断进入变速器系统读取变速器故障码，出现 P072B 无法挂接倒挡（偶发）。

故障码清除，再次读取无故障，进行路试发现 R 挡在挂入时仪表显示 R 字样闪烁几下，故障灯亮起，R 挡时有时无，前进挡行驶正常。回到厂里再次检测，故障码依旧是 P072B 无法挂接倒挡（偶发）。

清除故障码进行基础设定，进行设定时出现中断代码 53 准备 GS6R 超时挡位调节器行程 6—R，不稳定或者未处于区间 –0.8~0.8mm 之内（如图 2-1 所示）。

53 准备 GS6R 超时 挡位调节器行程 6R 不稳定或者未处于区间 -0.8mm<->0.8mm 之内

54 挂挡 G2. 挂入位置失真，超时 测量挂挡行程： 挡位调节器行程 G2 不稳定或者未处于 1.5mm<挡位调节器行程<20mm 之间 （到默认空挡的距离=0mm）

55 挂挡 G3. 挂入位置失真，超时 测量挂挡行程： 挡位调节器行程 G3 不稳定或者未处于 1.5mm<挡位调节器行程<20mm 之间 （到默认空挡的距离=0mm）

56 挂挡 G4. 挂入位置失真，超时 测量挂挡行程： 挡位调节器行程 G4 不稳定或者未处于 1.5mm<挡位调节器行程<20mm 之间 （到默认空挡的距离=0mm）

57 挂挡 G5. 挂入位置失真，超时 测量挂挡行程： 挡位调节器行程 G5 不稳定或者未处于 1.5mm<挡位调节器行程<20mm 之间 （到默认空挡的距离=0mm）

58 挂挡 G6. 挂入位置失真，超时 测量挂挡行程： 挡位调节器行程 G6 不稳定或者未处于 1.5mm<挡位调节器行程<20mm 之间 （到默认空挡的距离=0mm）

图 2-1　故障码

于是决定先把机电单元拆解进行检查，进入引导性功能，进行空挡位置基础设定（拆解机电单元），机电单元拆下进行外观检查，没有发现异常情况。

于是对 6-R 挡拨叉进行检查，检查发现 6-R 挡拨叉在挂入 6 挡时稍微使点劲就挂上，而 R 挡挂入时非常费劲，有时候还挂不上，需要晃动几下才能挂入，接下来用手电查看 6-R 挡拨叉上面的两个小胶块是否脱落，发现头壳里面的小胶块脱落，发生卡滞。于是将变速器抬下拆解，发现 6-R 挡拨叉上的小胶块限位卡子断掉，导致小胶块脱落，无法挂入 R 挡（如图 2-2 所示）。

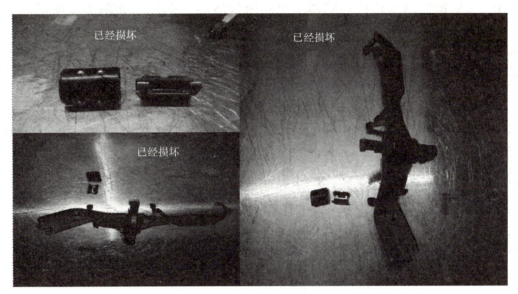

图 2-2　损坏的部件

更换新的 6-R 挡拨叉总成，装入变速器。

变速器装车后，进行基础设定，设定 OK，试车问题解决。

故障总结： 0AM 7 速干式双离合器变速器在打开点火开关时，变速器控制单元第一时间会将变速器 R 挡和 1 挡挂入，进入待命状态。而此时该变速器由于倒挡拨叉限位卡子断裂，小胶块掉出导致倒挡无法挂入，出现打开点火开关就报故障码无法挂接倒挡（偶发）。由于倒挡拨叉和其他拨叉结构不同，所需要的力度要大，所以倒挡拨叉很容易出现类似的问题，希望在以后的维修过程中要注意倒挡拨叉的限位卡子是否断裂，以免出现类似的问题。

二、朗逸 09G 变速器入挡冲击严重

车型： 2011 年朗逸。

行驶里程： 3725km。

VIN：LSVAN2187B2××××××。

故障现象： 根据客户描述，试车，怠速时，入D挡和R挡严重冲击，仪表上挡位显示器的挡位显示全部点亮（如图2-3所示），车辆起步无力，无超速挡，读数据显示在3挡，此时变速器处于应急保护模式。故障确实如客户所描述。

故障诊断： 连接诊断仪VAS6150A至车辆，查询02故障存储器，有一个故障码：17099 P0715变速器输入转速传感器1电路电气故障，偶发，如图2-4所示。

图2-3 故障显示

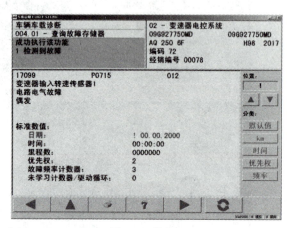

图2-4 故障码

相关系统/部件原理： 图2-5为09G系统一览表，其中红色方框内为输入转速传感器G182。

可能的故障原因： 输入转速传感器G182、离合器K2支架外毂损坏；G182线路短路或断路；离合器K2摩擦片过度磨损而打滑；变速器控制单元故障等。

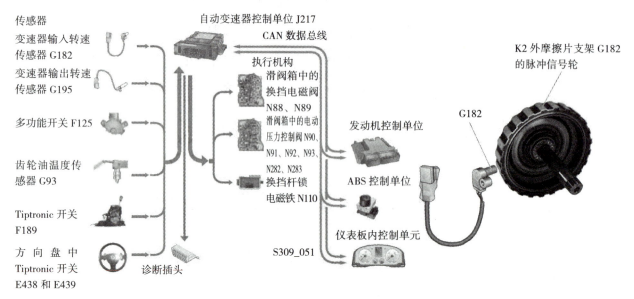

图2-5 09G系统一览表及G182放大图

诊断思路说明：根据可能的故障原因，本着由简到繁的检查步骤，首先检查油位和油质，正常无杂质无异味，首先可以排除离合器片无过度磨损而打滑；连接诊断仪VAS6150A 路试，读取 G182 转速数据流，02-11-001 第二区显示转速为 0，正常应该是发动机转速或是接近发动机转速，如图 2-6 和图 2-7 所示。数据组 1 第一区为发动机转速，第二区为变速器输入转速传感器 G182 转速，第三区为变速器输出转速传感器 G195 转速，第四区为换挡杆位置实际值。

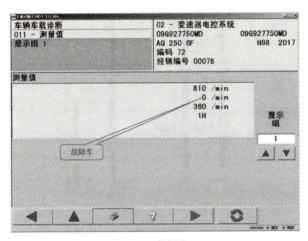

图 2-6　数据流 1

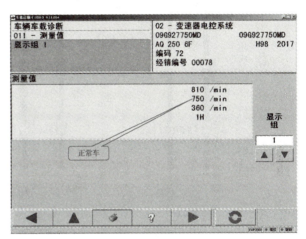

图 2-7　数据流 2

读取数据组 2 第二区显示 G182 工作电压为 0.080V，如图 2-8 所示。数据组 2 第一区为变速器输入转速，第二区为变速器输入转速传感器 G182 电压，第三区为变速器输出转速，第四区为变速器输出转速传感器 G195 电压。

通过数据对比，首先检查 G182 相关线路。对照 TEIS 朗逸 09G 变速器电路图（如图 2-9 所示），使用专

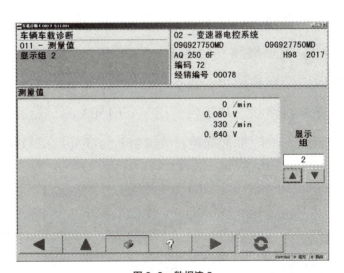

图 2-8　数据流 3

用工具 VAG1526 对 G182 的两根导线进行通断测量，通断正常；对导线进行阻值测量，发现连接 T52b/51 至 T8u/3 这根线电阻为 36Ω，明显大于正常导线电阻，仔细检查发现该导线因绝缘层破损进水氧化。为了快速排除故障，找来另一根正常导线将 T52b/51 和 T8u/3 短接试车，启动发动机，试挂挡几次后，故障再现。

重新整理思路、分析，最后的结论还在线路方面。再次对其导线进行测量，测量结果显示 T52b/39 和 T8u/4 断路，检查导线没有任何破损，仔细检查发现在该导线 T8u 插接处线出现凹坑，拉动一下后测量结果显示导线是通路。将导线凹坑处剥开，发现此处已经断开（图 2-9 中星处）。将此导线修复后，再次进行试车，故障未再出现。至此故障排除。

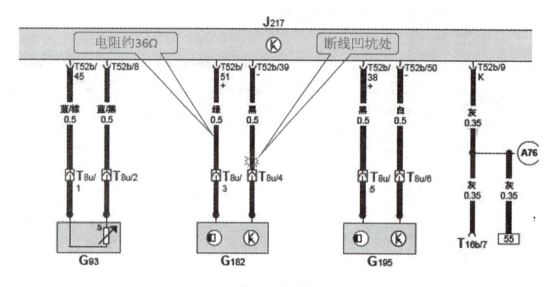

图 2-9　电路图

故障原因：变速器输入转速传感器 G182 线束线路断路，如图 2-10 所示。

故障排除：修理 VAS1978 和 VAS1978B 修复损坏线路。将 T52b/39 至 T8u/4 的这段线路整根取出，用一根相同截面积的导线代替，导线两端针脚用 VAS1978 修复。恢复原线路状态和走向，用 VAS6150A 测试所有系统并清除故障码。试车，故障未再现。至此，故障彻底排除。图 2-11 为修复后的数据。

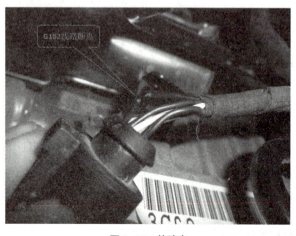

图 2-10　故障点

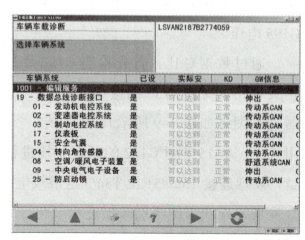

图 2-11　修复后数据

故障总结： 排除故障之前要有一个正确的维修思路，要搞清控制器与执行元件的控制原理和工作原理，熟练使用专用工具和维修手册，只有这样，才能避免走不必要的弯路，节省维修时间提高工作效率和一次修复率，进而提高客户满意度。

三、新帕萨特 NMS 自动空调偶发不制冷

车型： 2011 年新帕萨特。

行驶里程： 49069km。

VIN： LSVCB2A41BN××××××。

故障现象： 客户进站反映空调偶发不制冷，特别是在颠簸路面行车时发生频率高。经复杂路况试车，故障确实存在。

故障诊断： 连接 VAS6150B 读取车辆系统，08 有故障，故障码为 B10A915 空调压缩机激活断路 / 对正极短路 / 主动 / 静态，如图 2-12 所示。

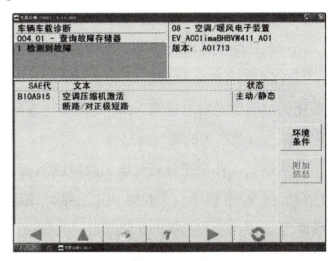

图 2-12　故障码

首先了解一下此车空调相关系统 / 部件原理：

自动双区空调系统（带后部调节功能）：空调的自动运行模式，可任选两种模式中的一个：自动高强度运行模式或自动低强度运行模式。

后排空调调节系统（调节优先）：

· 后排调节时，自动变单区空调。

· 可以控制空调系统打开和关闭。

· 可以设置温度及风量大小。

· 前排空调可以锁止后排空调系统。

· 控制系统采用 LIN 控制。

外部调节式空调压缩机（PXE16）7 缸斜盘式压缩机：

· 采用变排量压缩机，如图 2-13 所示。

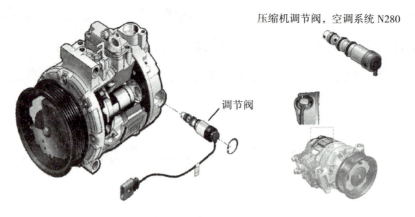

压缩机调节阀，空调系统 N280

调节阀

图 2-13　变排量压缩机

· 活塞采用空心，减少压缩机重量。

· 皮带轮驱动机构带有一体式过载保护，取消电磁离合器。

· 外部调节阀 N280，用于压缩机内压力状况的自适应控制。

控制单元 J255 根据所需温度、外部与内部温度、蒸发器温度以及制冷剂压力的变化，控制单元对电磁阀 N280 的占空比进行控制，控制斜盘倾斜位置改变，从而决定了排量以及产生的制冷输出。

依据其工作原理分析可能的故障原因有：(1) 空调控制单元 J255 损坏；(2) 压缩机调节阀 N280 损坏；(3)J255 供电、接地线路短路、断路；(4)J255 至 N280 线路短路、断路等。

经试车，此故障码有时是静态有时是偶发。根据故障现象、故障码和可能的故障原因，本着由简入繁的原则，查询电路图（如图 2-14 所示）。首先检查空调控制单元 J255 的供电，电流走向为蓄电池→保险丝 SA4 →保险丝 SC24 → J255 针脚 T20g/20，供电

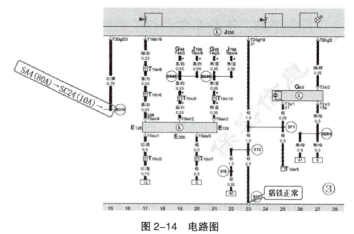

图 2-14　电路图

正常，测试线路间无短路。测量 J255 针脚 T20g/19 至接地电阻阻值为 0.2Ω，接地正常。连接诊断仪 VAS6150B 读取空调系统数据组（如图 2-15 所示），压缩机关闭条件为压缩机启动通道中的故障，压缩机实际电流值为 0.105A，可能原因是空调控制器 J255 故障、压缩机调节阀 N280 故障、相关线路断路或短路。

经过前期的检查工作和可能原因，首先更换空调控制器 J255 试车，故障再现。那么诊断至此，是我们的分析思路出了问题还是诊断过程中忽略了什么问题呢？再次查询维修资料并回顾诊断过程，诊断方向应该没错，再次测量相关线路。测试 N280 针脚 T2bz/1 至接地，电阻阻值为 0.2Ω，接地正常，线路无短路。测试空

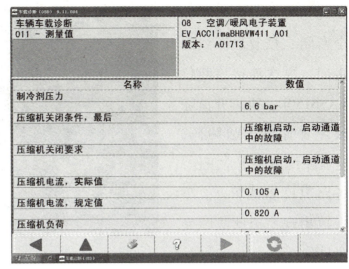

图 2-15　空调系统数据组

调控制器 J255 插头 T20g/18 至 N280 的针脚 T2bz/2，测试过程中此线电阻阻值不稳定，从 0.1Ω 有时跳跃至无穷大。分解空调控制器 J255 插头 T20，发现 T20g/18 针脚已断裂，如图 2-16 所示。

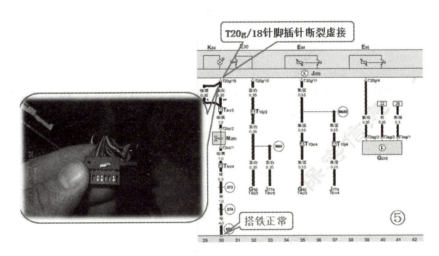

图 2-16　针脚已断裂

故障原因：维修至此，故障原因已明确，是 J255 插头针脚 T20g/18 因断裂造成接触不良引起空调偶发不工作，如图 2-17 所示。

故障排除：将单根故障导线的触点从插头壳体中拉出；从线束修理包中选择合适的黄色维修导线；将维修导线的新触点推入到插头壳体中直至啮合；将单根导线密封推入维修导线；使用剥线钳 VAS1978/3 在适当位置切割维修导线和车辆上的导线；使用剥线钳剥去导线末端 6~7mm 的绝缘层；夹紧接头连接两端被剥去绝缘层的导线并使用夹紧钳夹紧；使用热风机将连接接头热收缩，以防止潮湿的气体进入，从

中间位置开始，直至完全密闭；恢复原车线路走向，再次连接诊断仪VAS6150B，查询并清除故障存储器内故障码，空调系统恢复正常工作，各路况反复试车，故障未再出现，至此故障完全排除。

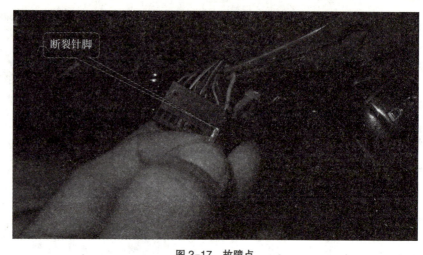

断裂针脚

图 2-17　故障点

故障总结：此案例并不复杂，空调控制器 J255 插头触点断路，但是对于这种断路或线路内部断路，因车辆运行震动或颠簸路震动导致的偶发断路有时不好检测，这就要求在维修工作中要规范认真。对于新车型上运用到的新技术产生的新故障，基于"输入—控制—输出"的基本原理，只要熟知它的工作原理及其运行特点，并结合维修手册和必要的检测手段，就能快速、准确地找到故障点。

四、朗逸 1.4T DSG 入挡无法行车

车型：2011 年朗逸 1.4T。

行驶里程：27080km。

VIN：LSVAD2189B2××××××。

故障现象：客户描述车辆曾经更换过双离合器，今天行车中突然出现无偶数挡。重新启动车辆后入挡无法行车，经试车，故障现象确实存在。连接故障诊断仪VAS6150B，读取 02 变速器电控系统故障存储器，有 2 个故障码，如图 2-18 所示。P072C 1 挡无法连接 / 不可靠信号 / 偶发；P073F 1 挡同步失败 /tbd/ 偶发。

故障诊断：原理上如图 2-19 所示。双离合器变速器包含两个独立的齿轮副，每个齿轮副结构可作为一个手动变速器，每个齿轮副匹配一个干式离合器。根据切换的挡位，机电装置控制单元控制离合器的打开和闭合。通过离合器 K1、齿轮副 1 和输出轴 1 切换 1、3、5 和 7 挡。通过离合器 K2、齿轮副 2 以及输出轴 2 和 3 切换 2、4、6和倒挡，总有一个齿轮副处于啮合状态，因为对应的离合器一直处于打开状态。

事件存储器条目		事件存储器条目	
编号:	P072C1挡无法挂接	编号:	P073F1挡同步失败
故障类型 1:	不可信信号	故障类型 1:	tbd
故障类型 2:	偶发	故障类型 2:	偶发
标准环境条件:		标准环境条件:	
日期	23.06.14	日期	23.06.14
时间	15:01:45	时间	14:40:41
里程数（DTC）	27082	里程数（DTC）	27082
优先等级	0	优先等级	0
频率计数器	2	频率计数器	1
忘记计数器/驾驶周期	40	忘记计数器/驾驶周期	40

图 2-18 故障码

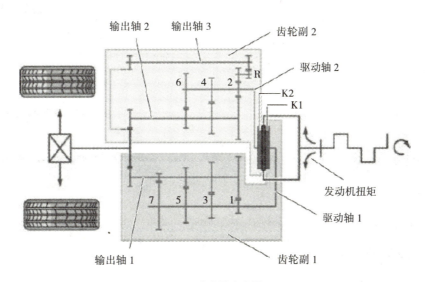

图 2-19 双离合器变速器原理

为了启用该离合器（如图 2-20 所示），分离杠杆将分离轴承按压至膜片弹簧上。在几个转换点，压缩运动转化为张紧运动，压盘将离合器从动盘和驱动盘推在一起，扭矩就传递到了驱动轴上。分离杠杆通过液压离合器 K1 操控器控制的齿轮副 1 的阀 3-N435 来启动。

如果分离杠杆启用（如图 2-21 所示），分离轴承按压压盘的膜片弹簧。由于膜片弹簧被离合器壳体所支撑，压盘按压到驱动盘上，扭矩传递到驱动轴 2。分离杠杆通过液压离合器 K2 操控器控制的齿轮副 2 的阀 3-N439 来启动。

依据其工作原理分析可能的故障原因：(1) 控制 K1 离合器的 N436 故障；(2) K1 离合器拨叉故障；(3) 双离合器故障；(4) 机电单元软件错误等。

诊断思路说明：根据故障码和可能原因分析，机电单元软件错误的可能不大，为了确认，读取 02 变速器电控系统数据流 41 组，显示软件为：V069S2600AM_getriebe_

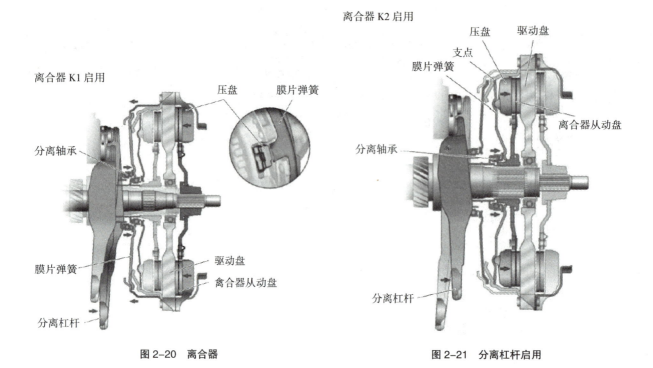

图 2-20 离合器　　　　　　　　　　　　图 2-21　分离杠杆启用

DSG_IJS2(如图 2-22 所示)，此车变速器型号为 NRN，软件正确。而 N436 若有故障，应该有故障存储，但是不排除机电单元本身问题。不论是机电单元故障还是双离合器故障或拨叉故障，都可以通过数据流对比分析做初步判断。

图 2-22　数据流 1

读取 02 数据组 56、57、58 (此 3 组数据代表变速器的 FID 码)，数据组 56 存有代码 86 和 94；这两个代码与 02 故障存储器故障含义相统一。读取 02 数据组 5，显示驱动轴有转速显示，此时发现异常 (如图 2-23 所示)。

读取 02 数据组 95、97 (如图 2-24 所示)，异常变得更加清晰，95 一区 3.3mm，97 一区 1.7mm，计算得出 K1 间隙 0.16mm，超过极限值 0.3mm。继续读取 02 数据组 240，显示 K1 实际位置 3.8mm，而 K1 控制阀实际电流却为 0.09A，数据异常。诊断至此，思路变得更加清晰：(1) 机电单元活塞拖出；(2) 离合器因野蛮安装锁死。经拆检，机电活塞安装正常；拆检离合器，发现故障原因。

经拆检双离合器，在离合器与变速器壳体间有一枚小螺母（如图2-25所示），可能是安装离合器时不小心误漏进去的。因双离合器是高速旋转的，小螺母在车辆震动过程中发生位移，卡到了双离合器K1拨叉与变速器壳体之间，引起K1间隙过小。齿轮副压力控制电磁阀控制到齿轮副1和2的机油压力，如果在某个齿轮副中监测到一个故障，压力控制电磁阀就会断开相应的齿轮副。

故障排除：按照维修手册规范测量、安装双离合器，并做软件更新和完整的基础设定及自适应。

按照维修手册操作规范，使用专用工具规范测量、调整K1、K2接合轴承的位置，安装变速器双离合器并装车，在线更新适合gen3离合器的机电单元软件，并做完整的基础设定、路试设定，经试车故障未再

图 2-23　数据流 2

图 2-24　数据流 3

图 2-25　故障点

83

现，至此故障彻底排除。

故障总结：从故障现象看，疑似机电单元故障，因机电单元是接收发动机、仪表、ABS 等控制单元发出的各类信号，计算、分析后控制 K1、K2 的接合。经过数据对比分析，发现故障点在于 K1 的间隙过小，引起间隙过小的原因可能是机电单元活塞推杆错位和离合器锁死，经过拆检最后确认故障是人为造成的。在此希望我们维修人员在维修作业中要规范操作流程，端正工作态度。只有如此才能提高一次修复率。

拆装双离合器的注意事项：

（1）拆装机电单元过程中，固定离合器接合杆工具 T10407 要缓慢取出，否则离合器接合杆"猛撞"向机电单元，会导致离合器锁死。

（2）双离合器受外力冲击会导致锁死（碰摔、野蛮安装等）。

五、新帕萨特偶发无法启动

车型：2012 年新帕萨特。

行驶里程：25597km

VIN：LSVCE6A48CN××××××。

故障现象：客户进站反映，车辆有时仪表无显示，车辆无法启动。但故障时，无钥匙进入正常。

故障诊断：连接诊断仪 VAS6150A，扫描各系统，显示驱动总线上的各系统都有故障（如图 2-26~ 图 2-29 所示）。01 发动机系统故障码 -U0155 49493 000 仪表板控制单元无通信 \tbd；02 变速器系统故障码 -P1862 06242 000 驱动系数据总线仪表板

图 2-26　故障码 1

图 2-27　故障码 2

图 2-28　故障码 3

图 2-29　故障码 4

信号丢失 \tbd；03 制动电子系统故障码 –01317 004 组合仪表中的控制单元无信号 \ 通信；15 安全气囊系统故障码 –U015500 C15500 仪表板控制单元无通信；19 数据总线系统故障码 –00381 004 组合仪表中的控制单元无信号 \ 通信；44 动力转向系统故障码 –01317 004 组合仪表中的控制单元无信号 \ 通信。故障同时都指向 17 组合仪表系统。

相关系统 / 部件原理：

无钥匙启动（如图 2-30 所示）。

（1）按下启动按钮，ELV 将需要启动的请求发送给仪表。（2）仪表发出验证 WFS 的请求给 Kessy 控制器。（3）

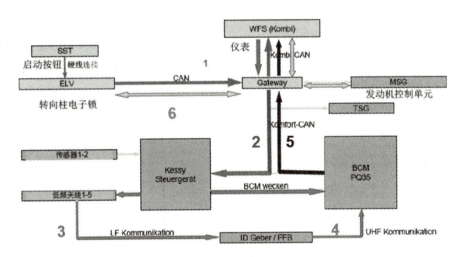

图 2-30　无钥匙启动系统

Kessy 控制器通过其所控制的低频天线发送低频信号给钥匙（如果 BCM 处于休眠状态，则唤醒 BCM）。（4）钥匙被低频信号激活后，发送高频信号给 BCM。（5）BCM 将钥匙的防盗信息发送给仪表。（6）仪表和 ELV 验证防盗信息，通过后 ELV 解锁。仪表和发动机控制单元 MSG 验证防盗信息，通过后允许发动机启动。

依据其工作原理和故障代码分析，无钥匙进入正常，那么引起各系统与仪表无通信的可能的故障原因有：

（1）组合仪表供电、搭铁不良。

（2）组合仪表驱动 CAN 线故障。

85

（3）组合仪表故障等。

根据分析总结的可能故障原因，首先检查组合仪表的 15 供电和 30 供电、组合仪表搭铁线及车身搭铁点；其次检查组合仪表驱动 CAN 总线针脚接触是否良好、CAN 总线通断、阻值；若经以上检查都正常，则更换组合仪表，因是偶发故障，需跟踪一段时间再确定维修方案。

本着由简到繁、由表及里的原则，通过 Elsapro 查询电路图（如图 2-31 所示），首先测量组合仪表 15 供电和 30 供电，URD1 红笔接组合仪表插头端子 T32/31、T32/32，URD1 黑笔接车身搭铁，分别测得结果显示为蓄电池电压，15 供电和 30 供电正常；而把 URD1 黑笔接组合仪表插头端子 T32/16，结果显示有 0.8V 左右的电压。检查 44 号搭铁点，无氧化、无松动。

通过电路图分析，最可能的故障点应该在搭铁线节点 366 处（如图 2-31 所示）。因电路图上未标出 366 节点位置，只能通过拉动仪表线束观察仪表显示变化确认 366 节点大体位置。当拉动到左 A 柱下方近 44 号搭铁点的线束时，仪表显示随拉动动作在断电、供电状态来回变化。剖开此处线束保护绝缘层，发现一搭铁节点处有几根棕色线已断。诊断至此，锁定故障点，366 节点处仪表的搭铁线折断。

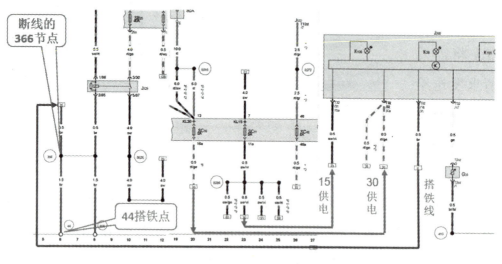

图 2-31　电路图

故障原因：搭铁线 366 节点处仪表搭铁线折断（如图 2-32 所示）。

故障排除：使用线束套装修复工具 VAG1978 对 366 节点处修复。

断开 366 节点处所有导线，将所有导线放入合适转换头内，使用压紧铅 VAS1978/1A 将转换头夹紧，使用黄色绝缘胶布规范包扎，恢复原车线路走线。

跟踪两周后，客户表示故障未再现，至此故障彻底排除。

图2-32 故障点

故障总结：通过故障现象看，有可能是启动按钮、ELV、网关、仪表故障或相关线路故障；从故障码看应是组合仪表及相关线路故障，通过逐步排查，锁定了故障点。对于新技术的运用，必然会出现一些新的故障现象，只要我们熟知其工作原理和工作特性，同时结合维修资料、必要的专用工具和设备以及检测方法，就能快速准确地找到故障点。只有端正的工作态度才能提高一次修复率，进而提高客户满意度。

六、全新途观空调无法一键关闭及双驱无法同步调节

车型：2014年全新途观。

行驶里程：2309km。

VIN：LSVXL65N9E2×××××。

故障现象：客户描述空调工作正常，但是无法一键（OFF键）关闭且双区温度不能同步调节（如图2-33所示）。经试车，故障现象确实存在。

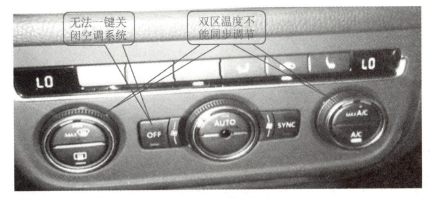

图2-33 故障现象

故障诊断：连接故障诊断仪 VAS6150A，进入自诊断，读取 08 空调 / 暖风电子装置的故障存储器中有 2 个故障码（如图 2-34 所示），B10A411 空气质量传感器的信号线对地短路；U101300 控制单元未编码（如图 2-35 所示）。

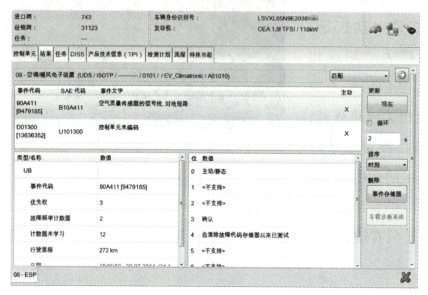

图 2-34　故障码

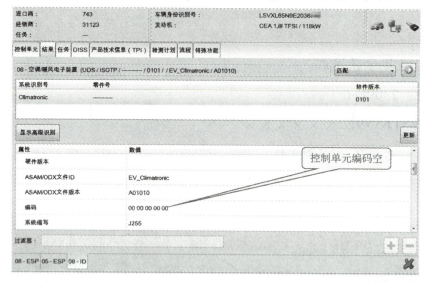

图 2-35　U101300 控制单元未编码

首先了解一下此车双驱自动空调的基本工作原理。

空调控制单元 J255 控制以下工况：

（1）制冷回路压力过低（小于 200kPa）时，减少压缩机输出。

（2）制冷回路压力升高，提高怠速，接通散热风扇。

（3）制冷回路压力（大于 3200kPa），减少压缩机输出。

88

（4）J255 处理类似环境温度、设置温度，蒸发箱出口温度和驾驶条件等信息，计算所需制冷量并输出 N280 的 PWM 信号，从而控制压缩机排量。

（5）控制温度风门。

（6）自动运行模式，可任选两种模式中的一个，自动高强度运行模式或自动低强度运行模式。自动高强度运行模式可调节快速暖风或车内空调系统；自动低强度运行模式可调节普通暖风和通风系统。当前的运行模式可通过相应的 LED 灯显示。

（7）自动双区控制能左右温度独立控制，提高舒适性。

而此车的故障码提到的空气质量传感器又是起什么作用呢?

纵观途观全系车型，并未找到此传感器的相关信息，但在全新帕萨特车型全自动双驱空调中有此传感器的相关应用。

AQS 传感器具有能够通过感应化学物质（比如 NO、NO_2 和 CO）检测空气污染的能力。根据进气空气的质量，它会自动打开车内空气循环模式（如果处于 AUTO 模式）。在自动空气内循环运行模式接通的情况下，空气质量传感器会测量吸入空气中的有害物质浓度；如果空气质量传感器识别到有害物质浓度明显升高，则暂时接通空气内循环运行模式。当有害物质浓度下降到正常水平时，自动关闭空气内循环运行模式，以便重新向车内输送新鲜空气。

了解了空调控制系统的相关控制原理，针对此车的故障现象，我们分析可能的故障原因如下。

（1）空调控制单元编码错误或未编码导致功能受限。

（2）空气质量传感器信号线对地短路或传感器本身故障（假设此车有此配置）。

（3）空调控制单元内部故障等。

诊断思路说明：在空调控制单元电源接地、保险丝正常的情况下，根据此车的故障现象，我们重点检查空调控制单元的编码及故障是否存在于空气质量传感器及其线路上。

诊断过程：

（1）对空调控制单元进行在线编码但是无法完成。采集同类型车的编码为：00 10 01 20 02，在自诊断中进行手动编码成功。

（2）重新进入自诊断，检查故障存储器，发现"控制单元未编码"的故障码已不存在，但是"空气质量传感器信号对地短路"的故障码仍然存在且删除不掉，试车故障依旧。

89

测量空调舒适总线波形正常（如图 2–36 所示），读取 08 空调 / 暖风电子装置数据组，显示空气质量传感器实际状态异常（如图 2–37 所示）。

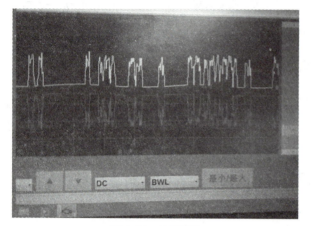

图 2–36　波形正常

地址列	ID	测量值	数值	单位	目标值
08	OCMAS1337	空调压缩机切断状态	空调关闭或风量控制开关处		
08	OCMAS1338	空调压缩机最后一次切断状态	来自发动机控制单元（ECM		
08	OCMAS1339	空调压缩机负荷	0	Nm	
08	OCMAS1340	空调压缩机调节阀，实际电流	0	A	
08	OCMAS1341	空调压缩机调节阀，额定电流	0	A	
08	OCMAS1342	空调压缩机倒数第二次切断状态	压缩机启用，不存在关闭条		
08	OCMAS1343	空调压缩机速度	0		
08	OCMAS1344	空调压缩机倒数第三次切断状态	压缩机启用，不存在关闭条		
08	OCMAS1351	空调状态	未激活		
08	OCMAS1345	前部气流分配阀门，实际值	222		
08	OCMAS1346	前部气流分配阀门，额定值	95	%	
08	OCMAS1347	前部气流分配阀门，脚部空间	27		
08	OCMAS1348	前部气流分配阀门，通风	234		
08	OCMAS1349	空气质量传感器，实际状态	错误E1		
08	OCMAS1350	空气循环状态	新鲜空气		
08	OCMAS1354	环境温度，计算值 / 参数_MUX温度 / 信号故障			
08	OCMAS1355	环境温度，计算值 / 参数_MUX温度 / 温度	42	°C	
08	OCMAS1352	环境温度传感器 / 参数_MUX温度 / 信号故障			
08	OCMAS1353	环境温度传感器 / 参数_MUX温度 / 温度	44	°C	
08	OCMAS1356	鼓风机负荷，前部	0	%	
08	OCMAS1357	鼓风机，额定电压	0	V	
08	OCMAS1358	计数器_空调_压缩机_关_闭条件?/?发动机控制器通过CAN关闭	3		

异常数据

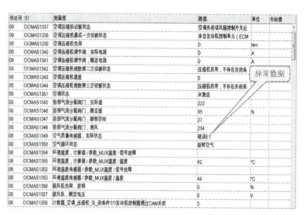

图 2–37　状态异常

（3）检查此车到底有无“空气质量传感器”，如图 2–38、图 2–39 所示。

（4）从电路图再对比 2 种车型的 T20 针脚定义，如图 2–40、图 2–41 所示。

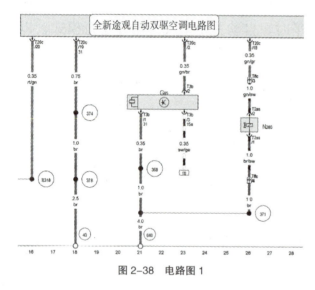

图 2–38　电路图 1

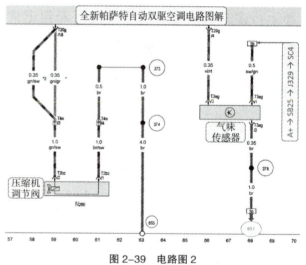

图 2–39　电路图 2

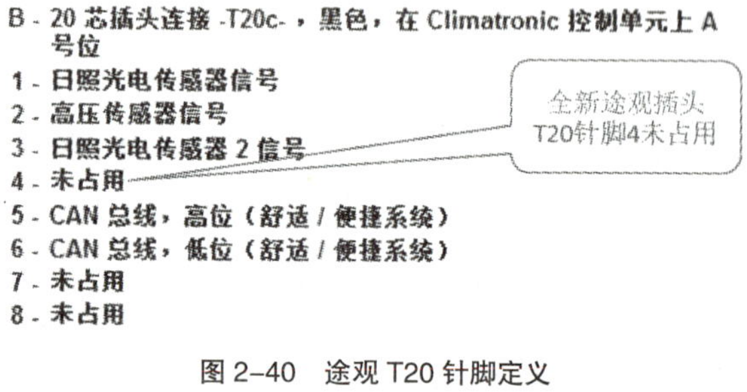

B - 20 芯插头连接 -T20c- ，黑色，在 Climatronic 控制单元上 A 号位
1 - 日照光电传感器信号
2 - 高压传感器信号
3 - 日照光电传感器 2 信号
4 - 未占用
5 - CAN 总线，高位（舒适 / 便捷系统）
6 - CAN 总线，低位（舒适 / 便捷系统）
7 - 未占用
8 - 未占用

全新途观插头T20针脚4未占用

图 2–40　途观 T20 针脚定义

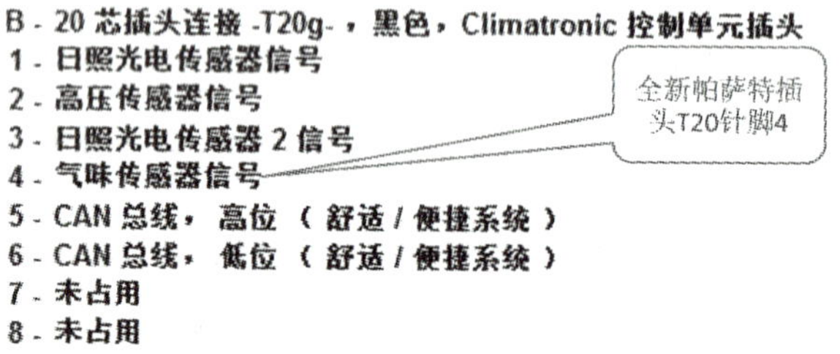

B - 20 芯插头连接 -T20g- ，黑色，Climatronic 控制单元插头
1 - 日照光电传感器信号
2 - 高压传感器信号
3 - 日照光电传感器 2 信号
4 - 气味传感器信号
5 - CAN 总线，高位（舒适 / 便捷系统）
6 - CAN 总线，低位（舒适 / 便捷系统）
7 - 未占用
8 - 未占用

全新帕萨特插头T20针脚4

图 2–41　帕萨特 T20 针脚定义

通过针脚定义对比，说明全新途观 T20 针脚第 4 脚气味传感器信号未启用，但控制单元的内部预设有传感器的信号输入及相关控制，只是实车上并未配置空气质量传感器。

故障原因：此车虽无空气质量传感器的实质配置，但控制单元内部预设有传感器的信号输入，也就是说，这个信号输入线路在空调控制器内部短路，造成故障，如图 2-42 所示。

故障排除：更换空调控制单元 J255。

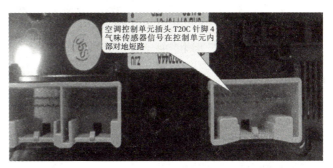

图 2-42　故障点

更换新的控制单元：（1）重新编码；（2）进入引导性功能——空调系统基本设定；（3）引导性功能——压缩机首次运行激活。完成这三个步骤后试车，故障排除。

故障总结：这个案例虽然并不复杂，但是技术经理关注到此车时，维修技师正准备拆仪表台找所谓的"空气质量传感器"，这说明维修技师并不完全了解此车的空调控制原理，导致维修思路混乱，造成维修时间加长，同时也导致客户抱怨升级。这个案例告诉我们：只要熟知电器元件的控制原理及其故障成因，以及对线路图的熟练掌握，配合数据分析，对于电气方面的故障还是较容易找出问题所在的。

七、途观行驶中熄火故障

车型：2012 年途观，配置 1.8T 发动机。

行驶里程：58808km。

VIN：LSVUH25NXC2××××××。

故障现象：用户为过路车，客户描述车辆行驶中熄火，在其长途行驶过程中多次出现，而且出现时都发生在燃油少于 1/4 时。当维修人员救援时发现熄火的原因是主油箱内没有燃油，副油箱内有油。通过与客户再次沟通，客户表示去年 12 月曾在当地因此故障更换过副油泵（射流泵），在其长途行驶的沿途两个救援维修站更换过主油泵、副油泵，而且出现故障后只要加注燃油车辆就可以启动。

故障诊断：连接诊断仪 VAS6150A 至车辆，读取 01 发动机电子设备故障存储器，有一个故障码：00135 P0087 000 油轨/系统压力－过低/静态，如图 2-43 所示。

依据故障码分析，出现此故障码的常见原因有二：一是低压油路部件及相关线路问题；二是高压油路部件及相关线路问题。但根据车主描述的情况，出问题的时候加点燃油就可以启动，而且经检查为主油箱无燃油而副油箱还有燃油。按此现象推理，可以排除高压油路部件

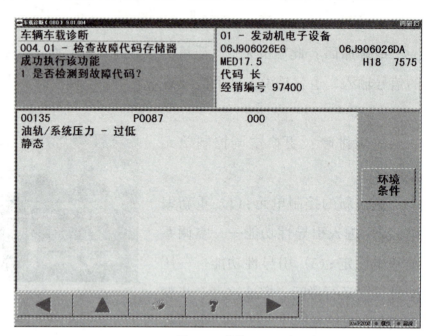

图 2-43　故障码

及相关线路问题，问题还是在低压油路上。那么低压油路由以下几部分组成：主泵、副泵、控制单元、相关线路等。根据该车加注燃油就能启动的现象，油泵控制单元及汽油泵相关线路出问题的可能性很小，按照一般维修经验，应是副油泵（射流泵）不能将副油箱的油抽至主油箱造成的熄火。沿途几个维修站的维修人员估计也是如此推断，才更换了主、副油泵。

首先我们先了解一下途观油泵的工作方式，维修手册中是这样写的：

燃油箱分左侧和右侧油箱，如图 2-44 所示。为了使燃油泵能将左侧油箱（如图 2-44 中 3）中的燃油传送到右侧油箱中的传送单元壳体（如图 2-44 中 2）中，需要有一个吸油喷射泵（如图 2-44 中 1）。选用的燃油箱应当具有用吸油喷射泵

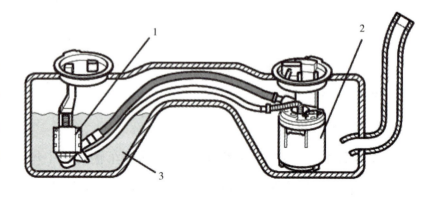

1.吸油喷射泵　2.右侧油箱　3.左侧油箱

图 2-44　燃油箱

将燃油存量传感器 2（G169）区域传送至燃油泵的能力。如果发动机因为缺少燃油而停止工作，但是燃油表显示燃油箱中还有 1/4 燃油，这时需要进行一次检查。

步骤：

拆下燃油泵。

拆下燃油存量传感器 2（G169）。

现在可以从燃油存量传感器 2（G169）的侧面（车辆左侧）拉出吸油喷射泵。

检查燃油管路是否牢固地与吸油喷射泵连接着并且是否已损坏。

还要检查吸油喷射泵是否被污染。

按照维修手册的建议，当出现主油箱没油而副油箱还有油的情况，就要检查副油箱，看看是不是有管子脱开，或者副泵滤网堵塞等情况。鉴于该车已经更换过副泵，该可能性暂时可以排除。

那么副泵管路正常，却出现主油箱无燃油副油箱有燃油现象只有一种可能，就是副泵的射流泵出现问题。我们再来看一下射流泵的工作原理（如图 2-45 和图 2-46 所示）。由该图可以看出，射流泵的工作原理就是通过高速运动的流体，使旁通管路的流体由于粘连被带走一部分以后形成真空，由于压强的作用，被大气压继续压进流体喷射方向，吸进排出流道。

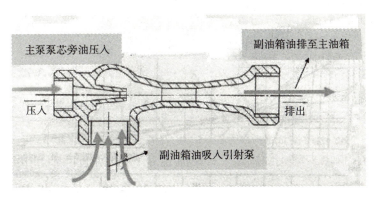

图 2-45　一种普通射流泵剖面图

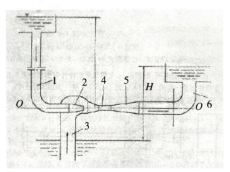

1. 工作液体输入管路　2. 喷嘴　3. 输入液体吸入管　4. 喉管　5. 扩散管　6. 排出管

图 2-46　射流泵的工作原理

途观油泵（如图 2-47 所示），左边是主泵，右边是副泵。主副之间有两条管路相连，细的一路（下方箭头）由主泵泵芯出来，到达副泵下端的射流泵，吸上来汽油之后由较粗（上方箭头）的那条管路返回主泵。

途观的油箱内结构图如下，如图 2-48 所示。

根据以上内容，总结途观汽油泵工作流程如下。

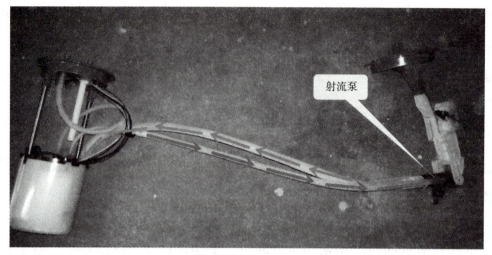

图2-47 油泵

主油箱的燃油经滤网后，吸入泵芯，分为两路，一路经泵芯出油口供给汽车发动机，如图2-47右侧的管道。另一路经泵芯旁油口驱动副泵的射流泵，射流泵将副油箱燃油打到主油箱，如图2-47左侧的环形管道。

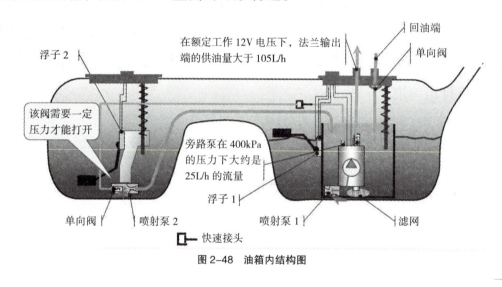

图2-48 油箱内结构图

（1）满油箱时主泵通电泵油，泵油压力一分为二，主要流量泵出油箱通向汽油滤芯，另外一部分流量较小旁通出去，通过一个密闭的油管通向副油箱射流泵。在主、副油箱油平面均高于马鞍形位置时，无论主、副油泵如何运作，也无论有何部件损坏，由于二者连通，可观察到主副油位传感器传给控制单元的油量信号是一致的。

（2）在油量消耗至主、副油箱不连通时，副泵的射流泵由于有主泵供给的旁通泵来的流量，产生吸力，吸引副泵的燃油不断地向主油箱输送燃油。当主泵燃油油量增加到一定程度之后，多余的燃油会越过马鞍，回到副油箱。经维修人员实车实践总结，在副油箱仍然有油的情况下，主油箱一般维持接近马鞍的位置，大约为29L。

（3）在燃油继续消耗后，理论上应该是副油箱接近无油，主油箱的燃油继续消耗，这时主油泵喷向副油泵的油，又转回主油箱，留在副油箱里很少燃油。

此车实际出现故障时表现为主油箱无燃油，依据其现象和工作原理判断，很显然，故障来源于副油箱内的射流泵，不向主泵供油或供油量偏少导致故障现象发生。鉴于此车主副油泵（射流泵）已换过的情况，主、副油泵应该没有问题。

那么能引起射流泵泵油流量小的原因还有来自主泵的压力大小（或液体流速）。为了确认是否是油压问题，维修人员首先读取发动机高压油泵的数据，数据组140第三区为4000~5000kPa之间，正常；然后测量了低压油路的压力，发现异常。

该车油压明显比正常车偏低，正常车低压油压在600kPa左右且剧烈摆动，这个车只有300~400kPa的压力，最低时如图2-49所示不到300kPa且油表指针不会剧烈摆动。按照我们的经验，带高压油泵的车，低压压力是会在600kPa附近剧烈摆动的。那么在主、副油泵都更换过的情况下，能导致低压油路压力低的唯一可能就是燃油滤清器。

图2-49 压力值

更换燃油滤清器后测量油压，低压油压恢复正常，在600kPa附近剧烈摆动。诊断至此，故障点应该可以锁定为燃油滤清器。经一个月的客户跟踪回访，客户表示未再出现此前的熄火故障。至此，故障彻底排除。

故障原因：燃油滤清器因长时间未更换而堵塞。

故障总结：从图2-48中可以看出，虽然泵芯有两个出口，受到阻力的只是主油路，旁通油路是通向副油箱的，但是从图中数据可以看出，主油路的通过量是105L/h，旁通油路只有25L/h。所以虽然旁通油路正常，但是主油路通向的燃油滤清器有问题或者被堵住，主油道被憋住，必然导致汽油泵电机输出受阻，导致汽油泵转子转速降低，同时导致旁通油道压力降低。射流泵处有个单向阀，旁通油路过来的燃油，必须达到一定压力才可以推开此单向阀，单向阀打不开，副油箱里的燃油就不会被送回主油箱。即使旁通油道的压力仍然能够打开单向阀，但由于本身压力不足，再加上冲过单向阀时损失了速度，导致射流效应大大削弱，泵到主油箱的燃油量小于汽油泵供油的消耗量，同样导致主油箱渐渐没油。

随着科技的不断发展，应用了大量的新技术到新车型中，我们不仅要及时学习这些新技术新知识，更主要的是对其中的原理做到了如指掌，利用这些知识去应用于实际工作中排除各种疑难故障。只有这样才能提高自身的维修技能水平，才能更好地为用户服务。

八、捷达玻璃升降器故障

车型：2007 年产一汽大众捷达轿车，行驶里程为 210000km，配置 1.6L BJT 自然吸气发动机及手动变速器。

故障现象：左前门玻璃升降器无法升降，已经在其他修理厂查过了，检测结果是车身控制单元损坏。

故障诊断：由于修理人员水平不一，其他修理人员的判断有时不能全信，只能做参考，尤其是控制单元类的故障，一定要有自己的分析。维修人员接车后首先对故障进行了确认，测试与车主描述一致，其他车门均正常，左前门玻璃不能升降。车主告知车门合页处的线已经查过了没有问题（这是这款车的通病，由于设计原因，车辆使用一定时间后，车门合页处的电线容易折断）。该玻璃升降电机自带控制模块，通过控制单元输出两个搭铁信号控制升降，拆开车门内衬进行检查，首先测量了该模块的供电，测试电压正常，可以点亮试灯，证明供电没有虚接。通过短接的方式给模块供搭铁信号（不熟悉电路原理的情况下不要冒险，以免造成不必要的损失），测试玻璃升降器可以正常升降。难道真的是控制单元损坏了？带着这个疑问拆下了位于仪表台左侧保险丝盒上面的舒适系统控制单元，拆解检查没有发现明显的损坏，只有插头处有轻微进水腐蚀现象，处理后故障没有变化。由于其他三个车门是正常的，所以该模块的供电没有问题，进行下一步检查，测量两根信号线与控制单元之间的导通情况均正常，再次检查开关（开关之前换过一个新的，还是不能解决故障）与控制单元之间的线路，测试发现该控制单元出现了断路。

故障解决：首先找一根电线代替原车折断的导线，按压左前门开关进行试验，玻璃升降器可以正常工作，找到断路点，修复后故障解决。

九、迈腾行驶时 ESP、ABS、制动警告灯无故报警

据车主描述，停车 1h 后正常启动车辆行驶，突然 ESP、ABS、制动警告灯都亮了，于是将车辆开来维修。接到车辆时，仪表故障灯是亮着的，首先用 VAS5052A 检测仪诊断，发现多个系统与 ABS 控制单元失去通信，如图 2-50~ 图 2-53 所示。

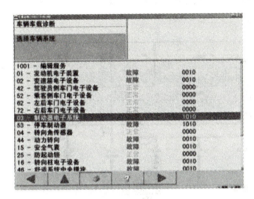

图 2-50 故障码 1

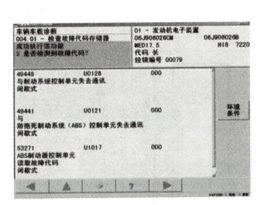

图 2-51 故障码 2

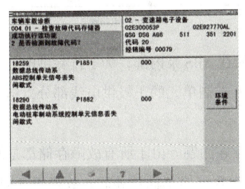

图 2-52 故障码 3

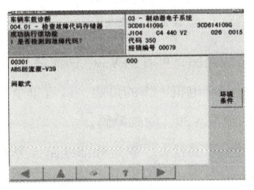

图 2-53 故障码 4

根据故障码分析，驱动 CAN 各个电控单元均存储了与 ABS 控制单元通信中断的间歇性故障码，ABS 控制单元存储故障码为"ABS 回流泵 V-39 间歇"，当总线系统的多个控制单元均存储和其中某一个控制单元"通信故障"时，可以推断该控制单元至其总线节点之间的 CAN 线路或该控制单元本身可能存在故障。结合故障码分析，ABS 控制单元显示的"ABS 回流泵 V39 间歇"的故障码可以作为突破口去诊断检查。

分析导致显示"ABS 回流泵 V39 间歇"故障码的可能原因有：

（1）V39 或内部接线故障，电机无法正常工作。

（2）ABS 控制单元编码错误。

（3）ABS 泵电机供电或接地线路故障，回流泵电机无法正常工作。

检查发现 ABS 控制单元编码正确无误（在线编码检查）。

线路检查，如图 2-54 和图 2-55 所示。首先测量 SA8/SB2/SD2/SD17 保险丝电阻情况，没有发现异常，检查 13 号接地点连接正常，拔下 ABS 插头，检查插头侧到保险及接地点之间线路电阻正常，没有短路或断路的情况存在。打开点火开关的状态下测量正电及搭铁电压没有发现异常，断开插头后网关系统显示 ABS 控制单元"无法达到"，说明 CAN 线路正常。检查插头部位针脚及密封性，未发现异常。

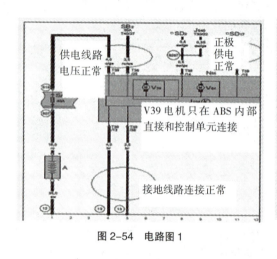

图 2-54 电路图 1

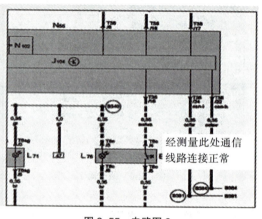

图 2-55 电路图 2

参考线路图，可看到 V39（回流泵）接线在 ABS 泵内部，为了排除供电部分间歇断路引起 V39 电机工作的可能，试着单个打开控制单元的正极供电线部分，结果均未出现"回流泵 V39"的故障码。

由以上步骤检查，确定外部线路部分不存在问题。由于所有故障存储都是间歇故障，保存故障码后将其清除。故障指示没有出现，但车辆行驶后，故障码立即出现，此时出现"回流泵 V39 静态"的故障码。为了检查 V39 电机的工作情况，利用 5052A 自诊断功能里面的"执行元件诊断"作执行诊断，当检测 V39 电机时，ABS 泵没有发出工作的声音，说明 V39 的确工作异常。

诊断到此，分析确定：此车故障是由于 ABS 泵内部 V39 电机接线或电机本身故障引起，于是更换新的 ABS 泵总成，然后在线编码，排空气，试车，但是试车刚要起步走起来后故障灯又亮了，故障现象依旧。

再次梳理诊断思路：在点火开关打开 ABS 通电自检时，故障码并不出现，但是当车速达到一定值后，ABS 回流泵会间歇工作数秒，此时故障码会出现，而之前从 ABS

控制单元插头部分测得的各个供电线电压是正常的。还有一种情况即正极部分供电虚接，当带有负荷时电压值下降，负荷部分无法正常工作。为了验证此种情况的可能性，在作"执行元件诊断"的情况下测量插头各个供电线路的电压，结果发现 T38/1 号线（SA8 保险供电）电压不足 12V，说明此线路存在虚接情况。再次检查 SA8 保险部分，发现保险已烧断，仔细观察此处发现之前维修过，保险丝中间被熔断一条小小的裂口，不容易被发现，保险丝背面用铜丝缠绕连接（铜丝在保险片下面，不容易发现），由于铜丝缠绕不牢固出现松动从而导致虚接现象存在。安装一个新的保险并紧固螺栓，试车，故障不再出现。

由于 SA8 保险部位虚接，在打开点火开关时 ABS 控制单元会做如下步骤的判断：（1）当打开点火开关后，ABS 控制单元自检时由于没有加载负荷，控制单元检测 SA8 线路供电正常，控制单元不报故障码；（2）车辆行驶后，当 ABS 启动回流泵（着车行驶车速第一次达到某一值时）自检或 ABS 起作用调节时，控制单元就会检测到回流泵工作异常，此时记忆为"ABS 回流泵 V39 静态"的故障码；（3）如果控制单元已经存储了"ABS 回流泵 V39 静态"的故障码后车辆熄火了，并且被再次打开点火开关，在没有行驶之前，由于回流泵还没有工作过，控制单元只是在点火开关刚打开后做了一次没有负载（V39 电机工作）的自检，控制单元暂时会存储为"ABS 回流泵 V39 间歇"的故障码。此车到店第一次测得的间歇故障码正是属于第 3 种情况。

更换 SA8 保险后故障排除。可见，熟练掌握诊断仪和相关车型电路图可以提高诊断速度，详细了解相关部件的工作原理和故障码含义可以让维修思路更加清晰。

十、进口大众尚酷故障灯常亮

车型：2011 年产德国大众尚酷轿车，配置 CCZ2.0T 发动机。

行驶里程：85000km。

故障现象：该车在行驶途中故障灯突然点亮，能正常行驶且无其他异常。车主反映，该车曾因为此故障在其他修理厂维修过，正常的保养都做过了，清洗了节气门、进气道、喷油器、三元催化器。每次修理工都能把故障灯给清除，并能维持一段时间不亮。现在情况越来越糟糕了，清除故障灯之后，有时过不了两天就又亮了，故来厂维修。

故障诊断：连接大众奥迪专用诊断仪 VCDS，找到一个故障码：

008213—进气歧管流道位置传感器/开关电路。

P2015—000——范围/性能——故障指示灯 MIL 点亮。

该故障可以清除，因此可以判断该故障属于软故障。有以下几种可能：

（1）传感器线路故障；

（2）传感器本身故障；

（3）传感器所监测的部件的故障；

（4）发动机控制单元的故障。

本着由简到繁的原则，首先读取该传感器的数据流，通过反复的加速测试，发现实际值与规定值有一定的偏差（就是百分比上升的时候，两者是同步的，下降时实际值比规定值明显下降得要慢）。通过观察，流道风口执行机构基本正常，急加速时执行机构吸动流道翻版，控制翻版开度加大，收油时执行机构回到初始位置，偶然发现执行机构回位的时候确实有点慢，于是进行了测试。通过观察发现，该执行机构是由一个两位三通的电磁阀控制的，当电磁阀打开时执行机构一侧和真空管路侧接通，当电磁阀关闭时执行机构侧则和大气相通，通过气体回流来让执行机构复位。

故障排除：拆检电磁阀，发现真空阀大气侧回流孔的过滤器堵塞了，造成空气回流受阻，执行机构反应迟钝，把原来的过滤棉去掉，换上新的过滤棉，试车一切正常，一个月后回访客户，故障未再出现。

十一、速腾 ABS、ESP、EPS 警告灯行驶中突然亮起

故障现象：行驶中 ABS、ESP、EPS 警告灯行驶中突然亮起，方向变沉，仪表开始报警。

故障诊断：查询电控系统故障码。发动机控制单元显示：与防抱死控制单元系统（ABS）失去通信（静态）；怠速控制系统转速比期望值高。

变速器控制单元显示：数据总线传动系 ABS 控制单元信号丢失（静态）。

仪表控制单元显示：ABS 控制单元无信号/通信（静态）。

根据故障码显示内容分析，网关及驱动总线上的控制单元均报与 ABS 失去通信的静态故障码且网关列表显示 ABS 控制单元"无法到达"。由此推断此故障产生的可能

原因有：(1) ABS控制单元本身故障，产生了与其他控制单元无法通信的故障；(2) ABS控制单元供电或接地线路故障；(3) ABS控制单元到网关总线之间的CAN线线路故障；(4) 网关列表编码错误。

验证以上可能的故障点：查询此车网关控制单元编码并和同型号车辆对比，编码正确无误。检查ABS控制单元的保险丝未发现异常；拔下ABS控制单元插头，检查插头端子、防水胶圈等外观，未发现异常。检查线路，ABS系统电源、搭铁正常，CAN线电压测量基本正常，其他传感器的线路检查也没有发现异常现象，如图2-56和图2-57所示。确定ABS线路不存在问题。利用排除法判断故障点是由于ABS控制单元内部故障导致的无法通信。

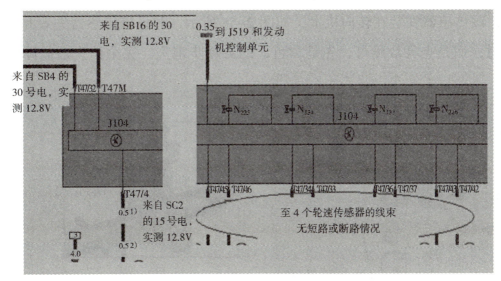

图2-56　电路图1

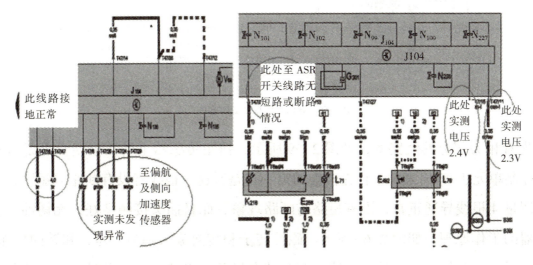

图2-57　电路图2

更换 ABS 控制单元总成，完成编码及设定后故障排除。

十二、2006 年速腾电子助力及中控锁故障

车型：2006 年速腾，配置 1.6L 发动机及 5 速手动变速器，电子助力转向。

故障现象：该车的助力转向故障灯点亮，转向助力有时有助力，有时没有助力。

故障诊断：这辆车是一辆事故车，事故维修时更换了拆车的电子助力方向机总成，更换后方向就有这个故障。

首先提取电子助力转向的故障码，显示转向扭矩传感器 G269 故障，查阅维修手册得知，该传感器安装在转向机上，如图 2-58 所示，并且该传感器失效并不是马上失去助力，而是点亮故障灯，先是黄色，助力逐步消失，完全消失后故障灯变为红色。

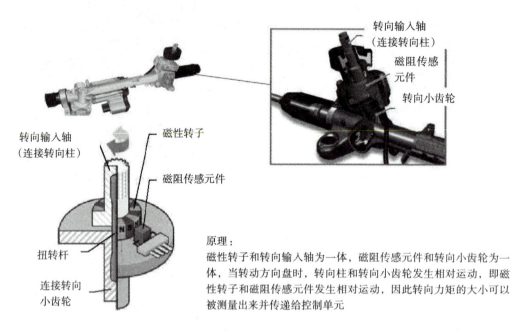

图 2-58　转向力矩传感器 G269

先看相关部分的线路图，如图 2-59 所示，扭矩传感器上的 4 根线全部是从转向辅助控制单元 J500 出来的，首先检查的第一步是看这 4 根线有没有断路或短路，用万用表测量 4 根线导通正常，没有短路与断路现象，而且插头接触良好，无锈蚀。查看传感器的工作原理，如图 2-60 所示。磁性转子和转向输入轴为一体，和转向柱相连，磁阻传感元件和转向小齿轮为一体，驱动转向齿条。当转动方向盘时，由于轮胎与路

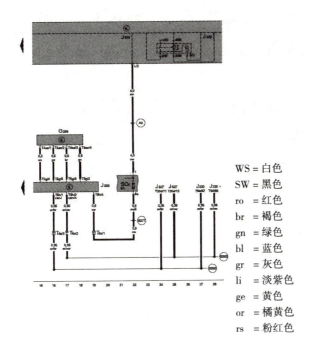

G289	转向力矩传感器
J220	Motronic 控制单元
J329	Kl. 15 供电继电器
J500	转向辅助控制单元
J519	车载电网控制单元
J527	转向柱电子装置控制单元
SC6	保险丝 架上的保险丝 6
T4ae	4 芯插头连接
T5g	5 芯插头连接
T5h	5 芯插头连接
T6z	6 芯插头连接
T20d	20 芯插头连接
T94	94 芯插头连接

WS = 白色
SW = 黑色
ro = 红色
br = 褐色
gn = 绿色
bl = 蓝色
gr = 灰色
li = 淡紫色
ge = 黄色
or = 橘黄色
rs = 粉红色

Ⓐ2 正极连接（15），在仪表板线束中

B277 正极连接 1（15a），在主线束中

B383 连接 1（驱动系统高速 CAN 总线），在主线束中

B390 连接 1（驱动系统低速 CAN 总线），在主线束中

图 2-59 线路图

面的接触阻力，和输入轴一体的转子与转向小齿轮磁阻元件之间会有一个位移的相对运动，也就是磁性转子和磁阻元件之间发生相对运动，这时磁阻元件会产生一个磁阻的变化信号，这个信号传送给转向辅助控制单元 J500，转向辅助控制单元 J500 通过这个信号计算出当时的扭矩值，从而控制电机的转向助力的力矩。

照这个原理，先测量转向辅助控制单元 J500 的输出，有 1 根 5V 的电源线，1 根搭铁线，由于手头没有详细的端子信号值的数据，也不能确定是不是正常。再测量传感器一侧的电阻，其中 T4ae/3 和 T4ae/4 之间直接短路，电阻为 0.2Ω，按照磁阻原理，传感器内部不应该断路，一次判断为该扭矩传感器损坏。

查阅一汽大众的技术通报，该传感器可以单独更换，可是市场上却没有传感器供应，只有更换转向机总成。新的总成价格客户接受不了，就更换了一个拆车的方向机总成。

新换的方向机装车之后，启动发动机，黄色的辅助转向故障灯依然点亮，但是转向助力有了，只是稍沉一些。

转向力矩传感器 G269

转向转入轴
（连接转向柱）

磁性转子

磁阻传感元件

扭转杆

连接转向小齿轮

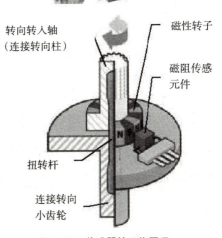

图 2-60 传感器的工作原理

103

连接检测仪，进入 44 辅助转向系统，02 提取故障码，显示：2546 转向限制停止，005 无或错误的基本设置 / 匹配；02557 转向角传感器的安装位置，001 超出上限。

更换转向机后需要对其进行匹配。

用检测仪清除故障码，进入通道 11 控制模块编程，输入 40168，确认之后迅速地把方向盘向左打到底，并用力拉住，保持在极限位置 3s，接着再向右把方向盘打到底，并用力拉住，保持 3s，此时，仪表上的黄色辅助转向故障灯熄灭，把方向盘打到直行位置，用检测仪再次提取故障码，退出，然后清除故障码。发动机熄火，再次启动发动机，辅助转向故障灯熄灭，原地打方向，方向盘轻便灵活，故障排除。

十三、大众 CC 变速器的"一波 6 折"

故障现象： 一辆 2010 年 VIN 为 LFV3A23C7A3×××××的大众 CC 轿车，配置 CGM 2.0L TSI 发动机和 02E 双离合自动变速器。该车因事故维修变速器后，客户反映该车无倒挡、挂前进挡冲击。

故障诊断： 接车检车后发现变速器控制单元存有 P1815 压力调节阀 1-N215 对正极短路静态的故障码，如图 2-61 所示，存在无倒挡和入 D 挡冲击的现象。综合分析认为压力调节阀 1-N215 控制变速器的 K1 离合器，而该离合器又是负责变速器 1 挡、3 挡、5 挡、R 挡的动力传动，该电磁阀的损坏会导致变速器 K1 离合器功能的丧失，变速器失去由其控制的相应挡位，同时变速器进入由 K2 离合器提供的一个 2 挡的应急模式挡位。于是将变速器控制单

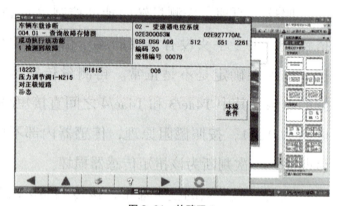

图 2-61　故障码 1

元拆下，测量 N215 电磁和相关线路。显示该电磁阀阻值在 5.3Ω 左右，在正常范围内。既然电磁阀和线路都没有问题。如图 2-62 所示，认为是控制单元本身故障，导致的报压力控制阀 1-N215 电磁阀短路的故障码。于是从配件商处订购了一个"拆车"的控制单元。装车后在厂内移动车辆前后挡位正常，不过倒挡有轻微冲击现象，想通过对变速器做基础设定匹配学习来改善该冲击感，没想到匹配过程中变速器控制单元

再次提示有故障，无法继续匹配设定，如图2-63和图2-64所示，再次检查变速器模块时发现变速器内存有P1824和P1707两个故障码，如图2-65所示。

图2-62　电磁阀和线路没有问题

难道还是控制单元故障？于是又将控制单元拆下对N217电磁阀和相关线路进行了测量，线路电磁阀的阻值正常同时也排除了线路虚接的可能。再次将故障锁定在控制模块上，与配件商沟通，对方答应更换一块，没想到刚装上车一挂挡压力调节阀1-N215对正极短路的故障码再次出现，于是再次将控制单元拆下测量线路和电磁阀，还是正常。还是控制模块故障？3块都有问题？此时已不敢贸然地更换控制模块，于是对维修过程分析，3个故障码虽然都是显示的电路故障，N215是控制K1而N217是系统压力调节阀，会不会变速器内部油路的泄压，导致主油路油压和离合器油路油压低，造成变速器控制模块的误报？于是将变速器抬下拆解，重点检查了相关离合器和油泵的进油口的密封情况，没有发现问题。将变速器再次装配试车症状还是一样，无奈只能再次联系供货商要求对方再次更换一个控制模块总成，没想到装配上去再次"中奖"，变速器模块又报供电电压过高，如图2-66所示。

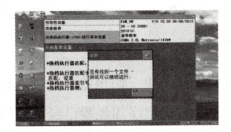

图2-63　提示有故障1

图2-64　提示有故障2

读取变速器内的电压数据显示是19V。难道之前也是电压高导致控制模块内部损坏而乱报故障？联想到该车每次熄火都要重新外接电源才能启动，会不会是蓄电池损坏过度放电或发电机发电电压过高造成？于是更换了蓄电池，长时间着车检测发电电

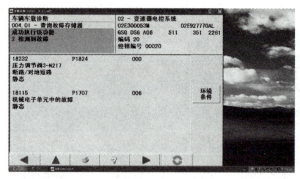

图 2-65　故障码 2

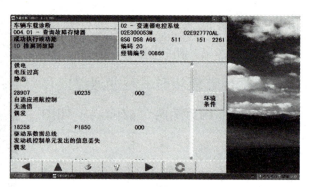

图 2-66　故障码 3

压，同时检查整车模块及变速器的供电线路，没有发现异常。看来模块确实存在问题，再一次与供货商调换装配上之后依然是报压力调节阀 1-N215 对正极短路。整理一下思绪发现，我们一直是跟着检测仪提示的故障码找原因，现在看来这是一个死胡同。到现在应该能排除变速器和控制模块的机械部件的原因了，难道软件要升级？联系多个服务站得到的答复均是该变速器厂家没有提供软件的升级程序，购买控制模块都是按 VIN 搜索的内部自带与整车匹配的软件，由于没有相应的软件升级程序，只能从服务站订购控制模块。

故障排除：更换了全新的控制模块后故障排除，如图 2-67 所示。

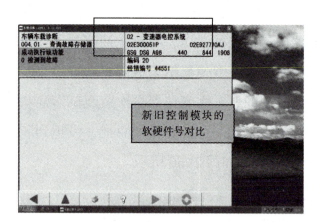

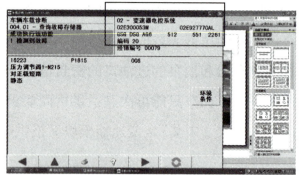

图 2-67　故障排除

故障总结：前后 6 次的反复折腾，终于将问题解决。回想整个过程发现一开始错误的判断把思维引进了死胡同，以前的维修诊断方法顺序和经验已经不适用于诊断现在的模块类的控制车型，由于电子控制程序的飞速发展，同款车型不同排量的对应软件程序都各不相同，所以更换或排查此类故障一定要按厂家的规定方式升级更新或到正规渠道购买相关配件。

十四、帕萨特领驭变速器"颤抖"故障

车型：2008 年上海大众帕萨特领驭轿车，配置 1.8T 涡轮增压发动机及 01V 型 5 速手自一体式变速器。

故障现象：正常行车时车辆有偶发性颤抖现象（注：颤抖过程中发动机转速表也随之有节奏地上下波动）且多次维修未果。

故障诊断：初次维修是在 4S 店进行的，当时由于车辆所表现出的故障现象类似于发动机断油或断火所形成的颤抖，因此维修师傅对发动机进行了全面的检修，确定发动机没有问题，认为这种颤抖应该来源于底盘的传动系统即自动变速器方面，于是我们才参与到后来的维修过程。

接车后连接故障诊断仪进行路试，当颤抖故障现象出现时，我们从变速器的动态数据组信息中确实看到的是因 TCC 闭锁控制阶段，由于滑差转速的波动较大从而生成类似断油断火的颤抖现象。为了进一步确定问题来源于变扭器的 TCC 控制部分，我们又利用了 TCC 快速诊断方法，人为外接一个 TCC 控制电磁阀 N218 用来欺骗控制单元，当 TCC 真正作用时控制单元不在驱动变速器内部的 N218 而是驱动这个外接电磁阀，内部的变扭器 TCC 闭锁油路根本就没有形成而是永远的液压连接状态，再次通过道路试验来验证颤抖故障现象，当其不再重现时我们则认为故障的可能性大多就确定在变扭器 TCC 控制方面。

根据过去维修这款变速器的经验，我们认为问题应该在变扭器闭锁离合器本身，于是在征得用户的同意下更换了一个全新的变扭器（如图 2-68 所示）、滤清器以及原厂 ATF 液压油。装车后进行路试，故障现象消失顺利交车。

没想到的是用户仅使用了 3 个月左右原来的故障现象又出现了，只不过要比原来轻得多且不经常出现。再

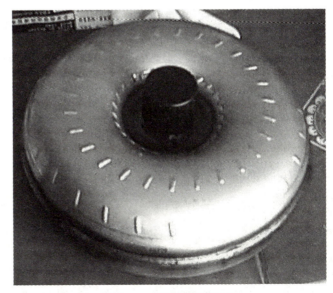

图 2-68 更换的全新变扭器

次返厂后我们怎么试这辆车故障现象都不出现，没有办法先换换油再说吧。为了确保不再犯病，维修人员干脆把6速的ZF变速器专用润滑油（如图2-69所示，级别更高一些）给用上了。又再次交车，用户在使用中一直表现良好，说明换油是管用了。但万万没想到又过了3个月左右，用户再次反映经过一次长途用车原来的故障现象又出现了，而且频率还有点高（此时刚好是夏天最炎热的时候），车辆第二次返厂。

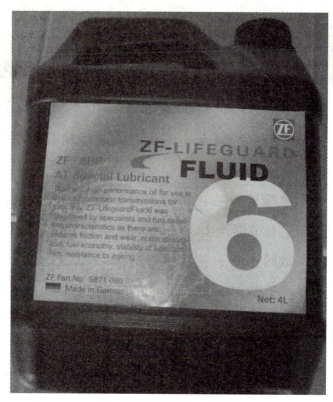

图2-69　使用的ZF6速专用油

由于两次返厂，用户似乎对我们的维修技术持怀疑态度，为了保证良好的维修信誉，必须在这次维修中找出根本的病因，否则即便交车可能还像前两次那样仍会返修。在过去同样的维修案例中这种问题更换全新变扭器即可解决，为什么这辆车却频频出现变扭器锁止离合器工作不良的故障呢？难道是我们更换的变扭器存在问题？我们首先把这个变扭器进行切割检查，但切开从锁止离合器摩擦片表面看不出任何问题来，看来病根并不在变扭器自身。因此，我们把重心放在控制侧并对动态数据监测。

反复试车我们终于找到故障规律了：那就是大油门开车时故障现象就不会出现，只要小油门匀速驾驶故障现象出现的频率就会高一些。另外，当正常驾驶时，通过02-08-007组数据块信息得到变扭器锁止离合器电磁阀N218的驱动电流总是维持在0.35~0.415A（相当于锁止离合器在调节而不是完全上锁状态），不像其他车辆0.35~0.415A只是一个短暂的过渡调控阶段，而会在此基础上逐渐上升至0.750A左右，使变扭器锁止离合器实现完全闭锁过程。只有在大油门情况下我们才能够短时间看到0.750A左右的驱动电流值，正常驾驶情况下一直是低电流值。因此证明该故障是纯粹的控制问题，而不是终端元件——变扭器的执行力问题。也就是说，只要我们能够找出控制单元对TCC电磁阀N218的驱动指令，电流值为什么那么低也就真正找出原因了。

为了证明是控制单元的驱动力不够还是元件的执行力不够，我们利用具有动态数据记录功能的大众 VCDS 诊断设备进行相关数据的记录与分析。特别是 02-08-007 组数据的监测，并把记录下的数据转换相应的格式以便助于分析。

从图 2-70 中可以看出这个坐标图的左侧主坐标轴从 0~140 是代表变扭器锁止离合器的打滑量即打滑转速，右侧的副坐标轴从 0~0.5 代表的是 TCC 电磁阀 N218 的驱动电流值，横坐标代表记录信息的时间。这样我们就分辨出这个坐标图中的两条曲线所代表的意思了，深色线条代表 TCC 电磁阀 N218 的驱动电流线，而浅色的线条代表的是变扭器锁止离合器的打滑量曲线。很明显 N218 电磁阀的驱动电流达不到最高，同时 TCC 锁止离合器的滑动曲线波动较大，最大打滑量超出 120r/min，车辆能感觉出轻微的耸动。

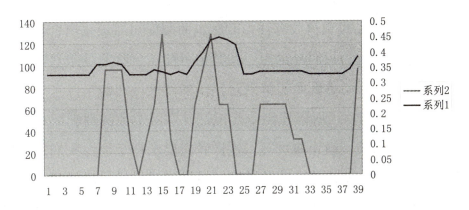

图 2-70　正常驾车时采集的故障数据

后来我们又改变一种驾驶方式，那就是在正常驾车（一般是指 1/4 油门）基础上再稍微加大油门来试车，此时的故障现象有点变化，不再是轻微的耸动而是突然的冲击（类似于发动机突然断火），这一点我们从图 2-71 中可以清晰地看出来，两个峰点（图 2-71 中圆圈标注处）恰恰又出现在 N218 电流值 0.3~0.5A 之间，按常理来说

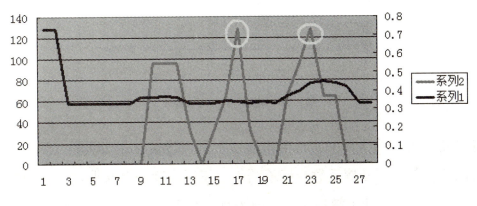

图 2-71　稍微加大油门行驶所采集到的故障数据

电流值不应该这样低。从实际现象及动态数据来看，进一步说明问题就是出在控制端。重新分析：驱动电流的大小是由控制单元来决定的，控制单元根据驾驶员的驾驶习惯、发动机的载荷、车速、油温等信息最终确定驱动电流的大小。通过仔细地对这些参数的观察都没能看出任何问题来，难道是控制单元计算有错或输出指令有错？而且在试同样车的时候在同样工况下该电磁阀的驱动电流会由 0.350A 到 0.415A，然后到 0.535A，一直至 0.735A 左右，而我们这辆车总是显示在低电流状态，不管怎样还是先换一个控制单元再说。为了保险起见我们并没有直接更换全新控制单元，而是从一个无故障车取下来进行替换试车，但结果似乎甚至一点都没有改观。这样维修陷入僵局，维修人员已经束手无策，后来索性换上一台变速器总成，其结果还是一样（明知意义不大）。

故障排除：因为发动机载荷没有任何问题，而跟变扭器锁止离合器工作有关的其他信息也均在正常范围内，我们再也想不到其他可能了，除非是跟驾驶员的驾驶习惯有关。最后果不其然，我们从侧面了解到这辆车的驾驶员在购车以来一直是以小油门开的且都没有超过 1/4 油门，所以控制单元记忆并学习了他的驾驶模式，同时也改变了变速器自身的换挡曲线、锁止曲线等。这样我们要求把车放在我们这里使用一段时间通过自适应恢复后再交车，并提醒其适当地改变驾驶方式。目前该车已经交车半年多了，经反馈一切良好，因此证明我们的推断是正确的，同时真正的动态数据是最有说服力的（如图 2-72 所示）。

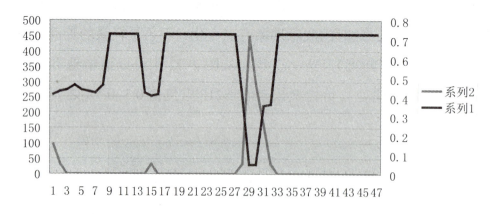

图 2-72　恢复后的正常动态数据

故障总结：初期的维修确实是变扭器锁止离合器本身存在问题，第二次更换高级别的润滑油纯粹是缓解摩擦系数治标不治本。正因为变扭器长期处于调节状态，因此对变扭器本身以及润滑油也都是伤害，因为总是存在打滑。这是一起个例，仅供参考。

十五、帕萨特故障灯点亮

车型：帕萨特 1.8T。

VIN 码：LSVCD6646C×××××。

行驶里程：73209km。

故障现象：发动机故障灯点亮，启动时间过长，着车后怠速稳定。发动机动力弱。

故障诊断：连接诊断仪器进入发动机系统，读到故障码00022/P0016，凸轮轴位置传感器G40与发动机转速传感器G28配置不正确。将故障码清掉后重新发动车，感觉很好启动，但是着车一会儿后故障灯再次点亮。熄火后再发动就比较困难，再次读取故障码，那个故障码P0016又会出现。

根据故障码字面理解故障为凸轮轴位置传感器与发动机转速传感器的数据不同步造成，也就是说，最大的可能就是发动机正时错误。能够造成正时错误的影响因素有链条拉长、链顶退扣、滑轨脱落、传感器损坏、时规跳齿、控制单元损坏等。本着由简入繁的原则先把传感器损坏的可能排除，看来只有拆检时规看配气正时了。时规链条拆下后发现确实有点拉长，心想这下问题可能找到了。为了稳妥起见把时规组件（改进型涨紧器）一起更换了，但装车后故障依旧。

又将凸轮轴正时调节电磁阀拆下，通电试验发现有伸缩动作，于是又怀疑正时液压调节阀卡滞导致进气凸轮角度提前，也会使发动机报P0016故障码。但故障现象体现在怠速状态时发动机游车厉害。由于之前把外围传感器和发动机正时可能造成的影响都已经排除了，也只好把液压调节阀（反丝）换了。着车后故障依旧没有排除，故障排除陷入困境。

仔细回想拆装过程会不会有遗漏或出错的地方，链条上面有3个有色链节，只要把链轮上的记号对应有色链节就不会出错。唯独只剩下平衡轴链条，因为偷懒没往下拆，会不会是曲轴正时链轮错齿了？总觉得不太可能，因为平衡轴链条在拆装时始终都是绷紧的。由于别的地方都已经检查过了，现在只剩下这个正时齿轮和控制单元没有检查了。由于控制单元损坏的可能性不是很大，还是决定再次把时规检查一遍。

当把平衡轴链条和正时链轮取下后终于找到了问题所在。原来是正时齿与曲轴向前错了一个齿，由于曲轴端面有 18 个凸起，错一个齿的话相当于点火正时慢了 20°（个人理解，如有不对希望指正）。其实按照链轮的定位结构是不容易装错的，因为链轮里面有一个平面和曲轴的铣平面是对应的。但是应了那句话，一切皆有可能。由于链轮错齿把曲轴都已经挤出了一个突起，把那个突起用锉刀修平后装车，清除故障码发车。难启动、加速无力故障排除。

故障总结： 事后问起车主这个故障是什么时候出现的，他告诉我说是有一次换了大油底壳后就出现了以上状况。分析认为在拆换油底壳的时候必须要拆松曲轴压紧螺丝，在工作过程中转动了曲轴。在安装的时候没有注意到这个问题就将螺丝拧紧，使链轮与曲轴错了一齿从而导致正时错误。

十六、帕萨特入挡冲击

车型： 2004 年帕萨特领驭，配置 2.8L 发动机及 01V 变速器。

故障现象： 用户反映该车变速器存在入挡冲击和不升挡的症状。

故障诊断： 接车后我们对该车进行路试，确定该车变速器存在以下故障：

（1）入前进挡和倒挡冲击；

（2）随着车速的升高，变速器内部的噪声也会随之升高；

（3）仪表显示红屏。

提取故障码，有 P1825 压力控制电磁阀 N217 对正极短路故障。

根据变速器控制单元的安全功能来判断，如果驾驶时产生故障，控制单元可以激活一项后备功能或一个紧急运行程序，然而可能影响换挡操作的平稳度，这时仪表的挡位显示器的所有部分全部亮起，变速器将按紧急运行状态运转，产生保护模式，也自然产生入前进挡和倒挡冲击、锁挡和产生故障码等现象。

诊断为变速器控制单元问题，所以更换全新变速器控制单元。但是更换全新变速器控制单元后，发现在点火开关启动的瞬间突然出现红屏，并伴有故障码 00523，电源电压低，此故障现象为偶发现象。如果不出现红屏时，变速器 1 挡升 2 挡有冲击感觉，无故障码。

再次更换变速器控制单元，故障现象与以前一样。分析故障码 00532 电源电压信号太低，可能的原因有：

（1）蓄电池故障。

（2）电磁阀或变速器控制单元（端子15）的电压低于9V或高于16V。

（3）控制单元217的触点52、53、54、55导线开路或接地短路。

按步骤进行，蓄电池电压正常，检查空载电压正常，读取数据流组号003，检查控制单元217电压和导线接头以及电器检查也一切正常，维修再次陷入僵局。再次测量控制单元的电压，发现汽车在启动的一瞬间一定存在放电的现象，导致通入变速器控制单元的电压最大不会超过13V，而正常范围在10~16V，判断是否点火时电路中有短路现象，查询电路图发现倒车灯控制模块进水有腐蚀，并且倒车灯泡工作时，一个亮，一个不亮，更换控制模块，故障现象消失。

故障总结：上述的案例，让我们明白大胆的设想成为解决问题的关键，在车载网络控制下，更多其他的电器也会引起变速器故障，仔细分析故障码所产生的原因、触发的条件，围绕这方面去解决问题。

十七、奇怪的高尔夫

车型：2011年高尔夫，配置CFB发动机及OAM变速器。

VIN：LFV2B21K8B3×××××。

故障现象：一辆高尔夫事故车维修后出现挂任何挡位都不走车，同时仪表灯挡位灯闪烁的故障，连接诊断仪发现多个系统存在故障，如图2-73所示。

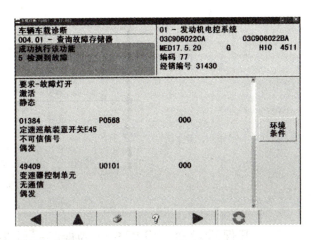

图2-73 故障码

故障诊断：多个控制系统均显示无法与变速器通信，同时变速器内部存储01378供电电压过低和S4272由于电压不足引起的功能故障。根据所读的故障提示分析认为该故障可能由于变速器供电不足造成的网络无法通信，拔掉J743插头测量（如图2-74所示）发现9号针脚无电压，查询电路图（如图2-75所示）得知9号脚的电源线由发动机舱内保险丝盒的SB2保险丝连接。

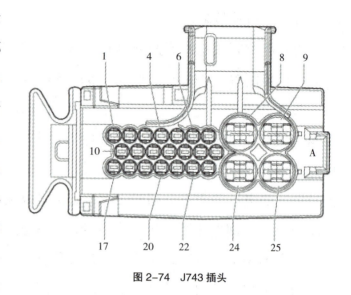

图2-74　J743插头

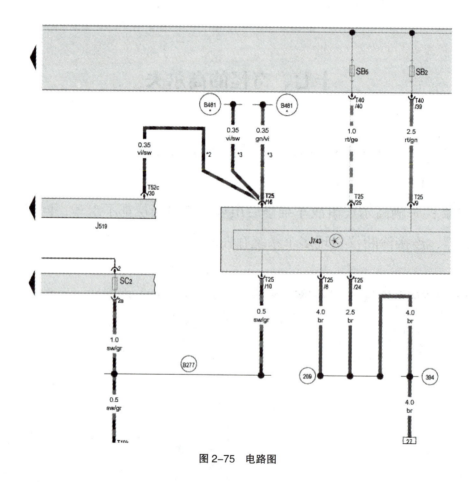

图2-75　电路图

打开保险丝盒后发现SB2的保险丝缺失，安装合适规格的保险丝后启动车辆依旧无法行驶，变速器内存有相同故障，在检查保险丝时发现该保险丝烧了，怀疑是事故

114

车线束可能存在搭铁。于是重新对插头测量，未发现有短接现象，难道是控制单元烧损？这次把 J743 的连接线束断开重新插上保险丝，保险丝未烧掉，同时 9 号针脚的电压也正常，于是将 J743 的机电模块拆下发现控制模块已烧损，如图 2-76 所示。

图 2-76　控制模块烧损

更换全新的机电模块后装车匹配正常，路试时发现换挡有轻微打滑现象，扫描系统时发现变速器存在故障，如图 2-77 所示。此时怀疑双离合器总成有问题，征求车主意见时车主说之前一切正常，难道是更换的机电模块存在故障？为了排除故障又更换了一个全新的机电模块，匹配后路试发现症状依旧，看来离合器方面确实存在故障，只好将变速器抬下重新测量离合器间隙，发现原车的调整垫片与测量值接近，怀疑离合器过度磨损或因撞击震动损坏。

06012	P177C	003
离合器2		
达到公差极限		
偶发		
06011	P177B	007
离合器1		
达到公差极限		
偶发		

图 2-77　变速器的故障码

故障排除：更换全新双离合器总成后长时间试车，故障没有重现，至此故障排除。

故障总结：该车由之前的电路故障到最后更换了机电模块和双离合器总成，故障才得以解决。中间的故障判断缺少对新型变速器的了解，加之疏漏了事故车这一主要因素条件和受客户的误导，导致中间再次更换机电模块，工作中一定要结合多方面因素来判断故障，避免维修过程中的弯路。

十八、新途安 ESP 引起的变速器故障

车辆： 新途安配备 1.4T GFB 发动机和 OAM 7 速双离合变速器。

行驶里程： 8930km。

VIN： LSVRS61T8D2××××××。

故障现象： 挂前进挡车辆反应慢。

故障诊断： 客户反映该车是事故撞击导致变速器机电控制单元损坏，如图 2-78 所示。

更换全新的机电控制单元后出现挂前进挡车辆起步反应慢的现象，要 2~3s 车才起步。接车后试车发现该车入倒挡一切正常，制动松掉车辆就能后退，入前进挡后松开制动车辆要等待 2~3s 才移动，松开制动立刻加油门车也能立刻起步，行驶过程 5-6-7 换挡均过晚（正常车速 80km/h 就能升至 7 挡，该车要 95km/h 左右才能升 7 挡）。连接诊断仪全车检查，各系统无故障存储，如图 2-79 所示。

图 2-78　机电控制单元损坏

于是对变速器进行基本设定，试车依旧无效。由于故障存在，系统又没有故障码提示，怀疑该故障是双离合器总成因事故撞击震动损坏引起的（以前的维修中出现过离合器因跌落或事故撞击导致的功能异常），故抬下变速器对离合器进行测量，发现离合器间隙在规定范围内，没有检查出问题只好装配回去，试车时故障依旧。但发现该车 D 挡模式下停车时制动较硬，有点像真空助力不足，而 R 挡正常（熄火 10s 后制动就没助力），检查后发现真空助力管破裂被胶带缠住，怠速下还能听到此处有漏气声，如图 2-80 所示。

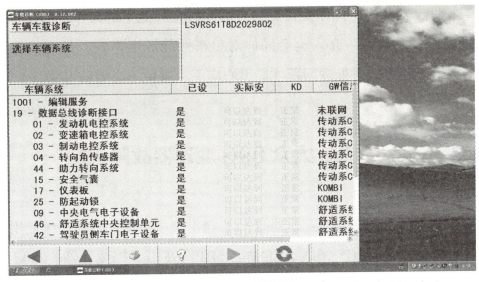

图 2-79 无故障码

更换真空助力管后制动漏气解决，但是前进挡制动硬依旧，反复试验几次感觉像是拉住手刹再踩制动，制动位较高且硬。难道是制动出问题了？把车举起来模拟发现 D 挡位置松开制动踏板 2s 内 4 个轮胎均处于抱死状态，3s 后驱动轮旋转，继而后轮也恢复正常。而倒挡松开，制动 4 个轮都可以自由旋转，看来就是 ABS 影响的，于是把整车的 ABS 插头断掉，

图 2-80 此处有漏气声

制动松掉变速器前后起步正常无延迟现象。

故障排除：查阅资料得知该车配有 HHC 坡道起步辅助功能。HHC 坡道辅助系统是基于 ABS 和 ASR 集成控制系统的汽车坡道起步辅助装置，是在 ESP 系统基础上增加的功能，能让车辆在不用手刹情况下在坡上起步，当驾驶员的脚从制动踏板移到油门的动力脱节的空挡，利用 ESP 系统继续保持制动 2s，可以让驾驶员轻松地将脚由制动踏板转向油门踏板，防止车辆不溜坡。该功能主要参考纵向加速度传感器数据，故障可能是该传感器本身或 ABS 控制单元。考虑到该车是事故维修，故障可能会因断电或未标定造成。于是对 03 制动单元的纵向加速度传感器重现学习标定后故障排除。

故障总结：得益于技术发展，更多便捷有效的辅助控制系统被附加在整车上，使

得汽车在驾驶性、安全性、操作性得到提升的同时也降低了对操作者的操作要求。当然一些辅助系统的"病态"介入也会同样对整车性能产生影响，只有了解其工作原理、工作条件和工作方式时处理问题才能得心应手，避免不必要的弯路。

十九、大众 09G 变速器故障

一汽大众和上海大众在自动变速器（AT）选配上多年来一直在持续使用大众 AG4（01M/01N）4 挡变速器和 AG5（01V、ZF 命名 5HP-19FL）5 挡变速器。2006 年一汽大众速腾轿车和上海大众波罗轿车率先使用日本爱信公司生产的型号为 TF-60SN（大众命名 09G）6 速自动变速器，后来陆续在大众其他车型上大量使用此款变速器，其中包括一汽轿车奔腾 B50。从 2006 年到现在，09G 变速器已经在市场中使用了六七年，因此随着使用时间的变化，变速器一些故障逐渐显现出来。通过近几年市场维修中的统计以及国外故障维修信息的参考，我们不难总结出该款变速器的基本故障特点。

故障特点：

（1）首先，09G 变速器很少有烧片情况（但在特殊情况下也有烧片情况，如变速器进水后的使用以及因事故导致变速器漏油后的润滑不良），大多情况下都是换挡品质故障且大部分都先反映在降挡方面，特别是 3-2 挡尤为明显。

（2）主要故障根源在阀体或电磁阀，阀体方面主要是因大部分用户在使用中对变速器保养不及时导致 ATF 润滑油提前变质，影响到变速器的润滑要求从而使工作频率较高的阀门对本体（阀孔）形成磨损并带来泄漏，因此既会导致液压系统压力不稳定，又会形成换挡品质不良的故障现象。由于新型自动变速器大部分使用 EDS 高频率线性电磁阀，因此在润滑油变质后或其工作条件原因提前导致电磁阀本身的密封性变差，并影响其控制油压，最终带来换挡品质故障的发生。

（3）由于保养不当导致部分车型在低里程数故障有所增加。当前新型车辆变速器的保养极其重要，而大部分用户在正常使用过程中如果感觉不到任何非正常现象的出现，往往不会主动进行变速器养护，所以当感觉到变速器出现故障现象时再去进行保养作业已经迟了。对于 09G 来说，维修手册严格指出要在 6 万千米左右进行变速器养护，如果使用条件较差建议提前进行养护作业，但没有多少用户是完全按照这一要求进行的，因此就出现了部分车型在低里程数下变速器故障就暴露出来了。

（4）线性电磁阀不可互换，调整时要谨慎。在09G变速器中，各个线性电磁阀在出厂时已经对其控制的终端标定好了，而且换挡控制的电磁阀采用的是一对一的控制形式，即一个电磁阀控制一个终端离合器或制动器，因此不能轻易进行互换。但在实际维修中是允许对电磁阀进行微调的，但在调整前一定做好标记，否则问题会越来越糟糕，当我们质疑变速器液压系统存在问题时，该变速器给我们预留多个压力测试孔，这样可根据实际压力的变化来确定故障根源。

（5）TCC闭锁控制与换挡品质关系较大，因此在维修中不能忽略对TCC闭锁离合器控制的检查。这是因为09G变速器安装在轿车中所编排的TCC控制程序是在2挡时实施控制的（越野车及运动型跑车如奥迪TT跑车TCC控制是在3挡后开始实施的），这样就出现了闭锁离合器的不断接合与分离过程（这个过程主要反映在换挡点上），时间久了TCC闭锁控制阀门与其阀孔间的密封性能就会变差。当变速器出现在换挡点时，如果TCC释放腔内的油压不能及时增压，那么发动机大部分机械引擎力矩便直接传递至变速器内（相当于变扭器解锁不良仍保持刚性连接），从而影响换挡品质，所以在维修检测中不仅可以通过动态数据信息来分析，也可以连接压力表进行闭锁释放压力的测试来判定故障部位。

（6）随着使用时间的增加变速器其他机械、液压或电子故障还会增多，在以后的维修中我们会持续关注。

在实际维修中我们对09G阀体（如图2-81所示）故障进行了大量的汇总和总结，并最终找出阀体故障规律。

图2-81　大众09G变速器阀体总成

（1）09G阀体中TCC闭锁控制阀的阀孔是最早容易出现问题的地方之一，这主要是因为该闭锁控制阀门的工作频率太高且已经高出主油压调节阀的工作频率。当这个阀孔出现故障时首先影响的就是闭锁释放过程，特别是在变速器换挡点上（升降挡点）由于TCC闭锁释放不良而导致换挡冲击，因此当我们在维修中一旦遇到换挡冲击故障时，首先就是对TCC阀孔的检查并做出修理或更换意见。

（2）容易出现故障的就是减压阀孔（如图2-82所示），在09G变速器液压系统中仅有一个"减压阀"，它的作用是为全部电磁阀自始至终提供非常稳定的400~500kPa的恒压且工作频率较高，因此非常容易形成磨损并出现泄漏，从而使其输出恒压偏离标准（或高或低）。当这个标准稳定油压出现问题时控制单元是不知晓的，因此控制单元仍旧按照固有驱动程序来驱动并控制电磁阀，由于电磁阀本身输入恒压有变，因此就会导致电磁阀输出信号油压不准确，最终影响到终端油压的不准确而使换挡质量变得非常糟糕（不是打滑就是冲击）。

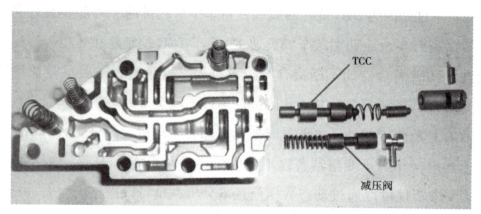

图2-82　大众09G变速器TCC阀和减压阀

（3）K3换挡阀孔，K3换挡阀主要用来控制3挡、5挡、R挡离合器的接合与分离过程，当该阀孔出现严重磨损后首先影响3挡、5挡、R挡，带来的故障现象是2-3挡和4-5挡打滑加冲击，包括6-5挡和4-3挡的冲击以及R挡的接合质量。此时大家可能会想为什么其他换挡阀门的阀孔就不容易出现问题呢？这主要还是由于阀门的工作频率，通过分析我们就不难发现在所有换挡阀门中K3换挡阀的工作频率是最高的，难免最早出现问题，当然在将来的维修中其他换挡阀门的故障也会根据使用时间的变化逐渐暴露出来。大众09G变速器各换挡阀如图2-83所示。

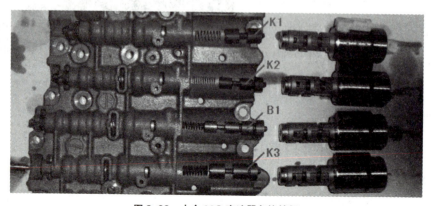

图2-83　大众09G变速器各换挡阀

（4）主油压及次级压力调节阀孔，如图2-84所示。在过去传统自动变速器液压系统中往往最早容易出现故障的都是主油压及次级压力调节阀孔，这是因为主

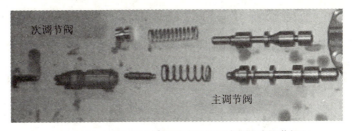

图2-84　大众09G变速器主油压及次级压力调节阀

油压调节阀门的工作频率是最高的，而在09G变速器却不是这样。当然主油压调节是基础，当其出现问题时肯定会影响系统油压，严重故障会导致车辆的动力中断，包括变速器的换挡打滑及冲击故障。次级压力调节阀孔其实就是变扭器压力调节阀孔，当这个阀孔出现磨损后会导致变扭器供油不足，而使变速器处于高温状态且影响到润滑油压，严重时会导致变速器机械元件因润滑不良而烧损。

（5）蓄压器及孔壁容易形成磨损，如图2-85所示。大家都知道在自动变速器液压系统中蓄压器往往是被并联在终端换挡执行元件（离合器或制动器）油路中，主要起到用油元件在接合过程中的缓冲功能以改善换挡品质，但蓄压器及孔壁形成磨损后不但不能改善换挡质量同时还可能带来其他故障现象，如前进各挡有可能会形成打滑，踩住制动挂挡有滞后现象以及

图2-85　磨损后的09G变速器蓄压器

离合器和制动器容易烧损等，因此在维修中对蓄压器的检查不容忽视。

（6）随着里程数的增多，其他换挡阀也不容忽视。在09G自动变速器液压控制系统中除了以上部件，随着使用时间的递增其他换挡阀等也不排除出现故障的可能。

另外就是除了液压系统故障外，我们在实际维修中还经常遇到一些人为因素的故障及特定故障。

案例一

故障现象：在前几年09G变速器在国内刚刚问世后，一些事故车把变速器壳体撞坏了，需要重新更换和修理，结果在维修后经常会出现没有R挡的故障现象。当前这种现象明显少多了，因为此前故障多是人为问题导致的。

故障诊断：通过故障分析我们发现该变速器的 R 挡是由 K3（3 挡、5 挡、R 挡离合器）+B2（低倒挡制动器）共同来完成动力传递功能的，同时 K3 离合器的充油是由 N90 电磁阀来提供并控制的，而 B2 制动器又是直接由手动阀来切换的，因此故障的可能性应该在 K3 离合器的控制上。不过在检修过程中如果将电磁阀线束插头拔下来，R 挡却是正常的，这基本说明变速器机械和液压控制部分是好的，通过这一点说明还是跟电控有关，但电控系统怎么会有问题呢？仅仅是变速器的一拆一装，所以最终查到的是电磁阀线束错插导致故障。

故障排除：重新恢复电磁阀正确插接位置，故障得以排除。

故障总结：由于该变速器电磁阀线束有两根且是一起走的，其中输入及输出速度传感器 G182 和 G195、压力传感器（早期进口车型才有压力传感器）、油温传感器线束是从手动阀下面走的，而全部电磁阀的 2 根线束是从阀体的另一边走的，所以一不小心极其容易错插，正常的线路走向如图 2-86 所示。

图 2-86　大众 09G 自动变速器电磁阀线路走向

从图 2-87 中不难看出电磁阀线束错插的是 N282 和 N90 两个电磁阀，而中间的 N283 是不会错插的，在 09G 变速器中换挡电磁阀 N282 控制的是 K2 离合器（4 挡、5 挡、6 挡离合器），而 N90 则控制的是 K3 离合器（3 挡、5 挡、R 挡离合器），因此错插后当驾驶员挂入 R 挡后控制单元本来是对 N282 实施通电指令，而对 N90 实施断点

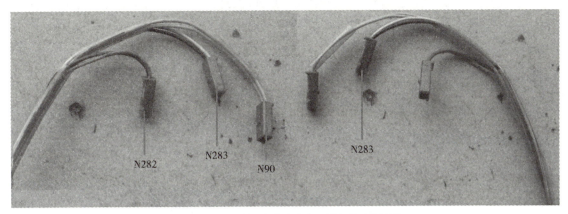

图 2-87　同样的一根线束左右互调便是两种结果

指令结果正好相反，也难免变速器不会有 R 挡。

案例二

故障现象：除了人为故障以外，还有就是早期进口车型如奥迪 TT、宝马迷你、大众甲壳虫等车型经常会出现 4 挡、5 挡、6 挡打滑严重，并有时锁挡的故障现象，这种故障现象特别是在热车情况下比较明显。

故障诊断：在检修过程中如果出现锁挡，那么变速器电控系统中一定会记录关于 4 挡或 5 挡传动比错误的故障码，很显然故障码的生成跟 4 挡、5 挡的执行能力有关，也就是说，4 挡或 5 挡的打滑量超出了极限值，所以控制单元才会记录该故障码。既然 4 挡或 5 挡存在打滑迹象，如果在拆检过程中并未直接发现 4 挡和 5 挡的公用元件存在问题（包括其密封性），在这种情况下往往会考虑到压力的供油源头（阀体）是不是存在问题，所以基本确定机械中端离合器没有问题的情况下就直接更换阀体了。但结果更换阀体后故障现象依然存在，而机械离合器在压力试验中并未发现明显泄漏，无论怎样通过分析和检修我们均可以排除压力源头（阀体）的油路启动和终端执行元件（离合器）没有问题，只能考虑中间环节了，最终在再次仔细检查中发现了问题，那就是 4 挡、5 挡、6 挡离合器（K2）在壳体上的支撑出现了松旷（主要原因是因变速器高温引起的），如图 2-88 所示，导致离合器在旋转工作中出现了泄漏，出现离合器短暂的打滑，并最终在严

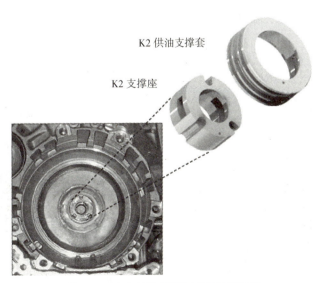

图 2-88　大众 09G 变速器 K2 离合器支撑

重情况下出现锁挡及故障码。

故障排除：处理 K2 离合器支撑或直接更换变速器中壳。

案例三

故障现象：依然还是跟 4 挡有关的故障，那就是目前部分 09G 变速器在热车后容易出现 3-4 挡打滑的现象。

故障诊断：在故障检修中有时出现"传动比错误"的偶发性故障码，而在接下来的检修中故障码是可以删除的，在检查 ATF 质量时并没有发现烧片迹象，拆下液压控制阀体后直接利用压缩空气对所有终端元件进行加压试验，如图 2-89 所示，结果工作效果都非常好且重点对 4 挡、5 挡、6 挡离合器 K2 进行测试时也未发现严重泄压情况。在这种情况下大部分维修人员认为故障出现在液压控制阀体上。因为大家感觉油品很好且元件又不泄压理所应当就是阀体的问题了，但结果又是失败的，更换阀体后故障现象依然一模一样。看来问题又出现在终端或中间环节方面了。其实在检修过程中我们的检测手段还是存在问题的，压缩空气试验的可靠性还不足以说明问题的真正原因。到专业维修厂进行液压测试时（利用打压设备直接为终端元件进行加压试验，如图 2-90 所示）发现元件的保压时间还不够，这充分说明该油路的密封性还有待于考证。当我们分解变速器后直接查找每一个终端元件时却发现 4 挡、5 挡、6 挡离合器 K2 的活塞橡胶唇边坏了（如图 2-91 所示），难怪出现 3-4 挡时变速器打滑。

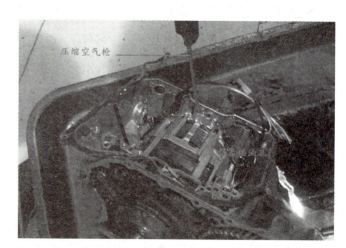

图 2-89 利用压缩空气对 09G 变速器中的离合器和制动器进行加压试验

图 2-90 利用液压设备进行 09G 变速器中的离合器和制动器进行加压试验

故障排除：更换改良型活塞，如图 2-92 所示，故障彻底排除。

图 2-91　损坏的 09G 变速器 K2 离合器主活塞橡胶密封处　　　　图 2-92　改进后的 09G 变速器 K2 离合器活塞

故障总结：在大众 09G 变速器及其他类似变速器均存在同样的问题，那就是部分离合器的活塞在设计制造中是存在技术缺陷的。大家都知道自动变速器中离合器是旋转部件，当其工作时离合器活塞本来是以轴向移动完成摩擦组件的接合过程，但在沿轴向移动过程中难免会出现旋转的可能（因离合器旋转导致），这样由于这种离合器活塞的结构（密封圈与活塞为一体形成唇形密封）原因就会导致活塞在沿轴向移动时如果再有旋转力矩的出现，极有可能会导致活塞的橡胶面在两个力的作用下而受伤并形成泄漏，最终导致故障现象的出现，因此改良型活塞恰恰解决了活塞只能沿轴向移动而不再出现旋转情况，也因此降低了活塞再次损坏的可能。

另外在维修中依然还有人为因素的存在，一般形成的故障现象是这样的：大修后挂 D 挡偶尔有冲击、5-4 挡也偶尔有冲击。当然这种情况的出现是有前提的，在维修中一定是由于低速挡离合器 K1（1/4 挡离合器）严重烧损而进行了相关部件（离合器主副活塞）的更换。为什么只有维修后有这种后遗症呢？而且为了解决这一问题，全新的液压控制阀体也更换了，现象也不见好转，更有甚者居然认为机械和液压控制方面不会存在问题（机械方面是大修，液压方面是更换阀体），于是更换了电控单元，但依然未能排除故障。最后经仔细分析我们不难得到一个规律，无论是挂前进挡冲击还是 5-4 挡冲击均是 K1 离合器的每一次重新启动。既然电控输出指令是正确的，而如果液压控制系统也是良好的，那么问题还是集中在 K1 离合器本身。最后不得已再次把变速器进行解体检查，并且目标之一就是 K1 离合器。当分解 K1 离合器后，故障点马上暴露出来了，新更换的 K1 离合器总成或新换的 K1 离合器活塞中的副活塞外侧唇形橡胶密封已经损坏（如图 2-93 和图 2-94 所示），本来更换的均是新件且是优质原厂配件，那么又是什么原因导致损坏的呢？不管怎样我们先暂且不做分析，以解决问题为目的，重新更换该活塞，故障得以彻底排除。

图 2-93　损坏的 09G 变速器 K1 离合器副活塞

图 2-94　大众 09G 变速器 K1 离合器组件

　　故障原因分析：离合器新结构的工作原理大家都知道的，新增加的副活塞是用来实现离合器在接合过程中快速充油时的缓冲，以及离合器主活塞在压力释放过程中的快速回位，因此当该活塞外部边缘密封不良时这两项作用就都失效了，所以就出现了每一次离合器在启动时的冲击现象。那么损坏原因不难分析，是维修作业人员利用压缩空气进行离合器液压密封性能试验时，由于气压过高再加之润滑油量较少导致唇形活塞外缘损坏（注意：如果利用加压机直接加压几乎不会出现这种可能）。因此也告诫我们在维修中使用压缩空气时不要把气压调节得过高以免损坏密封元件。

　　在机械或液压方面，除了我们分析前面的故障以外还有一种问题值得注意，那就是一些事故车带来的故障现象：事故车仅仅是更换油底壳及溢流管后，冷车不加油门不行驶或热车后从通气孔漏油的现象。通过分析事故车，变速器并没有损坏严重也并未伤及液压控制阀体，只不过是更换了全新的油底壳和油底壳上的溢流管。通过故障现象分析，大家很快就会联想到 ATF 标准量是否正确。因为如果 ATF 油量不足即会导致冷车时影响到车辆的起步，热车后由于油液随温度的变化而膨胀，继而不会出现故障现象。相反，如果油量过多就会导致从通气孔溢出。如果大家在维修作业过程中是按照标准规范步骤进行相关液位加注和检查的，那么问题就出现在更换的溢流管身上了（如图 2-95 所示）。因为在更换油底壳时是不带溢流管的，需要单独购买，因此一不小心所购买的溢流管的长度与原车长度不一致（由于原车溢流管损坏其长度究竟是多少根本就不知晓），最终导致故障现象的出现。在购买溢流管时一定按照车型信息（匹配不同排量发动机，溢流管长度是不一样的，例如 1.6L 和 2.0L 的长度就区别很大，如图 2-96 所示）来确定。

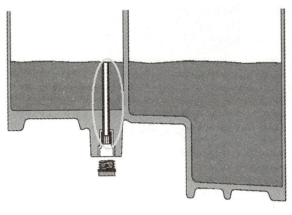

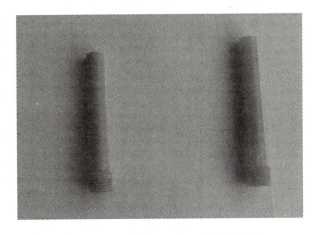

图 2-95　大众 09G 变速器溢流管　　　　　　　　图 2-96　大众 09G 变速器不同长度的溢流管

解决方案：注意溢流管长短。

09G 变速器与电控有关的故障——锁挡故障。对于大众 09G 变速器锁挡故障，在检修过程中电控系统一定会记录相应的故障码，而在一汽大众迈腾、速腾轿车中比较容易出现的问题是电控系统往往会记录"某电磁阀故障"，如图 2-97 所示，在实际检修中测量电磁阀、线路等均处于良好状态，有时更换控制单元后也不能解决。最后发现问题出现在电磁阀插头线束上（如图 2-98 所示），原因是该线束长度有点短，特别是在北方的冬天，在原地挂挡时变速器及发动机在车身上摆动量较大，最终导致某一条线接触不良。还有线束插头的针脚也容易出现问题，经处理故障就会排除。当然个别情况确实也存在，那就是电磁阀本身的故障以及控制单元本身的故障，例如 2008—2009 年迈腾 1.8T 经常报 N88 电磁阀故障，经检查就是电磁阀本身的问题。还有部分

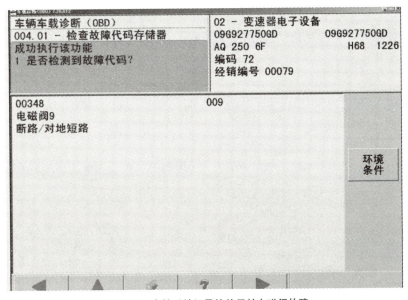

图 2-97　电控系统记录的关于某电磁阀故障

图 2-98   大众 09G 变速器线束插头

早期车型电控系统经常记录 G195 输出速度传感器信息故障码，经检查确实是传感器本身故障引起，直接更换即可解决。

最后就是跟匹配自适应有关的问题了，对于大众 09G 变速器来说，当我们进行变速器的大修、更换重要部件（例如阀体或控制单元）后必须要进行匹配和自适应，否则就会出现挂挡快速冲击以及升降挡冲击的故障现象，那么大家在维修中就要按照维修手册要求来进行"打滑自适应"和"换挡自适应"等内容进行维修。

第三章　奔驰车系

一、奔驰 220 变速器锁挡 3 挡

车型：奔驰 S500，配置 722.632 变速器。

故障现象：行驶不升挡，起步、行驶都始终在 3 挡。

故障诊断：先检查变速器油，油位正常，但是油质很差，黑色，稀溜溜的，没什么黏度了，闻气味没有烧煳的味道，摩擦片应该没烧。

读故障码，变速器系统有 2 个故障码（如图 3-1 所示）。7 部件 Y3/6y2（换挡压力控制电磁阀）内部电气检测失败。103 部件 Y3/6y2（换挡压力控制电磁阀）内部电气检测暂时失败。这两个故障码都是已存储的故障码。

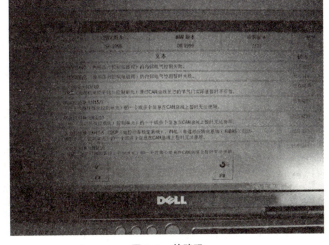

图 3-1　故障码

根据故障码分析，应该是电气的故障，先检查电磁阀，在故障引导程序中，提示检查电磁阀电阻，标准阻值应该在 4~8Ω 之间，因为客户还没同意拆解维修，只能先在外围检查。断开变速器的插头，根据线路图（如图 3-2 所示），测量 6 号脚（电磁阀共用电源）和 10 号脚（Y3/6y2 换挡压力控制电磁阀控制）之间的电阻，是 5.9Ω，电磁阀电阻正常（如图 3-3 所示）。

再测量控制单元侧电磁阀的电阻，控制单元在发动机舱的右后部，控制单元的 37 号和 38 号脚分别连接变速器插头的 6 号和 10 号脚。测量结果也是 5.9Ω，电磁阀电阻正常，到控制单元的线路正常。

既然线路和电磁阀的阻值是正常的，会不会是电磁阀卡滞？拆下来检查。放掉变速器油，油很脏，很黑。拆下阀体，检查电磁阀，电磁阀不卡，又清洗了阀体，装复

后再试车，还是一样，锁挡。

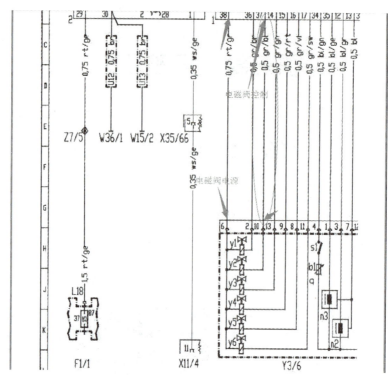

图 3-2　线路图 1

再次连接检测仪，先清除一下故障码，故障码在不启动车的时候可以清除，在不启动发动机的时候看转速数据流，转速是正常的，在 R 挡时的油温也是正常的，换挡杆在 P、R、N 位置显示都是正常的，在 D 挡时挡位显示立刻显示错误（如图 3-4 所示）。根据这车的控制原理，挡位信号是来自于换挡模块，就是换挡杆，并且换挡模块与变速器控制单元之间是 CAN 通信的（如图 3-5 所示）。检查换挡模块和 CAN 通信线路。

检测换挡模块，读故障码，系统正常。看数据流，挡位在 P、R、N、D 和 +、- 之间切换，所有显示都是正确的，换挡模块没问题，看来要检查 CAN 通信

图 3-3　电磁阀电阻正常

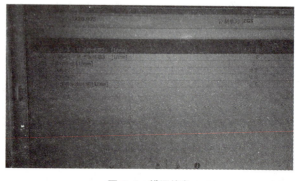

图 3-4　错误信息

130

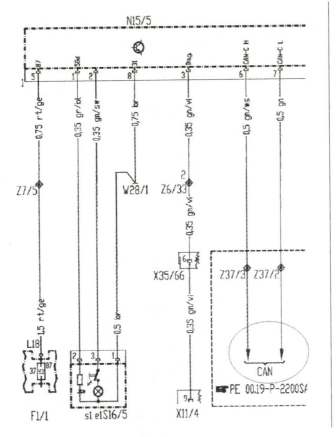

图 3-5 线路图 2

了。连接示波器，分别检测 CAN-H 和 CAN-L 的波形，波形对称，幅值相等，波形也是正常的（如图 3-6 所示）。这车故障最大的是阀体里面的线路板，但是线路板已经反复检查过，其实整个线路板上只有几个电磁阀、两个转速传感器、一个油温传感器，虽然涡轮转速传感器已经爆掉了，但是在车下给它加电，并用示波器检测

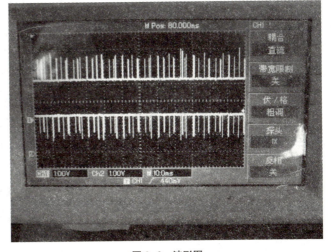

图 3-6 波形图

信号时，涡轮转速传感器有信号输出，传感器外观损坏，本身功能还是好的。所有这些并没有影响到挡位的元件，整个线路板也仅仅是相当于线束而已，它会影响到挡位信号吗？试一下，把整个插头拔掉，控制单元与变速器断开，再看数据流，挡位信号还是错误，并且不再有倒挡显示，倒挡时也显示错误。

再次连接变速器插头，仔细分析一下。故障码只报换挡压力电磁阀故障，但是压

力电磁阀线路及电磁阀本身都是好的，控制单元是通过检测电磁阀的控制回路电压来判断电磁阀是否存在故障的。那我们再检测一下变速器压力控制电磁阀的控制信号波形看看，连接示波器，控制单元38号脚是所有电磁阀的电源，37号脚是换挡压力控制电磁阀的控制线，38号应该是12V实电的电源线，37号脚是占空比的方波信号。可是实际情况是37号脚没有电压，示波器电压幅度调到1V还是没有波形。用万用表测量37号的电压，居然是0V，如果38号有电，经过电磁阀4~8Ω的压降，控制端还是有12V的电压才对，立刻检查38号电源线，没有电压0V，原来控制单元没有电源输出。

拆下电脑版，解体发现，控制单元的一个角已经严重腐蚀，控制单元有进过水的痕迹（如图3-7所示）。这可以确定是变速器控制单元的故障了。立刻订货变速器控制单元。

图3-7　控制单元有进过水的痕迹

到货后再次检查了变速器控制单元的电源及搭铁线路，确认无误之后，更换变速器控制单元。安装新的控制单元后，先检查38号的电源，用万用表测量，38号脚与搭铁之间有11.2V电压，实电。用示波器再次检测37号脚变速器换挡压力控制电磁阀的波形，在发动机怠速，换D挡时有很规矩的方波信号，信号幅值约14V（如图3-8所示）。再次连接诊断仪诊断变速器系统，清除之前存储的故障码后系统正常，数据流挡位信号在换到D挡时显示当前挡位2挡。数据也正常了，奔驰这款变速器本来就是2挡起步。试车升挡、降挡平顺，故障排除。

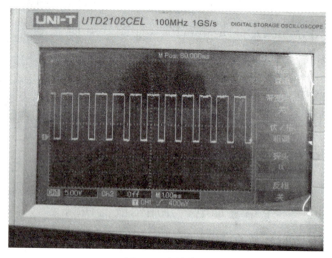

图3-8　方波信号

故障总结：这辆车的故障因为变速器控制单元损坏，没有输出电磁阀的电源，在换挡时变速器控制单元调节换挡压力的时候侦测不到电磁阀过来的电压，因此就输出一个换挡压力控制电磁阀故障的故障码，并且进入锁挡的故障控制模式，变速器锁在较高挡位，在换挡的瞬间使换挡的冲击减轻，这也可能是大多数变速器锁挡保护都锁3挡（直接挡）的原因。因为该电磁阀只在 D 挡时才会动作，所以在 P、R、N 挡时挡位显示还是正常的。

二、奔驰 S320 变速器冷车不升挡

车型：奔驰 W140。

VIN：WDBGA33G1WA×××××。

故障现象：早晨冷车行驶时，变速器不升挡，行驶 2km 左右，突然冲一下升挡，然后一天行驶正常，该故障已经出现几个月了，随着冬天的到来，天越冷，不升挡的时间越长，只要升挡之后，一天行驶无故障，天冷以后，长时间停车（3h 以上）后，再行驶，也会不升挡一段距离。

接车后首先怀疑变速器油和控制阀体，客户说变速器油更换过，而且换的是奔驰专用的变速器油。拔油尺看油的颜色，颜色为暗红色，油比较脏。于是决定先清洗控制阀体，然后更换变速器油。

该车配备的是奔驰 722.6 的自动变速器，共有 5 个前进挡和 2 个倒挡，在对阀体清洗的过程中发现有个别的阀芯有轻微的卡滞现象，用水磨砂纸轻轻打磨之后，阀芯不再卡滞，然后装复阀体，加油试车。换 D 挡，然后缓慢加速，发动机转速 2500r/min 时仍然不升挡，继续加速，发动机转速 3500r/min 时变速器仍然不升挡，收油门，再加速，突然变速器冲了一下，由 2 挡升上了 3 挡，发动机转速降到 2500r/min 左右，然后升 4 挡，继续行驶，升 5 挡，减速时由 5 挡依次降挡，再试车，就正常了。总感觉车没修好，但是客户从 180 多千米以外的县城过来的，今天必须交车，就让他把车开走了。第二天打电话给客户询问情况，结果是故障依旧，只是不升挡的时间稍短一些。

清洗阀体解决不了问题，那只有大修变速器了，洗阀体的时候看变速器的摩擦片并没有烧的迹象，油脏只是因为换油的时候没有更换彻底而已。咨询同行，有分析说有可能是变速器里离合器的特氟龙环冷车时老化缩小，冷车离合器泄压严重打滑，不升挡，但是离合器内建立不起油压，所以也就不烧片，等热车，特氟龙环恢复弹性就

正常升挡了。这个分析看似有点道理，通知客户，大修变速器，更换里面的特氟龙环。

抬变速器之前，应该先分析一下到底是哪个离合器泄压会导致不升挡，根据奔驰722.6变速器的换挡元件图（如表3-1所示）分析，最有可能的是K2离合器泄压。因为这款变速器在起步时一般情况是2挡起步，2挡时制动器B2和离合器K1工作，3挡时制动器B2和离合器K1仍然工作，只是又多了一个K2离合器，实现了3挡的升挡。

表3-1　换挡元件图

挡位	传动比	内部元件							
		B1	B2	B3	K1	K2	K3	F1	F2
1	3.59	◎*	◎				◎*	◎	◎
2	2.19		◎		◎		◎*		◎
3	1.41		◎		◎	◎			
4	1				◎	◎	◎		
5	0.83	◎				◎	◎	◎*	
N			◎				◎		
R1	−3.16	◎*		◎			◎	◎	
R2	−1.93			◎	◎		◎		

注：R1：模式开关在"S"（标准）位置。

客户把车送来了，抬下变速器总成，拆解，发现所有的离合器摩擦片、制动摩擦片都没有明显的烧坏，只是离合器和制动器的间隙稍大一些，间隙最大的超过2mm。再检查K2离合器的特氟龙环，也没感觉老化，握在手里很柔软，任意的卷曲都没有一点折断的迹象，更不像分析的那样，冷车温度低，密封环缩小，把特氟龙环卡到环槽里，没有卡滞发涩的现象，只是按到底，感觉密封环比环槽稍低一点，这也不是问题啊。

满心疑虑地把变速器的所有的活塞密封圈、密封环都换了，把所有的摩擦片也都换了，换了摩擦片之后只是间隙小了些，基本都在标准的范围内了。阀体再重新清洗一遍，把变速器抬上去，加油试车，故障依旧。怀疑是电磁阀有问题，又更换了电磁阀，也没好，又更换了阀体，还是一样，现在是没有了思路，一味地换件了，结果都一样，冷车时就是不升挡。至此，考虑是不是变速器以外的问题。

接上检测仪，提变速器故障，722.6变速器是电控的自动变速器，与全液压的722.3/4不同，可以进行电脑检测的，提到的故障码有一堆（如图3-9所示），应该是抬变速器时产生的，清除故障码，再提，没了，系统正常了。出去试车，正常。等到车凉了，再试车，仍然不升挡，再提故障码，应该是当前的故障码了吧。故障码显示为18——换挡杆信号错误。

终于有了新的发现了，用检测仪进数据流测试，观察挡位信号，因为这辆车的仪表板没有挡位显示，只能通过检测仪看挡位显示，在行驶的时候，换挡杆在D挡，挡位显示为"-

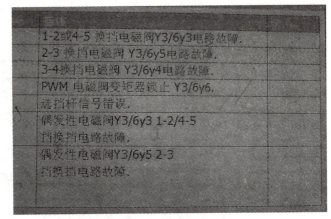

1-2或4-5 换挡电磁阀Y3/6y3电路故障.		
2-3 换挡电磁阀 Y3/6y5电路故障.		
3-4换挡电磁阀 Y3/6y4电路故障.		
PWM 电磁阀变矩器锁止 Y3/6y6.		
选挡杆信号错误.		
偶发性电磁阀Y3/6y3 1-2/4-5 挡换挡电路故障.		
偶发性电磁阀Y3/6y5 2-3 挡换挡电路故障.		

图3-9 故障码

- - -"，没有显示相应的挡位，把换挡杆拉到1挡，挡位显示有1挡，2挡时也显示2挡，并且可以正常升挡，继续行驶，把换挡杆换到D挡，挡位显示在2挡，然后变成3挡，然后升挡又正常了，现在故障明晰了，是控制单元接收不到实际的挡位信号，也就无法控制换挡，这才是这台变速器的主要故障原因。

马上查阅该车的维修手册及线路图，维修手册说明该车的挡位信号是一组电压数字信号，也就是不同的挡位时，挡位开关给变速器控制单元输入一组不同的高电平和低电平电压线号，可是维修手册并没有标准的具体各个挡位的电压组合标准，这样在维修时就没有标准可以参照了，先根据线路图（如图3-10所示）测量一下挡位开关当前的电压信号组合。图3-10中S16/10是挡位开关，挡位开关的4、5、9、10、2号端子是挡位信号输出端子，分别与N15/3变速器控制单元的25、26、27、28、3号端子相连，在变速器控制单元的25、26、27、28、3号的线束侧（如图3-11所示）测

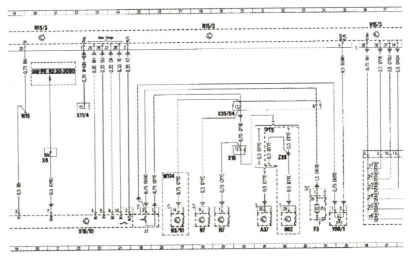

图3-10 线路图

135

量不同挡位时的电压组合，其结果如表 3-2 所示。

图 3-11　线束侧

表 3-2　维修前不同挡位电压

端子	挡位							
	P	R	N	D	4	3	2	1
3 号	高	高	高	高	高	高	高	高
25 号	高	低	低	低	低	低	高	高
26 号	高	低	低	低	低	高	低	高
27 号	高	低	低	低	低	低	低	低
28 号	低	低	低	低	高	低	低	高

图 3-12　拆下挡位开关

　　结果很明显，R 挡、N 挡、D 挡这 3 个使用频率最高的挡位信号电压是相通的，这肯定是有问题的，但是这款变速器的挡位开关位于换挡杆的下面，并不在变速器上，拆下来是很大的工程，但这也没有办法，拆吧。挡位开关拆下来了（如图 3-12 所示），是个组合一体的总成，整体更换一是发货时间太久，再就是车型太老，配件很难找到，还是想办法拆开看看吧。经过一番努力，终于拆开了，里面其实就是几个簧片和触点（如图 3-13 所示），并且发现触点有明显的修饰现象，找来新的水磨砂纸，轻轻地对锈蚀的触点打磨处理，然后再擦干净，重新装起来，然后再插上插头，测量不同挡位的电压组合信号，结果如表3-3 所示。

图 3-13 拆开后的内部

表 3-3 维修后不同挡位电压

端子	挡位							
	P	R	N	D	4	3	2	1
3 号	高	高	高	高	高	高	高	高
25 号	高	低	高	低	低	低	高	高
26 号	高	高	低	低	低	高	低	高
27 号	高	高	高	高	低	低	低	低
28 号	低	高	高	低	高	低	低	低

　　这回不同挡位的电压组合信号没有重复了，再用诊断仪的数据流查看挡位显示，在不同的挡位全都有相应的显示，挡位开关完全正常了。再重新安装挡位开关及中央控制台，然后试车，并且用检测仪观察挡位显示，在 D 挡时，挡位显示 2 挡，奔驰变速器一般是 2 挡起步，然后随着行驶速度提高依次升挡。故障完全排除。

　　通过这辆车的维修感觉到，修车还得要全面考虑控制系统，现在很多的变速器专修，对变速器本身的问题非常专业，但是对于整车对变速器控制却并不十分了解，仅仅根据一个现象维修一个总成，有时候真难找出真正的故障。

三、奔驰 S600 出现锁挡故障

　　车型：2007 年奔驰 S600 配置 6.0L 275 发动机及 722.6 变速器。

　　故障现象：车主描述加速时只见发动机转速升高，车速却起得很慢，收油门车速也降得快，路试车辆行驶 60km/h 时，发动机转速达到 3500r/min，锁止在 2 挡。

　　故障诊断：

　　（1）先做外观检视，没发现异常。

（2）着车检查液面，油质颜色正常。

（3）连接专检诊断仪读取故障码，显示如图3-14所示。

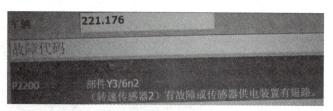
图3-14 故障码

（4）将后轮顶起，再连接诊断仪读取实际值，显示如图3-15所示。

由图3-15中看出，转速信号中后轴有信号，前轴非驱动轮，无信号正常。发动机转速正常，输出轴转速正常，只有Y3/6N2和Y3/6N3，还有涡轮转速传感器没有任何信号。

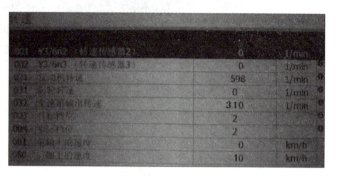
图3-15 变速器数据

这3个信号全是输入信号，都没有变化，有4种可能：① EGS ECU 故障；②线路故障，断路或短路；③传感器本身故障；④变速器本身机械故障。

查看电路图，如图3-16所示。由电路图看出，传感器N2、N3安装变速器内部并集成在线路板上，没有涡轮传感器应该是由ECU根据N2、N3和发动机转速计算得出的。问题集中在N2、N3的信号上，决定先检查线路。

开始检查：

（1）拔下变速器接口找到7号脚，打开点火开关，测量电压为6V，说明ECU有传感电源输出（如图3-17和图3-18所示）。

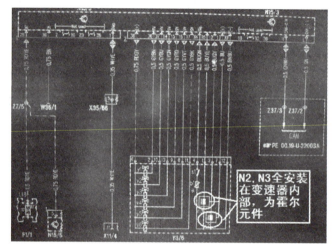
图3-16 电路图

（2）再在副驾驶脚坑处找到EGS ECU，找到N2的连接端子，连接示波器（如图3-19所示）。

（3）用另外一个线路板接在变速器线束侧的接口上，用一扳手在N2传感处快速滑动（如图3-20所示）。

由以上检查可以推断出ECU和线路是正常的，问题出在变速器内部。拆下变速器，发现了这种情况：红圈处焊点脱开，使信号齿向右侧位移，结果是N2、N3偏离

图 3-17　拔下变速器接口

图 3-18　测量 7 号脚

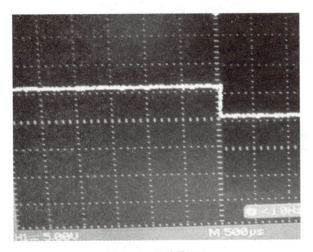

图 3-19　示波器显示

图 3-20　把线路板接在接口上

了传感器的测量位置，所以 N2、N3 都无信号发出，如图 3-21 所示。

更换前行星架，上车路试全部正常。

再检查数据流，信号都正常了。这时 P 挡的数值如图 3-22 所示。

行驶中的数值如图 3-23 所示。

故障总结：虽然该案例相对来说简单，可能很多同行都会先换线路板再说。我想说的是，如果你有 90% 的诊断能力，那你只有 10% 的返工

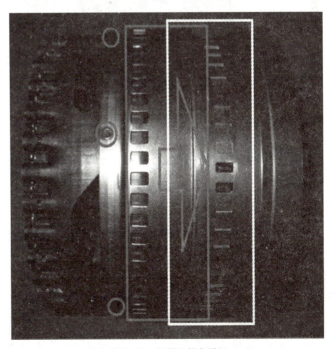

图 3-21　红圈处焊点脱开

率；反之，你只有 10% 的诊断能力，那 90% 就是你的返工率。

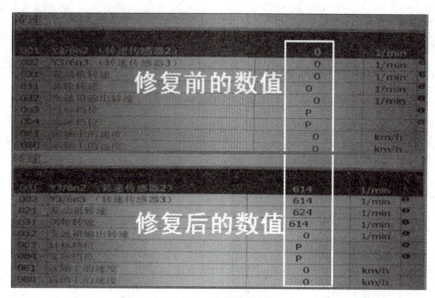

图 3-22　P 挡的数值

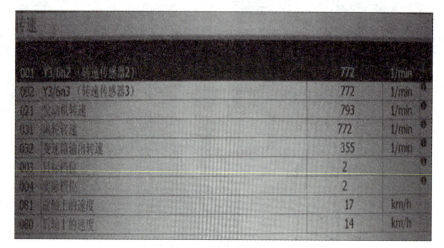

图 3-23　行驶中的数据

四、奔驰 A160 无级变速器为何偶发性不升挡

车型：2011 年奔驰 A160 小型旅行车，配置钢带式传动型号为 722.8 型无级变速器。

VIN：Wddcf3bb8bj××××××。

故障现象：该车在正常使用过程中经常出现报警情况，当报警情况出现时，发动机转速高而实际车速上不去（即变速器不再换挡），关闭发动机并重新启动后可临时恢复正常。

故障诊断: 接车后并没有急于进行路试,首先连接故障诊断仪进行车辆故障检测,检测结果在变速器电控系统故障存储器中测出两个故障码(如图3-24所示)分别是:0793- 部件 Y3/9b4(CVT 无级变速器)次级转速传感器的转速信号无法使

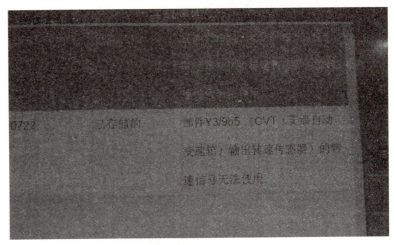

图 3-24　检测到的故障码

用,0722- 部件 Y3/9b5(CVT 无级变速器)输出转速传感器的转速信号无法使用。按照正常的检修步骤先记录故障码内容后再删除故障码并进行路试,开始路试时变速器换挡一切正常无任何顿挫感,同时发动机转速保持在 2000r/min 左右时车速能够达到

120km/h 左右,当变速器温度上升至 70~80℃时在没有任何征兆的情况下变速器无故开始报警(仪表中显示变速器有故障需到服务中心如图 3-25 所示),此时出现发动机轻微空转及变速器打滑现象且车速也上不去(变速

图 3-25　仪表中的报警信息

器不换挡进入故障运行模式)。再次利用故障诊断仪进行检测,依旧还是那两个转速传感器信号不可用的故障码,此时再次删除故障码重新路试又一切正常,但没有多一会儿故障又重现。通过反复路试得到这样的结论:冷车状态变速器报警频率不高,而热车状态下报警频率非常高。

接下来回到修理厂进行故障码及故障可能原因分析,就奔驰 722.8 无级变速器来说,如果电控系统记录关于次级转速传感器及输出速度传感器的信号故障码,一般来说会有以下几种可能:传感器本身故障、控制单元故障、信号发生轮及输出(次级)带轮故障、液压系统引起的次级带轮缸存在泄压故障等。因此我们可以一一去排查来锁定故障部位。

在进行基本检查项目中发现变速器 CVTF 润滑油状态良好，没有变质也没有其他颗粒物，这基本可以说明变速器内部机械部件存在故障的可能性不大。由于转速传感器与变速器控制单元属于集成式（为一体），因此我们分析并初步判定故障根源应该极有可能在于机电控制模块上。但在这种情况下如果直接订购和更换新的变速器机电液压控制单元总成还存在一定的风险性（价格昂贵），所以还是决定先找一拆车件（旧件）试试再说。

通过配件渠道找到一块二手控制单元带阀体总成部件进行装车试验，可是订购回来的模块总成（阀体带控制单元）从外观上看跟原车的稍微有一点差异，那就是控制单元外壳颜色原车是白色而另一个是黑色（如图 3-26 和图 3-27 所示），另外就是上面的一些信息有点不一样。后来经询问得知是一样的没有其他影响。

图 3-26　奔驰 722.8 液压电子控制单元总成

故障排除：装车后却发现启动发动机后，发动机和变速器都在报警，读取故障码是两个系统不能通信（网络通信）的问题。后来借用原厂诊断仪进行解锁并解除报警可以上路行驶，初始时变速器工作还显得不太正常，后来经过一段时间路试自适应后，变速器工作一切正常且油温达到 80~90℃，反复试车变速器都没有报警，最终故障得以排除。

图 3-27　更换的奔驰 722.8 变速器液压电子控制单元总成

后续插曲：该车交给车主使用了大概半个月左右再次返厂，这次与原来不同的是不仅仅是变速器报警，问题变得严重了，连发动机也不能启动了。经检测得到的故障内容是：来自 CAN 总线的无级变速器信息丢失，经初步判断应该还有可能是变速器控制模块的问题。又通过配件渠道购买了一块单独的变速器控制单元，可是装车后依然不能启动，发动机同样还是记录网络通信信息故障，难道这两块控制单元存在的都是同样的问题？考虑到原车控制单元仅仅是记录关于传感器转速信息的故障码，于是又找到车主把原车控制单元装车试车，开始也不能启动发动机也存有网络通信的故障，此时大家想不可能三块控制单元都存在相同的问题。另外原车控制单元虽然有问题但不影响发动机启动。通过仔细检查发现问题出现在变速器控制单元与外边线束插头上，经处理故障彻底排除。因为更换的部件毕竟都是旧的，因此能保证多久不出现故障目前还是个未知数。

故障总结： 目前在车辆维修中诊断环节越来越重要，要通过分析进行合理判断，但涉及更换关键部件时大家依然不敢百分之百确定，本来经过大量数据或其他方式的分析诊断已经很有把握来确定某一部件出现故障，为了降低维修风险不得已还要选择一些旧的部件进行替换试验，这种方法不是不可取但有些时候也要付出一定代价。因此往往就是在这个环节给维修带来一些困难，从而影响维修进度和维修质量。所以我们一旦有能力判定某一部件存在问题后就应毫不犹豫地去更换有质量保证的备件或新备件，以免一旦选择了有问题的旧的备件后让维修走弯路。该案例后续的小插曲严格上讲应该还是插接上的问题引起，应与维修关系不大。

五、奔驰 E280 自动变速器讨厌的"异响"故障排除

车型： 2008 年奔驰 E280 轿车，配置 722.9 型 7 速自动变速器。

故障现象： 车辆进厂报修，故障主要是变速器与发动机连接处的响声，同时变速器还有轻微的换挡打滑故障。

故障诊断： 通过仔细对声音进行判别，该声音就像油泵发出的响声，类似于油泵铜套形成偏磨后发出的，又类似于油泵吸油不足产生的，随着发动机转速的提升声音也随之提高且跑起来也比较明显。为了进一步确定响声部位，我们启动发动机后踩住制动挂上动力挡，在未松制动的情况下响声依然存在，同时最为明显的部位就是在发动机与变速器之间的连接处（如图 3-28 所示）。说明如果响声跟变速器有关，也仅仅是变扭器、油泵、滤清器和主油压有关，因为踩制动挂动力挡后变扭箱从输入轴开始一直至变速器内部及输出端均不旋转，所以排除了变速器内部发生响声的可能性，但

根据响声部位也只有把变速器抬
下来检查再说。

变速器解体后很快就发现了
响声的来源部位，原来是变扭器
脖颈将油泵上面的铜套磨伤（如
图 3-29 和图 3-30 所示），同时跟
响声无关的前进挡离合器摩擦片
有轻微的烧蚀，这样我们只要更
换相应的部件，问题估计轻松解
决。

本以为该变速器的故障很容

图 3-28　维修人员在仔细听响声部位

图 3-29　轻微磨损的变扭器脖颈

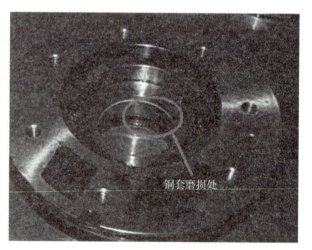

图 3-30　磨损的油泵铜套

易解决，但没想到的是更换了油泵、维修过的变扭器总成、滤清器、修理包及摩擦片
后，装车试车响声依然存在且似乎没有任何改善的迹象。难道是我们判断错误响声根
本不是变扭器和油泵接触摩擦后产生的？难道是发动机发出的响声？为了进一步验证
具体响声来源，维修人员干脆把发动前面的发电机等部件的皮带（怀疑可能是哪个轮
轴承或皮带轮张紧器在响）拆下来试验，结果响声还是没有任何变化，最后干脆不安
装变扭器直接将变速器与发动机对接，此时响声确实消失了。通过此次验证足以证明
响声还是来自变速器，踩住制动挂动力挡后变速器内部所有元件均不旋转，那么响声
到底来自何方？难道还是油泵与变扭器之间摩擦发出的？要知道这些元件均已更换，
难道跟变速器内部系统油压有关？在这种情况下维修人员又更换了一块无故障液压阀

体总成（如图3-31所示），但响声还是没有任何变化。仔细分析，如果跟油压有关那么剩下也只能去怀疑滤清器了（在过去维修其他变速器时确实遇到劣质滤清器带来的响声）。既然已经这样了，维修人员干脆把原车的旧滤清器破开将内部的过滤棉剪掉（如图3-32所示），但重新安装后响声还是依然存在。

图3-31　更换的阀体

图3-32　取下的滤清器过滤棉

　　没有办法再次将变速器抬下来进行详检，检查变扭器脖颈并未发现异常磨损情况，但分解变速器把油泵拆下来的时候却发现刚刚更换的油泵又再次被磨坏了（如图3-33所示），为什么刚换上去的一点问题都没有的好油泵又被磨坏了呢？是变扭器不行还是另有原因？为了验证变扭器的偏摆量以及与发动机相连的飞轮结合盘是否存在变形问题，维修人员把原车变扭器和新换的变扭器安装在曲轴后门进行偏摆量测量（如图3-34所示），通过多人多次测量仅仅发现新更换的变扭器要比原车的偏摆量大一些，但并未超出极限值0.3mm。既然飞轮结合盘没有问题，显然我们更换的变扭器是有问题的。

图3-33　再次磨损的油泵铜套

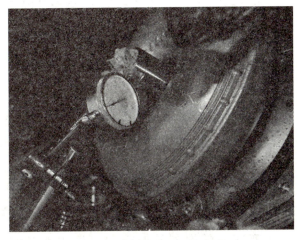

图3-34　进行变扭器偏摆量测量

故障排除：重新更换未经过维修的变扭器以及油泵故障，响声彻底排除。

故障总结：本来一起简单的故障没想到操作起来变得那么麻烦，我们在实际作业中当更换相应的部件后同样的问题依然存在时大家往往会把这一块忽略掉。原车的响声原因其实很容易理解，本来可能就是因变速器没有及时进行保养换油，油泵铜套与变扭器脖颈间得不到很好的润滑形成磨损，继而不正常地产生响声，本来把受损的部件更换后问题就能够得以解决，但大家在实际维修中往往又考虑维修成本和维修风险，一般不选择新的配件结果带来诸多的麻烦，同时也说明变扭器的维修工艺和维修精度不是那么简单粗糙的。

六、奔驰 ML350 越野车挂前进挡后爬行力度不够

车型：2009 年奔驰 ML350 越野车配置使用 722.9 型 7 挡变速器。

故障现象：车辆正常完成自动变速器保养后的 1 周左右发现一个故障现象，那就是每天早晨第一次挂前进挡后车辆爬行力度不够，如果车辆停在很小的坡道上还需要加油门才能行驶，但跑起来后一切正常。同时完成一次换挡循环后重新起步故障现象也会消失，而且据用户讲在没有做变速器保养之前是从来没有的。但再次返厂后又查不出任何问题来，因为此时变速器处于正常状态下，用户所描述的故障现象会不会不是故障呢？没有办法只能让用户先用着看故障现象有没有更明显的变化再说。结果又使用了 1 周左右，用户讲故障现象越来越明显，有时早晨在平路上前进挡在发动机怠速下都没有爬行，必须轻轻加油门才能行驶，不过跑起来又是正常的。

故障诊断：虽然车辆进厂后我们并没有直接明显地试出任何故障现象来，但从用户的描述中变速器的起步表现情况应该属于故障情况，因为对于任意一款带有液力传动装置（变扭器）的自动变速器均有爬行功能，特别是在平路起步阶段，仅仅靠发动机怠速时的输出扭矩肯定会获得一个很强的爬行扭矩（这主要是变扭器具有增扭功能），即便车辆停在很小的坡上其怠速爬行扭矩也允许车辆有一个缓慢的爬行过程，因此足以说明当前变速器所表现的起步现象一定是一种故障现象的表现特征。那我们从整个过程来分析：如果确实像用户所说，变速器在未保养之前没有这种现象的话，那么就极有可能跟变速器的保养有一定的关系。

变速器的保养看似简单，但跟发动机的简单保养还是有很大区别的。首先如果我

们选用的不是原厂用油，那么一定要选择同级别高标准高质量的替代油品，其次就是保养操作过程中的规范流程问题。试想一下，如果原来变速器确实一点问题都没有且又是按照里程数来进行常规保养的话，那么只能说该车变速器所暴露出的故障现象跟油的质量和标准流程的操作有关。考虑到平常在进行其他奔驰车辆的同一款变速器保养时都是选用的一种大品牌公司的用油，因此油的质量根本不必考虑。那么剩下的也仅是流程操作问题了，为了切实验证这一点，要求用户将车放在修理厂一个晚上，目的是第二天早晨对故障现象进行确认。

第二天上班后试车果不其然，挂倒挡后爬行力度稍微好一点，但前进挡确实不爱爬行，需要给一点油门后才能正常行驶。此时路试是没有意义的，再次分析：当前的故障现象很显然跟放置时间和温度有关，从放置时间上来看，时间越长各个管路中的更多的 ATF 润滑油就会流回变速器油底壳内，而跟温度有关无非就是油的黏稠度和液位标准量的变化不同。综合这两点大家马上就会想到一个问题，是不是 ATF 润滑油的标准量不对。于是按照奔驰要求连接诊断仪看变速器 ATF 润滑油温度，当符合 30~40℃要求时拧下油底壳上的液位检查螺丝，结果发现至少缺了 1/3L 左右的油。重新补充缺少的 1/3L 左右的油后故障现象再也没有出现过。

故障总结：维修人员在换油保养时其实也是按照这个流程操作的，那么为什么会缺失 1/3L 左右的油？在操作过程中也确实看到油从液位检查螺丝流出来了，难道这是一种假象吗？答案告诉我们其实就是一种假象。虽然我们在操作过程中确实看到当油温度在 30~40℃时有油流出，但毕竟有一个非常重要的环节我们还没有去做，那就是要通过 2~5 千米的路试，目的是充分消除变速器内部的气泡（换油时由于变速器内部温度跟新油之间存在一定的温差，同时加注方法会形成大量的气泡），然后回到修理厂再以 30~40℃为标准来检查其标准量才是真正的最佳标准量。很显然我们在给这辆车保养时最后一个环节忽略了，结果导致因液位不符合标准（偏低）而形成了故障现象。

第四章 宝马车系

一、宝马 523 行驶抖动

车型：2008 年宝马 E60 523Li，配置 6HP-21 变速器。

故障现象：小油门 2 挡到 3 挡发动机转速在 1800~2000r/min，20~30km/h 的时候车子抖动，在 4 挡发动机转数在 2200r/min，50km/h 左右的时候偶尔连续抖动，就像压到很小很小连续的减速带一样抖个不停（感觉是变矩器里的锁止离合器工作不好），大油门 1-6 挡发动机转数从 1000 ~ 3000r/min 都没有抖动现象。

故障诊断：回厂用金德 KT600 解码器读故障码，发动机系统正常，变速器系统正常，路试读取数据流主要读取液力变矩器锁止情况，发现在 2 挡的时候变矩器锁止离合器显示已调节，此时车速在 20km/h 左右就开始轻微抖动，等数据显示已关闭的时候车子就正常，到了 40km/h 的时候，3 挡刚换完，数据上显示已调节，这时车子又开始抖动，抖动几下，数据上显示已关闭，车子马上恢复正常。当数据显示已调节车子就抖，显示已关闭车子就正常，大油门的时候发动机 1000~3000r/min 数据上几乎都显示已关闭，车子就是正常的，这更能确定问题的故障点就是变矩器锁止不好造成的。

故障解决：更换液力变矩器后问题解决。

故障总结：个人认为这个问题就是变矩器里面的摩擦片和锁止盘工作面不平或是变形导致锁止工作结合的时候结合不实导致这种情况的，当大油门发动机转速高的时候扭矩变大，所以油压高锁止离合器瞬间结合牢固，还没等锁止离合器压力小开始抖动就进入下一个挡，紧接着又开始锁止离合器工作，这样油门大油压高，就不给锁止离合器有问题的机会，所以就没问题了。

二、宝马自动变速器特殊的"异响"故障

车型：2011 年新款进口宝马 X5 越野车。

VIN：5UX2V4C58B××××××。配置 3.0T 发动机及世界上最先进的德国 ZF 生产的型号为 8HP45 自动变速器。

故障现象：客户称自动变速器位置有异响，经维修人员确认异响存在，发动机与变速器之间传出"嗡嗡"的声音，并且又稍夹杂着吹口哨的声音，又有像轴承响的声音，该响声冷车 20s 内不走车不响，过 20s 后不论是停车，还是踩着制动入 D 挡不走，还是跑起来 1-8 挡，该响声一直存在着；行驶过程中，越是加油门就越响，收油门响声减弱，甚至偶尔会消失；其他入挡及换挡跑起来均正常。

故障诊断：经过着车确认，此响声是在发动机与变速器之间传出来的，着车出现此种响声和跑起车来出现同样的异响视为同一个故障：(1) 变扭器；(2) 油泵主从动轮磨损及链条拉长；(3) 液压系统吸油不足导致油流的声音，如变速器滤芯或油路；(4) 输入轴相关的元件。经过对车辆的大致检查，变速器 ATF 油质较脏，但油面高度正常，为了方便起见，先更换带油底壳的变速器滤芯，加好原厂的 ATF 专用油，故障依旧。把变速器从车上抬下来，解体变速器，拆开油泵主从动轮及链条均未发现问题，为此变扭器切开也未发现故障。为了找到故障，变速器里面都解体查看输入轴的轴承，均无果，更换油泵主从动轮及链条、变扭器，装车试车，故障依旧。

此时陷入困境，后来询问经验丰富的宝马技师，最终更换气门蚀盖总成及曲轴后油封后故障排除。

故障总结：目前车辆一些响声故障很难查找，因为有时候我们确实无法直接断定响声的真正部位，特别是难以辨别行驶过程中的异响故障，大家一般在判定时往往会对行驶系统偏重一些，而忽略了和发动机工况有关的相关信息，本车开始检修时就走错了方向。此故障是由于集成在气门蚀盖上的压力调节阀堵塞或者调节不良，导致压力不能调节，从而引起发动机的真空度加大，进而导致曲后油封和曲轴摩擦产生的响声。一般根据经验曲后油封本身也会导致此种响声，并且刚启动不会响，过几分钟，就会产生响声；曲前油封也会导致此种响声，不论是刚启动车辆还是热车均会出现。这样在故障诊断环节中需要我们的诊断技师一定要具备很高的综合能力，而不是只懂

发动机而不懂自动变速器或只懂自动变速器而不了解其他系统。

重新分析： 在正常的工作状态下，总有一小部分废气由燃烧室进入曲轴箱，这些废气（窜气）的70%是没有燃烧的碳氢化合物（HC），这些废气会冲淡、劣化机油，并且还会腐蚀引擎机件。特别是在高转速下，严重的窜气更会造成活塞环与汽缸体之间的缺机油现象。

发动机曲轴箱窜气会导致燃油蒸气和水蒸气凝结，从而使机油变质，污染发动机零部件。如果窜气没有及时导出，发动机长时间工作将会导致曲轴箱内压力过大，易产生各接合部漏气、漏油的现象。同时，发动机功率随窜气量的增大而下降，油耗率随窜气量的增大而上升。因此，要减少和避免这些不利影响，必须采用曲轴箱通风系统，将发动机窜气送回到进气管并与新鲜混合气一起进入汽缸内燃烧。而由于窜气中带有机油颗粒，机油不能完全燃烧，因而会对排放产生负面影响。因此，必须采用油气分离器对曲轴箱通风系统内的窜气进行油气分离处理。

目前发动机大多数使用闭式曲轴箱强制通风系统，其集成化程度较高，主要由塑料汽缸盖罩、迷宫式油气分离器和膜片式压力调节阀组成，如图4-1所示。在系统中，汽缸盖罩不仅具有遮盖和密封汽缸盖、充当机油加注口等基本功能，而且还集成了油气分离器和压力调节阀，并作为曲轴箱通风的主要通道。曲轴箱空间一方面通过汽缸盖罩和通风管与进气管相通，另一方面又通过补气管与空气滤清器的净气室相通。在进气管真空度的吸引下，曲轴箱窜气通过通风管，

图4-1 曲轴箱通风系统的作用

经汽缸盖罩中的油气分离器和压力调节阀被吸入进气管。补气管则让干净的空气流入曲轴箱，以免曲轴箱内真空度过大。

三、宝马X1为何冷车后打死方向起步干涉耸车

车型：2013年华晨宝马X1小型城市SUV，配置2.0T发动机及德国ZF公司生产的型号为8HP-45型8速自动变速器。

故障现象：该车属于新车，行驶里程还不到10000千米，由于车辆进水在4S店更换了几乎全车控制单元（不包括变速器控制单元），编程、解防盗、匹配、自适应等试车一切恢复正常后交给用户。可用户在使用过程中不经意发现，在冷车状态下如果将方向向其中的一侧打死的情况下进行起步，车辆会出现阻力较大的类似于干涉的耸动现象，有点像四轮驱动系统的扭矩分配不均一样且带有干涉现象的存在。

检修过程：在4S站检查过程中发现变速器内部、前桥及分动箱内部均含有一定的水分，然后4S站给出的建议是前桥齿轮油可以更换，但变速器和分动箱内的润滑油只能更换试试再说，不行的话也只能更换变速器和分动箱总成。没有办法用户也只能尝试着把变速器系统的ATF润滑油更换了，但结果故障现象还是一点都没有减轻。在这种情况下经朋友介绍来检修。

针对进水的自动变速器仅仅靠多次换油是不能彻底解决故障根源的且还容易留有后遗症，应该按照进水变速器的标准修理方案来进行维修。这样征得用户同意决定分解变速器和分动箱进行规范检修。当把变速器从车上抬下来后就发现变扭器处有许多带有锈斑的地方（如图4-2所示），这说明该车辆之前浸水时的深度还是比较深的。

拆下变速器塑料油底壳

图4-2 变速器变扭器表面已经生锈

发现已经更换过一次的ATF润滑油依然还是乳白色的（如图4-3），正因为进水后变速器运转时间不长，否则一定会带来更多的故障现象，同时一些部件也肯定会受到伤害。继续分解变速器当把变速器、机电控制单元（阀体带控制单元）拆下后，在变

速器壳体上存留大量的类似于酸奶一样的乳白色物质（如图4-4所示）。所有的机械部件拆散后并没有发现损伤元件，包括密封圈和摩擦片看起来都还不错（如图4-5所示）。

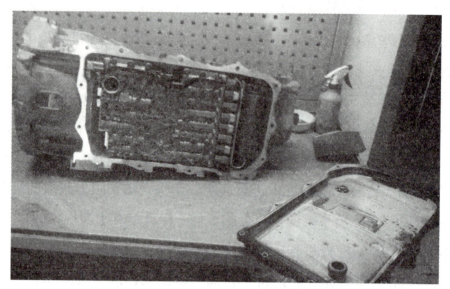

图4-3　变速器油底壳打开后ATF变成乳白色

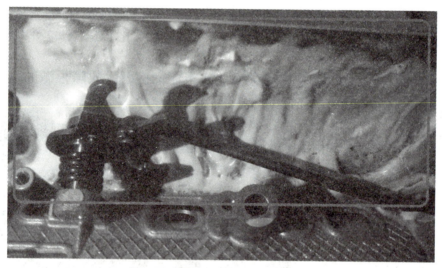

图4-4　变速器内ATF变成了"酸奶"

　　由于放出的分动箱润滑油也是乳白色的，因此决定分解清洗（如图4-6所示），分解分动箱后内部全是"酸奶"（如图4-7所示），考虑到分动箱内的零部件买不到，因此也只能通过清洗手段来恢复原有功能。

　　更换了所有密封元件以及所有摩擦片、带滤清器的油底壳，同时还更换了变扭器内部的油封和摩擦片等部件，可是装车添加ZF8速专用ATF油后试车却发现不用上路跑车，也不用管冷车还是热车且方向也没有完全打死的情况下，起步还是有严重的干涉感，如果不打方向则没有任何问题。看来问题要比原来还严重了，修来修去反倒严重了，按正常来说重新更换部件修理后问题应该减轻或排除，为什么还会加重了呢？既然跟打方向有关那应该还是跟分动箱有关，而跟变速器无关。分动箱也仅仅就是一拆一装，考虑到原来未维修时问题还没有这么严重也只是跟温度有关且现象也比原来严重了，应该是修出来的问题。

图 4-5　变速器彻底解体后的零部件状态

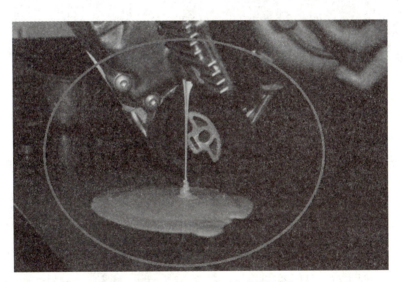

图 4-6　看看分动箱里面放出来的是什么

图 4-7　分动箱内全部是"酸奶"

153

再次将分动箱抬下来分解进行检查，直观上看并没有问题，可是仔细观察才发现是人为问题，那就是纯粹的装配问题，注意观察图4-8中位置的匹配，如果位置错误就会出现打方向后起步干涉的问题。重新正确组装，装车后试车一切正常，但在路试行车时每一个换挡点的感觉还是有点生硬，考虑到新更换的密封件、摩擦元件、新的ATF润滑油等需要重新自适应学习过程，于是进行了长时间的行车过程。但无论怎么跑换挡点的接合总是感觉差一些。

图4-8　更换的带滤清器的油底壳

故障排除：查阅相关资料及厂家曾给出的技术公告（如图4-9所示），重新维修的变速器需要利用专用诊断仪，将原来的自适应匹配值删除掉并重新确定新的自适应值，删除原有自适应值按照要求完成路试自适应过程后变速器所有换挡点变得平顺如丝，此时故障彻底得以排除。

原因：偶然情况不幸凑到一起，不是长期的状态。涉及的变速器系列：8HPxx。

措施：

不更换零件。处理客户投诉时删除变速器调校值。然后必须用有节制的驾车方式使车辆进入暖机状态，从而重新学习调校值。

图4-9　厂家的技术公告

故障总结：本来对于进水的自动变速器来说，问题解决起来还是比较容易的，只要按照进水变速器的维修标准流程进行修理即可轻松解决。但该车分动箱解体重新组装后，由于维修人员的疏忽导致装配上的错误，结果形成比原来还要严重的故障现象。但对于换挡点的冲击问题纯粹是跟软硬件间的匹配自适应有关，它不像过去传统类型自动变速器维修后一般通过简单的路试即可交车，新型多挡位自动变速器则不同，只要改变一些信息，如更换了摩擦元件、密封圈、ATF 等部件就必须让控制单元知道，此时要借助相应的诊断工具并结合相应的方法或手段完成匹配和自适应后，方可完成修理过程。

四、宝马 530Li 轿车怠速发抖

车型：2008 年宝马 530Li 轿车，车型为 E60，配置 N52 型发动机。

行驶里程：170000km。

故障现象：车主反映发动机怠速发抖、加速无力，行驶中偶尔闯车且特别费油，发动机故障灯点亮。

故障诊断：接车后发现发动机怠速不稳，连接 X-431 读取发动机控制单元（DME）故障码，显示若干混合气故障码，由于操作疏忽，没有及时记录下来就清除了。不过有一个故障码始终清除不掉，2D06- 进气系统故障。

这里我们有必要了解一下宝马该款发动机的怠速控制原理，该发动机通过气门机构控制负荷，在 VALVETRONIC 发动机的进气过程中节气门几乎一直开启。负荷控制通过进气门关闭时刻实现，结构原理如图 4-10 所示。

VALVE TRONIC 由可变气门升程控制和可变凸轮轴控制构成，VALVE TRONIC 可以任意选择气门关闭时刻。仅在进气侧控制气门行程，双 VANOS 凸轮轴控制则在进气侧和排气侧进行，控制进排气凸轮轴的打开和关闭的时刻，就是我们常说的可变正时系统。

功能：VALVE TRONIC 的中间推杆还装有用于偏心轴的滑动轴承。气门行程为 0.3~9.7mm。可变气门行程本身不需要节气门控制，但是装备 VALVE TRONIC 发动机仍需要节气门完成以下任务。

（1）燃油箱通风；

（2）曲轴箱通风；

（3）应急运行；

（4）催化转换器加热。

进入发动机控制单元（DME）读取数据如图 4-11 所示。

数据表明，怠速时空气流量偏差太大，有时甚至达到 9kg/h，而正常值在 14kg/h

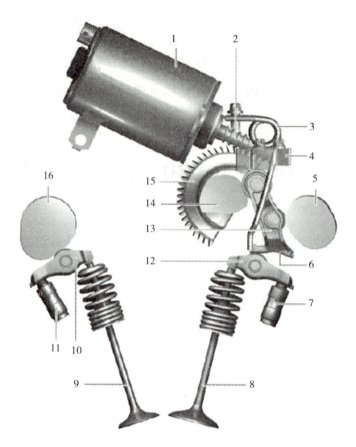

1.伺服电机 2.蜗杆 3.扭转弹簧 4.固定架 5.进气凸轮轴 6.斜台 7.HVA 8.进气门 9.排气门 10.滚子式气门压杆 11.HVA 12.滚子式气门压杆 13.中间推杆 14.偏心轴 15.蜗轮 16.排气凸轮轴

图 4-10 结构原理

左右，喷油脉宽偏高，进气压力偏低，显然发动机已经切换到了应急模式。

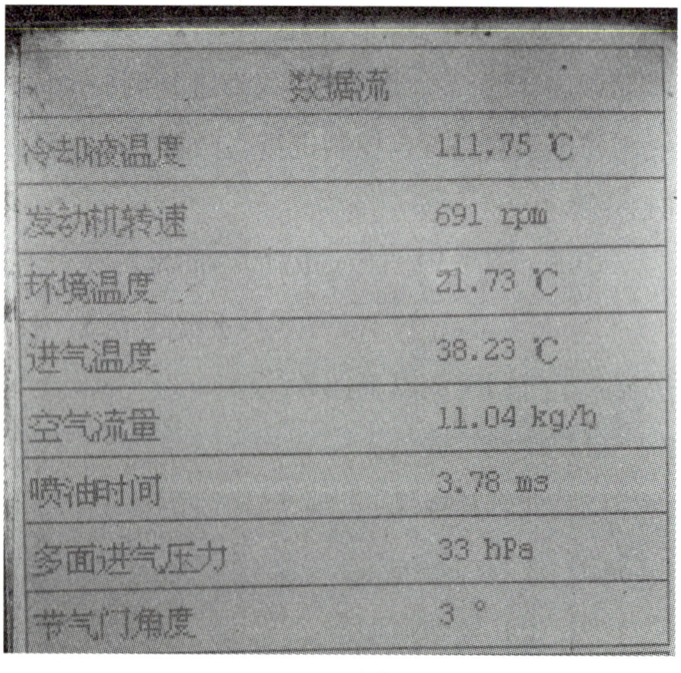

结合故障码 2D06- 进气系统故障，那我们就从进气系统开始查。首先进气量低，这里的进气量低是发动机控制单元（DME）得到的数值低，不代表实际进入汽缸的空气量。维修至此笔者发现一个规律，就是每清除掉一次故障码的时候，发动机转速就会上升。大约上升到 1000r/min，然

数据流	
冷却液温度	111.75 ℃
发动机转速	691 rpm
环境温度	21.73 ℃
进气温度	38.23 ℃
空气流量	11.04 kg/h
喷油时间	3.78 ms
多面进气压力	33 hPa
节气门角度	3 °

图 4-11 数据流

后慢慢下降，到 800r/min 左右的时候发动机喘动几下就降到 680r/min 左右了，随着故

障码就出现了。根据经验判断，当清除故障码之后，发动机进入正常工作状态，又因进气系统出现泄漏，进气量增加导致发动机怠速升高。发动机控制单元（DME）通过空气流量传感器给出的进气量（10kg/h 左右）进行喷油脉宽和气门关闭时间调整，当调整到极限时依然不能有效地把发动机转速控制在标准范围之内，所以发动机控制单元（DME）转换为跛行模式，由节气门控制发动机负荷。

据以上分析，进气泄漏造成了发动机故障，为了验证判断的准确性，笔者决定逐个拔掉并堵上进气歧管上的真空管，发现当堵住曲轴箱通风管的时候，空气流量数值突增，达到了 17kg/h，运行一段时间后，进气流量数值降到了 15kg/h。

下面寻找泄漏点，检查发现曲前油封周围有油污，拆下曲轴前皮带轮，发现上面缠绕着已经断了的发电机皮带，该车 1 周前在行驶途中发电机皮带发生了断裂，由于当时修理工没能及时清理干净断碎的皮带就换上了全新的发电机皮带，碎裂的皮带在曲轴皮带轮与缸体之间的间隙里经过挤压、缠绕，并最终破坏了曲前油封。正是因为被损坏的曲轴前油封漏气，导致曲轴箱内由弱负压变成了 100kPa 的标准大气压，过量的未经过空气流量传感器计量的空气通过曲轴箱通风系统进入进气管，虽然 VALVE TRONIC 系统可以通过调节气门打开的行程控制发动机的负荷，但是在怠速期间为了保证曲轴箱通风和清洗炭罐，节气门并不是完全打开，而是保持一定的开度，为进气管形成一定的真空。在这种情况下，节气门一定开度所对应的进气管压力就与控制单元中存储的数据相差太大，过量的空气使发动机在怠速时转速过高，控制单元通过对节气门的调节仍然不能有效控制怠速转速，就会存储故障记忆，并进入应急模式。更换曲轴前油封，并且检查发现怠速电机密封圈也老化，同时更换后故障未完全排除。

故障解决：更换老化的怠速电机密封垫，更换曲前油封，清理发动机油污，确认不再泄漏，清除故障码，清除发动机控制单元（DME）自适应值，故障解决。

故障总结：结合故障现象以及发动机实时的数据变化，进行有效的数据比对、分析，是解决汽车电控系统故障快速而又有效的方法。其实，故障出现的时候，氧传感器的数据已经反映出混合气稀了（标准电压在 2V 左右，而实际电压 1.4V）。

五、BMW 6HP26 变扭器故障

车型：宝马 750i，配置 ZF6H2P 变速器。

故障现象：车辆送修时，车子变扭器进水并且车子正常行驶 60~80km/h 时有抖动现象。

故障诊断：变扭器送至我处再制造。经剖切检查，发现变扭器锁止离合器摩擦片有进水脱落现象，以为摩擦片摩擦系数降低并且达到使用寿命，这样我们更换全新原厂摩擦片、O 形密封圈、唇形油封。客户装车试验，故障排除。到这里，我们以为结束了。不幸的是，车子使用不到 1 个月，车子行驶到 60~80km/h 抖动故障现象再次出现。

经分析，车辆抖动系变扭器锁止颤抖，按照下列步骤进行排除：

（1）首先查看数据流，看锁止离合器锁止油压是否正常；

（2）利用真空测试方法检测 TCC 锁止控制阀的真空度是否符合标准；

（3）对电控系统进行检测，阀体测试和电磁阀测试也都正常；

（4）变扭器再次做动平衡测试也都达到平衡指标；

（5）是否是 ATF 油级别达不到指标产生泄压导致颤抖；

（6）车辆其他方面（如发动机）等的影响。

按照上述步骤一一进行检查，没有发现异常现象，经过诊断仪检测和数据分析，此现象无故障码出现，但是读取变扭器锁止数据的时候发现有锁止锁不紧及锁止后马上分离再结合的现象，变扭器再次切割检查发现新换上的原厂 OEM 摩擦片外缘发黑。

初步判断是锁止离合器摩擦系数不当引起。根据变扭器摩擦系数与滑差的关系不难看出是锁止离合器摩擦系数引起故障。如图 4-12 所示，显示了在 3 种不同离合器中摩擦系数与打滑速度的关系。离合器 A 和 B 由于在 TCC 锁止过程中随着滑差数的降低而摩擦系数降低是不会引起锁止颤抖的，反而离合器 C 的摩擦系数随打滑

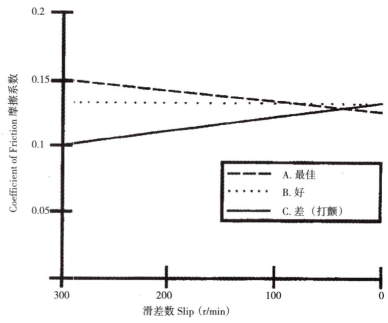

图 4-12　不同离合器中摩擦系数与滑差数的关系

速度下降而升高引起锁止颤抖，在这个过程中不会触发故障码的发生。

由于变扭器摩擦片的材料属于 OEM 原厂的，所以技术人员再次对变扭器检查，最终发现锁止离合器压板、钢片及前盖摩擦片接触面都磨得很光滑了，像镜面一样。摩擦系数与表面粗糙度有关。想办法增加表面的粗糙度也就成为唯一的解决方案，将钢片表面划成不规则的印记，增加粗糙度的方法处理好焊接后直接装车调试，问题得到解决。

钢片的目视检查对于表面粗糙度的描述并不是最佳的。钢片 A 和钢片 B（如图 4-13 所示），具有同样的表面粗糙度，因为它们从钢片表面到峰点和谷点的距离是相等的。可是钢片 B 表现得更光亮，这是因为它的"平顶"会更好地反射光线，就如同一面镜子一样。钢片 A 虽然看起来更好（暗淡表面），但是锋利的峰点会在接合期间引起更多的磨耗。新的摩擦片把尖端磨耗掉自然也就粗糙度降低了，也就产生了上述的外圈变黑的现象，从而产生了时而抖动的现象。

图 4-13　钢片 A 和钢片 B

故障总结：摩擦片外圈变黑的原因是因为在锁止过程中摩擦片的外端面先接触，先进行受热，一直处于打滑和非打滑的状态造成了摩擦片外边缘发黑的现象。由之前的整个过程分析我们可以得出，变扭器的再制造是一个看似简单但实际非常复杂的修复过程，从摩擦材料的选择到零部件的检修以及故障点的判断，都是难点。上述方法只是维修过程中的一种解决方法，但是不能应用于变扭器的生产制造，增加摩擦系数使变扭器达到标准的扭矩传递效率，扭矩传递效率的检测也成为变扭器研发的新型项目，也是衡量变扭器制造标准的唯一指标。

第五章　通用雪佛兰车系

一、别克君威无倒挡

车型：2010 年别克新君威轿车，配置 2.0L LTD 发动机和 GF6 自动变速器（GF6 是通用汽车和福特汽车于 2002 年合作开发的自动变速器，由变矩器、三组行星齿轮组、机械式离合器、液压控制系统和电子控制系统组成，提供 6 个前进挡和一个 R 挡，用于装配前轮驱动车型），行驶里程 110000km。

故障现象：车主反映该车挂 R 挡不走，挂前进挡行驶时变速器不能换至高速挡，最后发动机故障灯点亮挂前进挡和倒挡均不能行驶，于是将车拖至我处检查。

故障诊断：连接通用专用诊断仪 GDS 发现发动机模块内存有 P0700 变速器控制模块请求故障指示灯点亮。变速器模块内存有 P0742 变扭器离合器卡在关闭位置，P0776 离合器压力控制电磁阀 2 卡滞 2 个故障码。清除后，车辆挂 D 挡可以行驶，倒挡仍没有，路试时发现变速器升 3 挡时发动机空转，同时 P0776 故障码再次出现，故障模式下车辆无跛行模式前后挡均不能移动。

查阅资料得知该款变速器设计有跛行模式（跛行模式是指当变速器控制单元检测到故障时为保护变速器将禁止变速器换挡，同时提供一个倒挡和一个前进挡的应急挡位以便汽车可以开回家或是到附近的汽修厂进行修理，该变速器跛行模式锁定 5 挡），

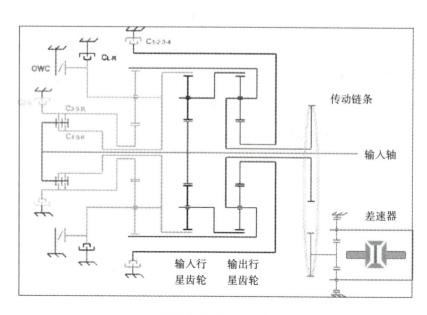

图 5-1　变速器线路图

如图 5-1、表 5-1、表 5-2 所示。综合故障现象和变速器构造分析认为该车在 3 挡、5 挡和倒挡同时用到 C3/5/R 离合器，该离合器由离合器压力控制电磁阀 2 控制，认为故障原因可能是：（1）离合器压力控制电磁阀；（2）油路板；（3）C3/5/R 离合器。

表 5-1　挡位表 1

挡位杆	挡位	C4-5-6	C3-5-R	C2-6	CL-R（OWC）	CL-R	C1-2-3-4
P	P					结合	
R	R		结合			结合	
N	N					结合	
D	1st				Holding		结合
	1st				Holding	结合 *	结合
	2nd			结合			结合
	3rd		结合				结合
	4th	结合					结合
	5th	结合	结合				
	6th	结合		结合			

*– 发动机制动时
Holding– 单向离合器保持

表 5-2　挡位表 2

挡位	换挡电磁阀 1	1-2-3-4 挡离合器压力控制电磁阀 5N.L	2-6 挡离合器压力控制电磁阀 4N.L	3-5 挡倒挡离合器压力控制电磁阀 2N.H.	低速挡倒挡 4-5-6 挡离合器压力控制电磁阀 3N.H.	传动比
驻车挡	通电	断电	断电	断电	通电	—
倒挡	通电	断电	断电	通电	通电	2.940
空挡	通电	断电	断电	通电	通电	—
1 挡制动	通电	通电	断电	断电	通电	4.584
1 挡	断电	通电	断电	断电	断电	4.584
2 挡	断电	通电	通电	断电	断电	2.964
3 挡	断电	通电	断电	通电	断电	1.912
4 挡	断电	通电	断电	断电	通电	1.446
5 挡	断电	断电	OFF	通电	通电	1.000

故障排除：本着从简到繁，先易后难决定先检测变速器控制模块离合器压力控制电磁阀 2，放油发现油内铝屑过多，认为内部零件存在损坏，于是将变速器分解，发现变速器内部的 C3/5/R 离合器已损坏，结合先前的判断认为正是由于该离合器的损坏造成该车无相应挡位。将变速器维修后装车试车依旧无倒挡，变速器模块内部无故障码存储，维修人员怀疑原车变速器控制模块的离合器压力控制电磁阀 2 存在问题，于是更换控制模块总成，编程后发现依旧无倒挡，于是询问笔者。笔者接车检查后试车

发现前进挡 1-6 正常，唯有倒挡没有，加之控制模块已更换，可以将 C3/5/R 离合器和控制模块的换挡电磁阀 1 的原因排除掉。结合换挡资料分析问题可能出现在 CLR 离合器或相关的控制油路上，于是将阀体拆掉，对变速器的 CLR 进行压力测试，压力数值在正常范围。可以认为阀体可能存在故障，于是对阀体进行拆检，发现控制倒挡的离合器阀卡滞在关闭位置，结合油路确认正是此阀的卡滞造成倒挡的 CLR 活塞的油路无法建立。对此阀处理装配后各挡位正常故障排除。线路图如图 5-2 所示。

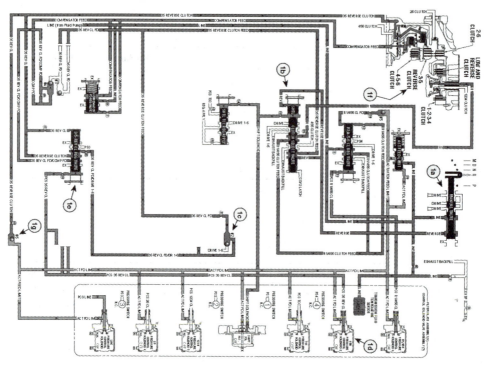

图 5-2　线路图

故障总结：由于维修时对阀体的检查不彻底，产生后续的不必要的工作量。细节出精品、细节决定成败，只有处理好小事才能保证维修产品的品质和质量。

二、别克陆尊锁挡

车型：2008 年别克陆尊，配置 3.0L LZC 发动机，变速器 4T65E。

行驶里程：153083km。

故障现象：不管变速器挂挡杆怎么挂挡，挡位都是一直显示在 1 挡位置不动。路试时出现不升挡，锁在 3 挡现象，挂挡冲击大。

故障诊断：路试车辆，果然有锁挡的情况，车辆无论起步还是行驶都始终锁在3挡，变速器进入锁挡模式运行，一定是变速器的控制系统出现了较严重的问题，因此先用诊断仪读取故障码。

用红盒子故障诊断仪，检测自动变速器系统，发现根本进不去，通信不上。这种解码器进不去的故障，应该是变速器控制单元、控制单元电源、搭铁或是诊断通信线等有问题，于是在主驾驶座位下面的胶皮下面找到变速器控制单元，先检查电源、搭铁线，拆下控制单元发现插头里面有腐蚀的痕迹，特别是有几根针都腐蚀得要断了。本着快速修车的原则，先解决明显的故障，最明显的就是控制单元进过水或是长时间在密不透风的环境下有潮气腐蚀所以就损坏了，于是就决定用替换法，更换一块变速器控制单元。在更换控制单元之前先确定了变速器控制单元的电源及搭铁线，49号针脚是变速器控制单元的负极搭铁线，找了根线接到搭铁上，11号、31号、32号分别是长时间有电、打开钥匙后有电和发动机启动后有电的电源，确认无误之后，从其他同款车上拆下来一块控制单元换上，打开钥匙用诊断仪开始诊断，现象居然一模一样，没有任何改变。

现在故障应该锁定在变速器控制单元的诊断线路上，于是在一番冥思苦想之后决定用一种最笨的方法试试，就是不通过控制单元这边的线束插头，直接把插头上面的线和控制单元上的线接几根试试。在资料上看到线束插头的6号脚和7号脚是CAN通信线（如图5-3所示），在OBD诊断插头上找到对应通信线针脚14号和6号互相连接，准备就绪之后用红盒子故障诊断仪开始诊断，选项进入自动变速器系统，一下子就进去了，再看仪表盘上的挡位指示灯也在P挡的位置了（如图5-4所示），挂到每个挡位指示灯也显示正确，内心真的好激动啊，故障点找到了，就在和控制单元连接的插头上，把插头敲碎了看到里面的针脚严重腐蚀

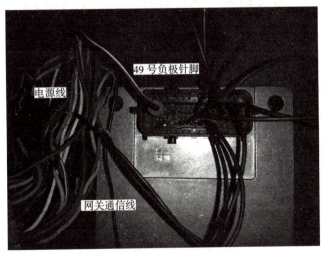

图5-3　线束插头

（如图5-5所示）。由于总成线束成本高的问题，从其他渠道弄来了这个插头，按顺序接好，用原车的控制单元插上，诊断仪又进不去系统了。但是挡位指示灯是正常的，难道随着插头里面的针脚慢慢腐蚀控制单元也跟着损坏了，之

后换了一个新的控制单元，编好程，路试一切正常，问题彻底解决。以后大家遇到类似问题时不要盲目地更换配件，从细节入手分析到位，才能少走弯路。

图5-4　挡位指示灯在P挡

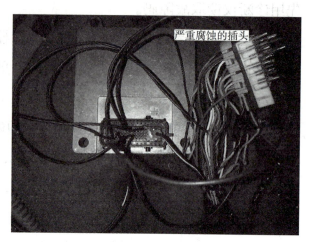

图5-5　针脚严重腐蚀

三、别克 GL8 挡位显示不正常

车型：2004 年别克商务 GL8。

VIN：LSGDC82C44S××××××

故障现象：挡位只有 N 挡、D 挡和 1 挡显示，其他挡位均没有显示，车是另一修理厂送来的，已经更换过空挡启动开关、仪表和发动机控制模块 PCM，但都不好用。

故障诊断：之前从未遇到这种情况，还是先查一下线路图吧，看看挡位显示是从哪个开关过来的，可是查询了仪表系统的线路图，里面根本就没有挡位显示的线路，再看自动变速器的线路图，变速器挡位开关的 A、B、C、P 信号和变速器油压手动阀位置开关（TFP）的 A、B、C 信号是控制挡位的信号，这几个信号全都是给发动机控制模块 PCM 的，挡位开关的 A 信号送给 PCM 的 C2 插头的 18 号脚，B 信号送给 PCM 的 C1 插头 68 号脚，C 信号送给 PCM 的 56 号脚，P 信号送给 PCM 的 C1 插头 16 号脚，液压手动阀开关（TFP）信号的 A、B、C 信号分别输入在 PCM 的 C1 插头的 22、57、17 号脚，无一例外地都进了 PCM，那挡位显示也就是由 PCM 来控制的。

仪表与 PCM 之间的通信又是通过什么方式呢？用检测仪提取一下动力系统的故障码，有 2 个，分别是 U1096 和 U1300，U1096——与仪表板组合仪表失去通信；U1300——2 级数据链接低压。两个故障码都是与数据线有关的，挡位显示就应该是

PCM通过数据线与仪表通信，仪表接受PCM传输的挡位数据，从而点亮相应挡位的指示灯。现在通信的2级数据线有问题，那挡位显示肯定也会受到影响，就先查2级数据线。调出相关线路图，仪表的数据线是C2插头F脚，是一条灰色的线。另外这条线在接头组SP205处跟钥匙确认系统、驾驶员信息显示、安全气囊、PCM、ABS模块等连接在一起，同时诊断座的2号脚也和这一组数据线相连，也就是说检测仪是通过诊断座的2号脚和车辆上所有这些与接头组SP205相连的模块通信的。检测仪可以分别与PCM和仪表系统通信，可以排除数据线的问题了。

诊断至此，故障范围又缩小了，现在最有可能的是挡位开关和液压手动阀开关（TFP），然而液压手动阀开关是压力控制的，可是挡位显示在打开钥匙的时候就有显示，应该和液压手动阀开关没什么关系。这几个开关的状态是可以通过检测仪读出来的，用检测仪和车辆相连，打开钥匙，不启动车，进入动力系统数据流，再选择变速器数据流，选择变速器数据，先看变速杆位置开关信号的A、B、C、P信号：

P挡时：信号A——高，信号B——高，信号C——高，信号P——低。

R挡时：信号A——高，信号B——低，信号C——高，信号P——高。

N挡时：信号A——高，信号B——低，信号C——高，信号P——低。

D4挡时：信号A——高，信号B——低，信号C——低，信号P——高。

D3挡时：信号A——高，信号B——低，信号C——低，信号P——低。

D2挡时：信号A——高，信号B——高，信号C——低，信号P——高。

D1挡时：信号A——高，信号B——高，信号C——低，信号P——低。

查阅维修手册，看看标准值是多少，对比一下，结果发现问题了，下面是标准值：

P挡时：信号A——低，信号B——高，信号C——高，信号P——低。

R挡时：信号A——低，信号B——低，信号C——高，信号P——高。

N挡时：信号A——高，信号B——低，信号C——高，信号P——低。

D4挡时：信号A——高，信号B——低，信号C——低，信号P——高。

D3挡时：信号A——低，信号B——低，信号C——低，信号P——低。

D2挡时：信号A——低，信号B——高，信号C——低，信号P——高。

D1挡时：信号A——高，信号B——高，信号C——低，信号P——低。

两者一对比，发现信号A无论在哪个挡位，始终处于高位，而故障现象是N挡、D4挡和D1挡显示正常，也就是说，只有信号A在高位的挡位显示正常，其他的挡位不显示，拔掉挡位开关插头，信号 A、信号 B、信号 C 和信号 P 全部显示高，所有挡位都不显示。用万用表测量挡位开关插头的 4 根信号线，黑/白色的信号 A 端子没有电压，其他 3 个端子有 11V 左右的电压，查看线路图，信号 A 连接 PCM 的 C2 插头的 18 号脚，用万用表测量这根线的通断，结果是处于断路状态，把这两个端子间的连线连接起来，再挂挡，挡位显示一切正常，故障排除。

四、别克荣御自动变速器为何空挡还往前行驶

车型：2005 年上海通用别克荣御轿车，配置 V6 2.8L 发动机及 GM 公司生产的型号为 5L40E 型 5 速自动变速器。

故障现象：初期没有见到车之前送修厂通过电话对故障现象进行了描述及初检情况。该车主要故障现象体现在没有倒挡和空挡，当选挡杆挂在倒挡和空挡时车辆依然往前走，也就是倒挡和空挡都变成了前进挡，而选挡杆挂在"D"位置所有前进挡又是正常的。送修理厂初步检查了 ATF 润滑油的情况，据他们讲，油的颜色品质很好并没有烧损迹象，所以他们初步怀疑是阀体液压油路出现了故障，这样他们将车开到我们厂进行进一步的检修。

接车后我们通过试车得到真实的故障现象是：选挡杆在空挡时车辆缓慢前行似乎就是 1 挡的速度；挂倒挡时有接合感觉但松开制动有运动干涉感觉车不走，加油门后车辆开始也是缓慢前行但走起来以后明显感觉速度很快，似乎达到了 3 挡、4 挡的速度。于是挂"D"位置进行前进挡的道路试验，首先我们发现变速器在升降挡时均有很硬的冲击感觉，其次在加速行驶过程中根据发动机转速及实际车速进行对比，似乎并没有最高挡 5 挡，虽然通过故障诊断仪的监控指令上看控制单元已做出换 5 挡的命令，也有升 5 挡的感觉（干涉一下），但速度并不是 5 挡的车速。为了验证是否有 5 挡我们通过选挡杆来进行手动换挡试验，当拉到一定车速时将选挡杆来回在"D"位置和"4"位置切换，此时观测发动机转速的波动以及实际车速的明显变化。通过手动换挡试验确定该变速器并没有 5 挡，也就是说，只有 1-4 挡和 4-1 挡的切换。利用诊断仪仅得到一个故障码 P0742 变矩器离合器（TCC）卡滞接通。此车选挡杆如图 5-6 所示。

故障诊断：根据该变速器换挡执行元件分配表的功能以及动力传递路线首先看空挡，当选挡杆置于空挡位置时所有换挡元件都不参与工作过程，因此正常情况下输入

轴与输出轴之间不会形成动力连接，如果此时的空挡变成前进挡只能说明前进挡的某个元件参与了工作过程，但从实际动力传递路线中分析确定一个动力挡位至少需要两个换挡执行元件，那么即便油路出现了故障也不应该同时有两个元件参与的可能，再加上实际情况（空挡时可实现2挡速度），所以只有前进挡离合器

图5-6　别克荣御选挡杆功能

CC或FC在空挡工作后才能使车辆前行实现1挡功能。接下来我们再分析一下倒挡：挂倒挡后车辆有接合感觉并有倒车趋势，说明倒挡元件确实参与了工作，松开制动后明显感觉到车辆处于干涉状态，又说明变速器内部除了倒挡元件参与工作外，前进挡的某个元件也参与到工作中，加油门后车辆前行且速度还很快，这又说明两个输入元件（倒挡离合器和前进挡某一离合器）工作后可实现直接挡功能，但肯定会对倒挡的制动元件带来伤害。再根据动力传递路线进行分析，只有前进挡离合器CC或FC工作后分别与倒挡离合器RC形成的另外一个前进挡。最后咱们再来分析没有5挡的原因：5挡是超速挡，因此当控制单元指令换5挡时，离合器CC和FC应停止工作取而代之的是制动器OB，这时出现的运动干涉感觉其实就是OB参与工作后带来的，而车速并没有变化依然还是4挡时速度又说明离合器CC和FC还在工作中。结合以上分析，争议最大的焦点就是离合器CC和FC为什么在不该工作的时候工作了（空挡、倒挡和5挡）。因此故障的可能原因就在于：（1）液压控制单元（阀体）故障始终打开离合器CC和FC的油路；（2）两个离合器的机械故障导致它们像焊接一样粘连在一起。此车各挡位动力传递简图如图5-7~图5-19所示。

　　维修步骤还是按照先简后难的流程进行，大家还是想先看看阀体是不是真正出现了问题。当维修工排放ATF润滑油时大家都惊奇地发现油是黑乎乎的且有很浓的焦煳味，并不像送修理厂人所说的那样油质非常好。另外当把油底壳拆下来时又发现其内存有黑色粉末状的细小颗粒（如图5-10所示），看来变速器需解体维修了。

　　解体变速器后发现正如前面我们分析那样，共用一个离合器鼓的CC和FC离合器粘连在一起不能分开且使输入轴与该离合器内转鼓间不能分离（如图5-11所示），

167

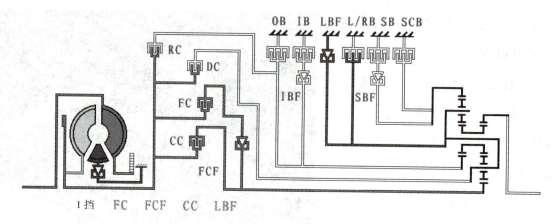

图5-7　1挡动力传递简图

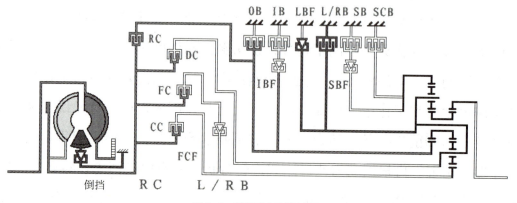

图5-8　倒挡动力传递简图

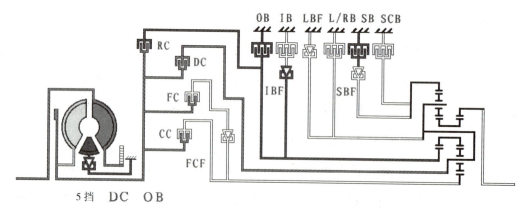

图5-9　超速5挡动力传递简图

图 5-10　油底壳内的黑色粉末

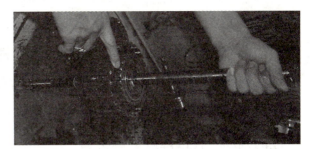

图 5-11　粘连在一起的输入轴和 CC/FC 离合器内转鼓

强行打开后发现 FC 离合器烧得最严重的摩擦片与钢片间死死地粘在一起，很难把它们撬开（如图 5-12 和图 5-13 所示），同时低倒挡制动器 L/R 和超速挡制动器 OB 也已烧损（纯粹是干涉导致烧损的），如图 5-14 所示。

图 5-12　难以撬开的离合器摩擦片和钢片

图 5-13　撬开部分的摩擦元件但摩擦材料早已磨光

图 5-14　烧损的低倒挡制动器

故障排除：按照大修标准更换了 CC 和 FC 离合器鼓总成、PC 和 TCC 电磁阀及大修包等，并维修了变扭器，故障得以彻底排除。

故障总结：机械故障导致的特殊故障现象，维修容易分析难。通过该案例再一次说明当前维修工作中诊断分析环节的重要性。倒挡和空挡在什么情况下可能会变成前进挡，两个挡位所形成的前进挡传动比为什么会不一样，5 挡的指令虽有为何不能正常运转等，我们都可以通过实际现象并结合理论进行科学规范化的分析，最终形成结论性的判断，使故障顺利解决。

五、别克新君威变速器无高速挡

车型：新君威，配置 2.0T ECOTEC LDK 发动机 和 AW TF-80 6 速变速器。

VIN：LSGGA53F2AH×××××。

故障现象：客户将车拖至我处，反映该车之前因事故造成变速器阀体损坏，更换全新的阀体、线束及变速器前盖后出现换挡冲击和 3 挡升 4 挡打滑，为此对该变速器解体检查维修，没有发现明显的故障点，装配后故障依旧没有改善。

故障诊断：接车后检查变速器油位油质正常，连接 GDS2 全车诊断，发动机和变速器等主要模块均无故障记录，试车发现该车入挡冲击，1 挡升 2 挡、2 挡升 3 挡冲击严重，3 挡升 4 挡变速器打滑。该变速器是爱信生产的 6 速变速器，该款变速器特点是挡位开关采用霍尔式与 TCM 集成一体（如表 5-3 所示），根据厂家要求该类变速器如果更换变速器和 TCM 或者软件进行过刷新，一定要完成数据初始化学习和 N 挡位学习程序。

N 挡位置学习程序具体操作如下：

·如果更换变速器和 TCM，一定要完成数据初始化学习和 N 挡位学习程序。

·停止车辆挂入 P 挡，塞住车轮，点火开关 ON 发动机关闭。

·将挡位挂入 N 挡。

·检查 TCM 上 N 挡位记号位置是否正确。

·用检测仪，输入 N 挡位指令，如果输入成功，把挡位移动到 P 挡位，关闭点火钥匙，5s 后打开到 ON 位置。

·把挡位从 P 移动到 D 位置，检查挡位显示是否正确。否则执行 N 挡初始化学习程序。

表 5-3 AF40-6 与传统变速器比较

	AF40-6 （位置传感器集成在 TCM 内部）	传统形式（NSW）
元件	TCM 和 NSW 集成单元 位置传感器	TCM 和 NSW 分离元件
识别挡位方式	非触点式 （通过霍尔电路检测信号 C） 位置传感器	触点式 （通过移动接通触点）

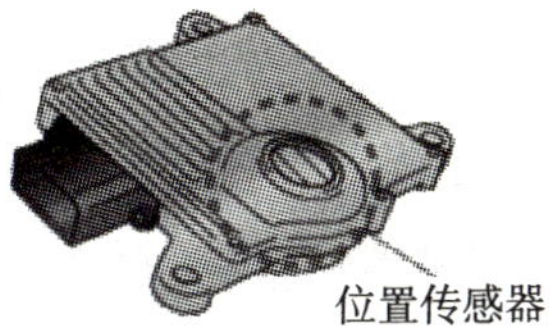

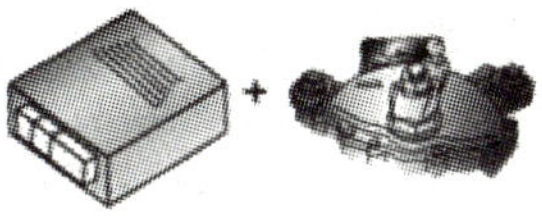

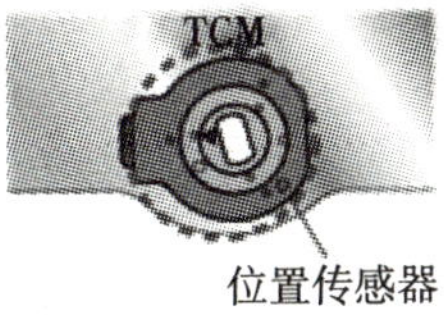

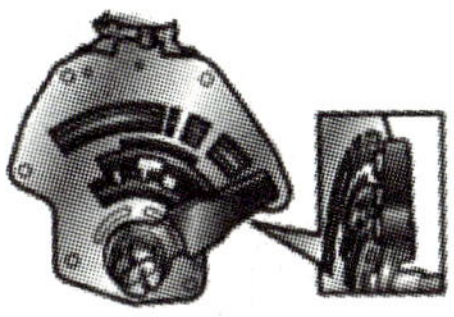

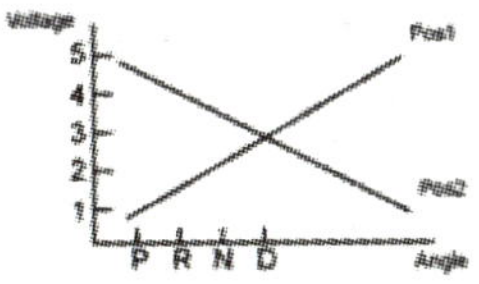

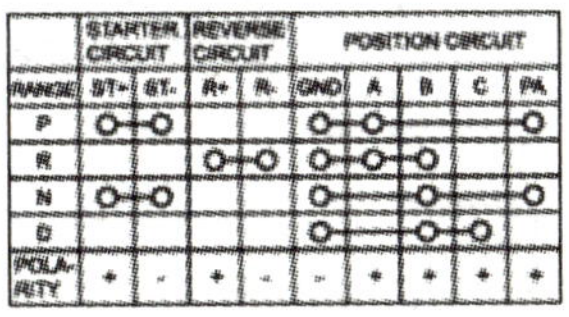

初始化学习具体操作如下：

（1）升温。检查变速器油温，是否在 66~110℃ 范围，否则无法完成初始化学习。

（2）车间换挡学习。踩住制动并将挡位保持在 N 挡 3s，然后将挡位从 N 挡换到 D 挡并保持 3s，重复上述步骤 5 次，然后以同样的方式重复 N → R 5 次。

（3）换挡控制学习。

在 D 位置，控制节气门开度在 25%~30% 范围，驾驶车辆直到升到 6 挡并且车速达到 110km/h 或更高，然后释放加速踏板滑行，在至多 60s 内让车辆停止，重复上述程序 10 次。

（4）检查学习结果。以不同的车速驱使车辆，检查换挡冲击感并同学习程序开始前进行比较，如图 5-15 所示。

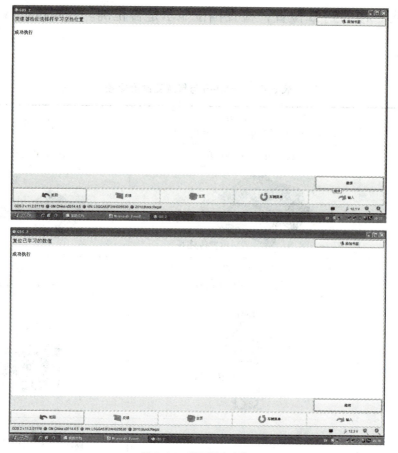

图 5-15　学习程序完毕

对变速器成功地执行上述程序，除了入挡冲击感消失，其他故障依旧。

根据工作元件对照表（如表 5-4 所示）分析发现 3-4 挡打滑或由 SLC2 电磁阀、C2 离合器、相关油路故障或 TCM 本身导致。为了确认故障点打算更换阀体总成，顺便对相关离合器进行压力检测。刚拆下变速器前盖发现 S1 和 S2 的线束装反了（如图 5-16 所示，底部为 S1- 外边为 S2），手头资料只是说这两个电磁阀在手动 1 挡同时工作提供发动机制动功能，没有其他详述，按照工作部件图来看既然是同时工作插反好像都不应该对变速器有影响，不管怎样先把线束按正确的方式连接试车。

故障排除： 把插反的 S1 和 S2 电磁阀插头按正确的方式连接，试车入挡、升降挡正常，至此故障排除。试车时观察 S1 和 S2 数据发现，这两个电磁阀并不是如元件工作表所示的那样只是在倒挡工作，而在前进挡与换挡过程中交替工作，来实现不同的挡位。

172

表 5-4　工作元件对照表

工作	○
不工作	—
N 控制时工作	△

挡位		电磁阀						离合器			刹车		单向离合器
		SLC1	SLC2	SLC3	SLB1	S1	S2	C1	C2	C3	B1	B2	F1
P		○	○	○	○	—	—	—	—	—	—	—	—
R	V < 7	○	○	—	○	—	—	—	—	○	—	○	—
	V > 7	○	○	○	○	—	—	—	—	—	—	○	—
N		○	○	○	○	—	—	—	—	—	—	—	—
D	1ST	—	○	○	○	—	—	○	—	—	—	—	○
	E/G B	—	○	○	○	○	○	○	—	—	—	○	—
	2ND	—	○	○	—	—	—	○	—	—	○	—	—
	N 控制	△	—	—	△	—	—	△	—	—	△	—	○
	3RD	—	○	—	○	—	—	○	—	○	—	—	—
	4TH	—	—	○	○	—	—	○	○	—	—	—	—
	5TH	○	—	—	○	—	—	—	○	○	—	—	—
	6TH	○	—	○	—	—	—	—	○	—	○	—	—

锁止离合器操作发生在 2-6 挡之间

图 5-16　S1 和 S2 装反了

173

故障总结：又是一起人为疏忽导致的故障，爱信的 6 速变速器内部线束排列无规则且防错设计不足（大众的 09G 也容易出现插头插错的情况），建议维修该系列的变速器拆卸前一定仔细标记，避免出现此类问题。

六、雪佛兰科鲁兹变速器案例

车型：2010 年雪佛兰科鲁兹 CF6。

行驶里程：53149km。

VIN：LSGPC54R9A××××××。

故障现象：据客户描述车起步后行驶过程时发动机转速高，车速起不来，行驶后正常。

故障诊断：先进行路试，利用手动模式和看数据得出的结论是，变速器原来没有 2 挡和 3 挡，也就是说，从 1 挡直接换到 4 挡（2 挡和 3 挡没有换挡感觉也不打滑）。

（1）先用解码器（x431）进行解码，变速器的故障码为：

① P0873 变速器油压力关 C 回路高压；

② P1751 换挡电磁阀 A 性能；

③ P2714 变速器液压力控制电磁阀 D 性能或卡在关的位。

（2）对该故障码翻阅资料得知，P0873 换挡电磁阀通过打开或关闭变速器液压控制阀来控制通往变速器离合器的液压，以控制其分离和结合，从而实现换挡。准确控制变速器液压对于平稳换挡非常重要。变速器液压（TFP）传感器的作用是将变速器液压以电信号的形式输送给变速器控制模块（TCU），作为变速器液压控制电磁阀工作的参考依据。

P1571 换挡电磁阀通过打开或关闭变速器液压控制阀来控制通往变速器离合器的液压，以控制其分离和结合，从而实现换挡。该故障码的故障原因包括变速器油油面太低、变速器油太脏、换挡电磁阀机械故障，电路、接头或变速器控制模块（TCM）故障等。

P2714 换挡电磁阀通过打开或关闭变速器液压控制阀来控制通往变速器离合器的液压，以控制其分离和结合，从而实现换挡。准确控制变速器液压对于平稳换挡非常重要。压力控制电磁阀的作用就是控制变速器液的压力。该故障码的原因包括压力控制电磁阀本身、电路、接头等。同时要注意，变速器控制电磁阀故障有些情况下并不是因为电子问题，而是由于管路阻塞或者是机械方面的问题。好多时候，仅仅因为变速器油太脏就会造成很多这方面的故障。

（3）根据以上的分析判断，可以修变速器，在检查变速油时发现油有点脏，没有烧焦的糊味。

（4）会不会是油脏以后电磁阀发卡，工作不好？

（5）刚好该变速器 TCM 在变速器本身，那是不是油路阻塞或者 TCM 模块出现问题呢？

（6）是不是离合器打滑了呢，或者中间的油路泄压呢？

（7）当然不能放过油路板的可能。

解体变速器得知离合器方面没有问题，仔细检查每个元件，由于时间问题先组装好内件并进行打压。

变扭器维修，离合器及制动器压力值都正常，特别是 1-2-3-4 挡制动器、阀体没有问题，打开电磁阀发现电磁阀工作面上有很多铁粉，先处理这些铁粉，清洗干净后试车看能否成功。因为之前报的码应该与故障很有关系，试车发现，3 挡有了，1 挡换 2 挡还是打滑，其他正常。

故障排除：更换模块总成，冷车和热车都没有问题。

故障总结：该款变速器输入鼓和控制模块虽然是通病，但像电磁阀可以清理干净并检查装车的。

七、君威升挡打滑

车型：2004 年别克君威，配置 2.5L 发动机和 4T65E 变速器。

行驶里程：246000km。

故障现象：车子正常行驶时 2 挡升 3 挡、3 挡 4 挡打滑，行驶一段时间后前进挡和倒挡都不走车，待车温度降下来后还能正常行驶，车子热后再次出现不走车现象并且无故障码。

故障诊断：拆解变速器时发现，变速器输入鼓和 2 挡毂摩擦片及钢片都烧蚀严重，连体蓄压器有一根弹簧断掉，拆解油格发现内部有严重的摩擦片烧蚀的残留物以及铝粉，油质颜色发黑，油底壳内有大量的摩擦片烧蚀的杂物。

车子一会儿正常行驶一会不能行驶的问题是由于油底壳中有大量的摩擦片烧蚀的残留物，当车子启动的时候，油格的进油口吸入大量的残留物，吸到一定的量时，进油口已经完全堵死，车子也就无法行驶。当停车熄火一段时间，残留物进行沉淀，这样车子还能够继续行驶。按照上述的原则，可以肯定的是因为油底壳中存在大量的残留物，也就说明，摩擦片肯定烧蚀严重。

再进行分析弹簧断裂的原因，仔细检查发现，此断掉的弹簧与蓄压器弹簧的接触面有很多不规则的划痕，新旧弹簧仔细进行对比发现，此车上面的弹簧相比样子一样但是比原厂的弹簧粗了一些，内径与原厂的弹簧相比略小一些，不能放置到活塞槽中，这样活塞正常运动时弹簧的受力不均匀，导致弹簧断掉，也就会出现车子打滑摩擦片烧蚀。

经分析，原来此变速器出现过 P1811 最大适配和常换挡的故障码，维修一般都加装弹簧，消除故障码，但是这个变速器改装的技师，直接加装一个比原来粗的弹簧来改变适配压力，改装的弹簧错误，也就会使其接触的表面有不规则的划伤。更换整体连体蓄压器，修复阀体，问题解决。

故障总结：蓄压器活塞上的伤痕成为解决此问题的关键所在。按正常的情况，要进行弹簧的弹力测试，这样就会知道弹簧工作中发生疲软，阀体上的弹簧也更加需要进行检测。另外 P1811 故障码的问题就是系统压力泄漏所造成的，加装弹簧只是一种补救的方法，在再制造生产中是不允许的，问题的根本原因就是蓄压器活塞与导杆处磨损引起泄压和阀体本身存在泄压，修复阀体以及蓄压器活塞，问题从根本解决。

第六章 福特车系

一、新福克斯空调间歇式延时制冷

车型：C346 1.6AT，手动空调。

行驶里程：2500km。

故障现象：客户反映此车间歇性出现开空调大概15min后压缩机才制冷，工作后制冷效果良好，其他空调系统功能一切正常。

故障诊断：依据SSCC法则：①故障现象验证；②故障系统识别；③故障部件识别；④确认故障原因。

（1）确认故障现象：启动车子后，开启空调鼓风机开关，按下A/C开关，压缩机正常工作；考虑到车主反映故障偶尔出现，即15min后压缩机电磁线圈才通电吸合压盘，所以先分析车载空调系统的组成。

（2）故障相关系统：车载空调系统分为制冷系统、暖风系统、通风与空气分配系统、控制系统。分析该故障现象应是由于空调控制系统部件出故障引起的。此车的空调制冷控制系统工作原理如图6-1所示。

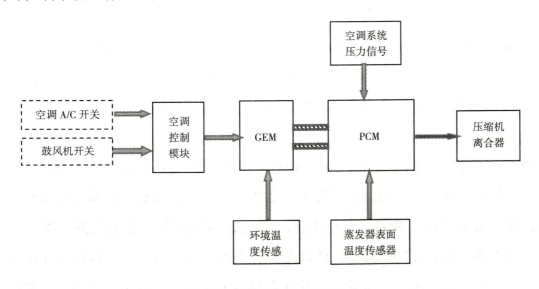

图6-1 空调制冷控制系统工作原理

其工作过程是 GEM 接收到空调控制模块开启空调的请求信号以及当时的环境温度信号后，通过 CAN 网络线传送给 PCM，PCM 再结合自身接收到的蒸发器表面温度信号、空调系统压力信号来做出判断，若满足条件则使空调压缩机电磁离合器继电器通电（环境温度低于 4℃、空调系统压力过低或蒸发器表面温度低于 0℃，只要满足一个条件 PCM 控制压缩机不工作）。

（3）故障部件识别：通过查看电路图（如图 6-2 所示）和分析空调制冷系统控制原理，引起此故障现象的原因有以下几种可能。

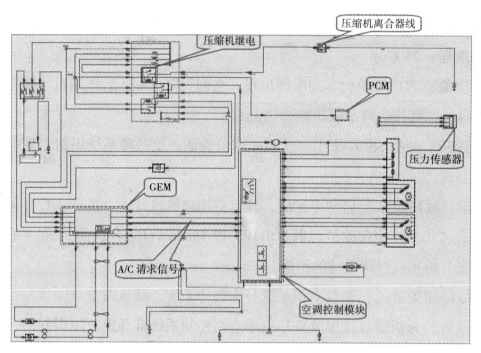

图 6-2　空调制冷控制系统电路图

① A/C 信号、鼓风机开关信号、环境温度信号、空调系统压力信号、蒸发器表面温度信号，信号丢失或是信号失真。②空调控制系统信号线路或是执行器线路接触不良。③空调控制系统各模块本身间歇性故障。④压缩机电磁离合器线圈本身间歇性接触不良。

因为此车来时空调是好的，空调系统没有不正常现象，读取了空调系统的数据流，发现各种数据是正常的，没有发现异常情况；另外，对相关控制线路进行了检查测量，没有发现短路、断路、接触不良的情况；测量离合器电磁线圈电阻也是正常的。因为查找不到具体的故障点，建议车主在空调不工作时，不要做任何操作并马上开车过来检查。车主用一段时间后，发现空调不工作，马上将车开来检查，到厂里时空调压缩机没有工作（此时 A/C 开关是按下去的）。为了确认是控制线路还是执行线路故障，将压缩机继电器拔掉，拿跨接线直接短接压缩机电磁线圈控制电路，这时压缩机马上吸合工作，这就确定故障现象不是压缩机电磁线圈或压缩机工作线路故障，应该属于空调压缩机继电器控制方面的问题。用检测仪 IDS 读取数据流，读取蒸发器表面温度信号和当时的环境温度一致，没有异常；空调管路压力为 700kPa，说明空调管路压力正常，管路压力传感器信号传递正常。由于是手动空调，不能读取 A/C 开关信号，这时用万用表测得 GEM 到空调控制模块的 A/C 请求信号为 12.48V（GEM 的 C2AM02C 插 10 号针脚），如图 6-3 所示。

正常车子在按下 A/C 开关后，是接近 0V 的，如图 6-4 所示。到此故障部件已经查明，即空调控制面板内部 A/C 开关接触不良，在 A/C 开关后 GEM 接收到的 A/C 信号还是高电位，GEM 即认为没有开启压缩机的请求。这时 GEM 通过网络线将信号传送到 PCM，PCM 就不会接合压缩机离合器继电器，故这时压缩机不工作。正常车辆在按下 A/C 开关按下后，GEM 接收到的 A/C 信号是低电位，这时 GEM 通过网络线将 A/C 开启请求信号传送到 PCM，PCM 就会控制接合压缩机离合器继电器工作，这时压缩机通电工作，完成空调制冷工作。

图 6-3　故障车 A/C 请求信号电压

图 6-4　正常车 A/C 请求信号电压

（4）故障部件及原因：经过上面的检查分析，导致这种故障现象的故障部件是空调控制面板 A/C 开关内部间歇性接触不良所致。最后更换空调控制面板总成，故障排除（索赔件不能维修）。

故障总结：

（1）对于间歇性故障，要想办法使故障现象重现，多和车主沟通交流，对故障发生时的条件有一个比较清晰的了解，这对故障判断有非常大的帮助。

（2）依据SSCC故障诊断法则：①故障现象验证；②故障系统识别；③故障部件识别；④确认故障原因的维修步骤。由简单到复杂，善于利用维修工具并结合系统的工作原理进行分析检查，才能更好、更快地查找到故障原因，排除故障。

二、新福克斯发动机故障灯亮

车型：C346 1.6AT。

行驶里程：8505km。

故障现象：车子在行驶过程中发动机故障灯点亮。

故障诊断：车子进厂报修发动机故障灯亮，经检查启动发动机，发动机故障灯确实一直点亮，用长安福特车型专用诊断仪IDS读取故障码是：P0175（系统过浓第二排）、P0172（系统过浓第一排）。如图6-5、图6-6所示。

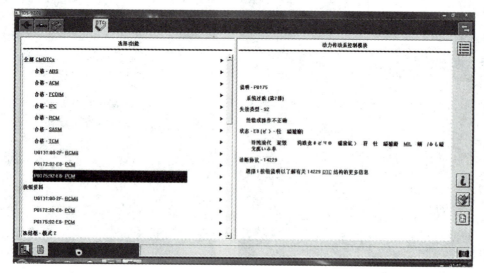

图6-5　故障码1

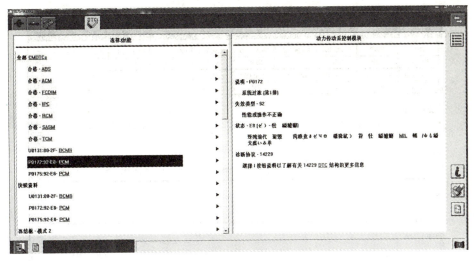

图 6-6　故障码 2

故障码 P0172、P0175 提示燃油混合气过浓，产生该故障码的原因是氧传感器通过检测排气中氧的浓度，从而计算出实际的空燃比低于理论空燃比值，需要发动机 PCM 控制减少喷油量，该现象在数据流的表现是长期燃油修正系数为负数，当长期燃油修正值达到 –25％，并满足一定的条件后，就会报出该故障码。混合气过浓涉及发动机控制的三大系统，即进气系统、点火系统和燃料供给系统。导致该故障的问题可能有：

（1）点火能量不足，导致燃料没有完全燃烧；

（2）PCM 的点火时刻、喷油脉宽、喷油相位控制错误；

（3）喷油嘴常开或泄漏，导致喷油量过大；

（4）燃油压力过大（大于设计标准范围），导致喷油量过大；

（5）进气压力传感器 MAP 或空气流量传感器 MAF 故障，检测数值比实际值大；

（6）MAP 或 MAF 信号从传感器到 PCM 传递过程中受到干扰，导致 PCM 接收到的信号与 MAP 或 MAF 实际发出的信号不一致；

（7）EVAP 炭罐电磁阀泄漏。

故障诊断：故障排查先从最容易检查的可能原因、部件入手，尽量不拆零部件，由简单到复杂。遵循此原则，先用福特专用诊断仪 IDS 读取相关数据流，包括喷油脉宽、喷油相位、点火提前角、空气流量传感器、长期燃油修正值、短期燃油修正值、发动机转速、大气压力等。如图 6-7 所示。

采用对比法，找来相同车型读取同样的数据流，如图 6-8 所示。

181

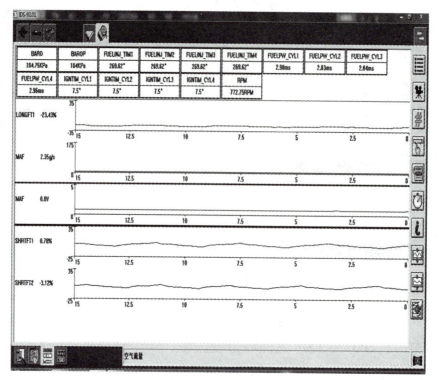

图 6-7　数据流 1

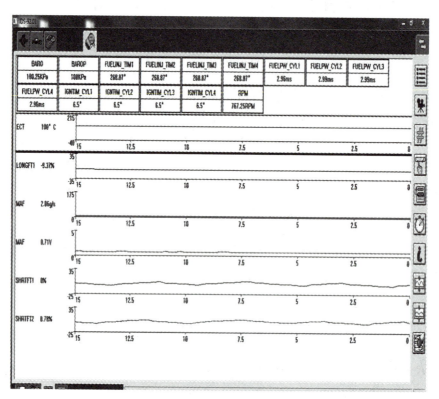

图 6-8　数据流 2

182

通过对比正常车和故障车的数据流可以看出3个明显的区别：（1）故障车的长期燃油修正系数为 -23.4%，而正常车的为 -9.37%；（2）故障车大气压力值为104kPa，而正常车为100kPa，而标准大气压力为101.325kPa；（3）故障车空气流量为2.35g/s，电压值为0.8V，正常车为2.06g/s，电压值为0.71V，这款车采用的是质量式空气流量传感器来计量进到发动机的实际空气量，并没有使用进气歧管压传感器，即数据流上显示的当地大气压力值是通过发动机模块PCM接收到的进气流量、进气温度结合PCM内部程序计算出来的（此车没有配备进气歧管压力传感器）。

通过上面采集到的数据分析：（1）在相同的地方，相同的车型出现空气流量不一样的原因存在两种可能性，一是空气流量传感器老化，计量失准，二是PCM接收到的空气流量信号受到干扰所致，由于车辆只行驶8500km，计量失准的可能性较小。因此怀疑是流量传感器本身故障引起的信号不对，这时反复地踩油门踏板，发现空气流量传感器的信号也会随着加、减油门增大和减少，并没有出现信号突然大范围的跳动情况，依此判断传感器本身的故障可能性低。为了确认故障点，采用故障诊断替换法将故障车和正常车辆的空气流量传感器对换后，两台车数据流并没有明显变化，依此排除了传感器本身故障的可能性。（2）找到相应的电路图，如图6-9所示。依据电路图，怀疑是电路接触不良导致信号传递失真，断开电瓶桩头，测量空气流量传感器插头各根导线到PCM相应针脚的电阻都是0.8Ω，没有虚接故障，线路正常。（3）用万用表测得空气流量传感器3号脚和4号脚的电压为0.66V，如图6-10所示。

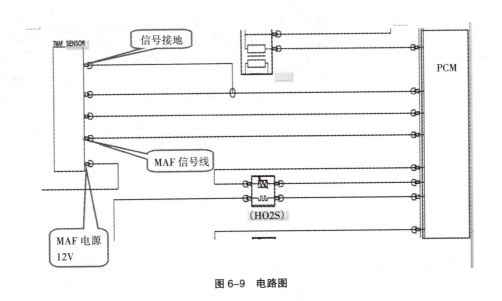

图6-9　电路图

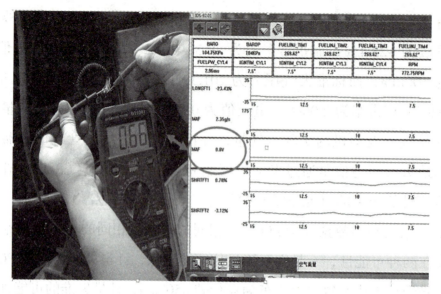

图 6-10　电压值

　　而此时数据流显示是 0.8V，也就是说，PCM 接收到的空气流量传感器信号比实际测量得到的信号大了 0.14V。即有可能 MAF 信号从传感器到 PCM 传递过程中受到干扰，导致 PCM 接收到的信号与 MAF 实际发出的信号不一致。结合维修经验，如果遇到线束传递信号受到干扰，需要对线束进行屏蔽处理，将 MAF 插头到发动机线束分支铰接点的线束从波纹管中取出，找锡箔纸对信号线进行包扎屏蔽处理（从很多氧传感器线束都有锡箔纸包扎得到启发）。最后将波纹管重新套上，用电工绝缘胶布包好固定，如图 6-11 所示。

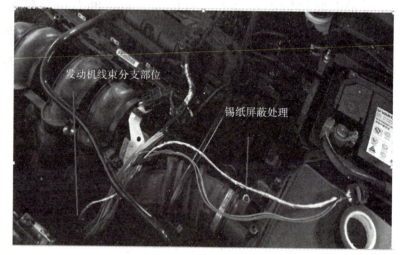

图 6-11　锡纸屏蔽处理

　　最后用万用表测量 MAF 的电压值与通过 IDS 读取的 MAF 电压值对比，两者之间的差值小于 0.05V，说明确实存在 MAF 信号被干扰，如图 6-12 所示。

　　经过锡箔包扎处理后，IDS 读取的数据流中长期燃油修正变为 -0.78%，在正常值范围之内（±15%）。到此故障原因基本明确：MAF 信号在传递过程中受到干扰，PCM 接收到的信号比实际测量值大，导致 PCM 控制喷油过多，造成混合气过浓。为了修正

184

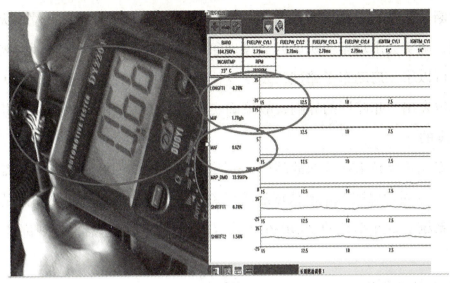

图6-12 MAF信号被干扰

燃油量，PCM就会对长期燃油修正系数进行调整，在长期燃油修正达到-25%，并满足一定的条件后，就会报出该故障码P0172、P017。为了确保故障的一次性解决，也对燃油压力、火花塞、炭罐电磁阀进行了检查。经检查燃油压力为390kPa，在正常范围380~450kPa之内；火花塞燃烧良好、炭罐电磁阀工作正常。最后将车交付给车主使用，到目前已经有2个多月，故障不再重现，故障排除。

故障总结：故障码P0172、P017是一个综合性很强的故障，检查时要遵循由简到繁的原则，一步一步进行。该问题是由氧传感器反馈的问题，很容易误认为是氧传感器本身故障，而实际上PCM能报故障码，说明氧传感器本身工作是正常的。因为此问题涉及的零件比较多，需要借助数据流分析，一个一个地来判断各个零部件是否正常。切记不要随意、盲目更换零部件或同时更换多个零部件，避免最终找不到故障点。

三、新福克斯间歇式启动困难

车型：C346 1.6AT。

行驶里程：25005km。

故障现象：客户反映有时会出现无法正常启动的情况，来回开关几次钥匙后就可以启动了。但启动后行驶过程中，变速器跳挡冲击过大，并且变速器部位会发出"咔咔"的异响。

故障诊断： 首先确认故障现象。接到车子后，将车子开到维修工位熄火后，反复试车后发现，确实会出现车主所说的故障现象，有时会不能一次性启动，来回开关几次钥匙后就可以了。启动车子路试，发现变速器在升挡过程时车子抖动很大，并伴随着变速器部位发出"咔咔"的异响，故障确实存在。依据故障现象初步判断是变速器系统故障引发的。

用福特专用诊断仪 IDS 读取故障码，故障码为 P2817：00-EC-TCM（离合器 A 卡在啮合状态）。通过故障码基本确认该故障现象是由于变速器系统故障引起的。

变速器系统： 此车搭载的是 DPS6 干式双离合器自动变速器，外观部件如图 6-13 所示。

离合器剖解图及部件名称如图 6-14 所示。

此款变速器的特点是：

（1）第一个传动桥包括三个奇数挡位（1 挡、3 挡和 5 挡）：奇数输入离合器和执行器系统，包括一个离合器电机；奇数同步器系统，包括一个换挡电机（属于 TCM 的一部分）、换挡鼓、换挡拨叉和加力箱总成。

（2）第二个传动桥包括三个

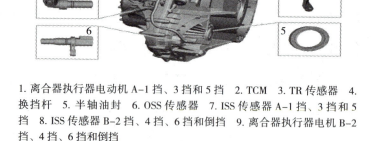

1. 离合器执行器电动机 A-1 挡、3 挡和 5 挡 2. TCM 3. TR 传感器 4. 换挡杆 5. 半轴油封 6. OSS 传感器 7. ISS 传感器 A-1 挡、3 挡和 5 挡 8. ISS 传感器 B-2 挡、4 挡、6 挡和倒挡 9. 离合器执行器电机 B-2 挡、4 挡、6 挡和倒挡

图 6-13 双离合器自动变速器

偶数挡位和倒挡（2 挡、4 挡、6 挡和倒挡）：偶数输入离合器和执行器系统，包括一个离合器电机；偶数同步器系统，包括一个换挡电机（属于 TCM 的一部分）、换挡鼓、换挡拨叉和加力箱总成。总的说来，变速器是由两个独立的齿轮组构成的，两个输入轴中任一轴均可通过外花键连接至离合器盘，输入轴 A 是实心轴，负责驱动奇数挡位（1 挡、3 挡和 5 挡）。输入轴 B 是空心轴，负责驱动偶数挡位（2 挡、4 挡和 6 挡）以及倒挡（通过中间齿轮）。两个输出轴各自为差速器齿圈提供最终驱动挡位，输出轴 A 包含用于 1 挡、2 挡、5 挡和 6 挡的从动齿轮和同步器以及用于倒挡的中间齿轮，输出轴 B 包含用于 3 挡、4 挡和倒挡的从动齿轮和同步器。在驾驶期间，一个齿轮组始终积极连接，而在另一个齿轮组内已经啮合下一挡位（虽然该挡位的离合器仍敞开）。

（3）其动力基本的传递过程：离合器执行器电机驱动杠杆式离合器执行器，使得

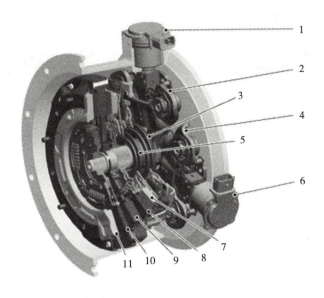

1. 离合器执行器电机 A–1 挡、3 挡和 5 挡 2. 离合器执行器 A–1 挡、3 挡和 5 挡 3. 离合器啮合轴承 A–1 挡、3 挡和 5 挡 4. 离合器执行器 B–2 挡、4 挡、6 挡和倒挡 5. 离合器啮合轴承 B–2 挡、4 挡、6 挡和倒挡 6. 离合器执行器电机 B–2 挡、4 挡、6 挡和倒挡 7. 压力板 B–2 挡、4 挡、6 挡和倒挡 8. 离合器 B–2 挡、4 挡、6 挡和倒挡 9. 驱动盘 10. 离合器 A–1 挡、3 挡和 5 挡 11. 压力板 A–1 挡、3 挡和 5 挡

图 6-14 离合器剖解图

相应的离合器接合，发动机的动力通过离合器传递到相应的输入轴。集成在 TCM 内部的电动换挡电机驱动换挡杆，换挡杆推动换挡拨叉，通过同步器齿合相应挡位的齿轮组，完成动力从输入轴到输出轴的传递。在经过变速器内部齿轮组完成动力由发动机到变速器的传递过程。

通过对此款变速器的了解并结合故障码的分析，判断出这种故障现象的原因有以下几种：(1) 相应的离合器位置、离合器换挡拨叉、离合器执行机构没有或丢失自适应值，无法正常匹配动作；(2) 离合器本身机械故障；(3) 离合器执行器电动机故障；(4) 杠杆式离合器执行器机械故障；(5) TCM 内部故障、线路故障。本着先难后易的原则，先用 IDS 对变速器系统进行自学习，反复几次都不能学习成功，每次到离合器行程测试时失败，无法通过，如图 6-15 所示。

通过对自动变速器自学习到离合器行程测试时不能通过的现象，并结合故障码的含义分析，基本排除 TCM 内部故障和线路故障的可能。对离合器执行器电机 A 和 B 对换测试（两个电机是同样的，只是安装位置不同），还是同样的故障码 P2817：00-EC-TCM（离合器 A 卡在啮合状态），这说明不是离合器执行器电机故障，剩下的就是离合器本身故障或是杠杆式离合器执行器机械故障。最后决定抬下变速器检查，拆下离合器检查没有发现异常现象，在检查到杠杆式离合器执行器时发现了故障，杠杆式离合器执行器不能回归到原始位置，如图 6-16 所示。

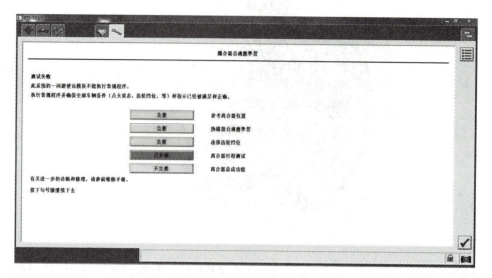

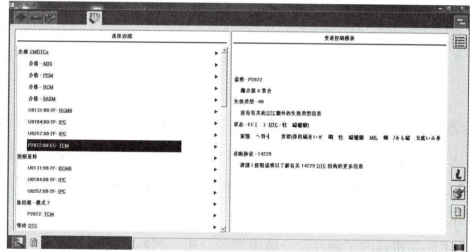

图 6-15　离合器自适应学习无法通过

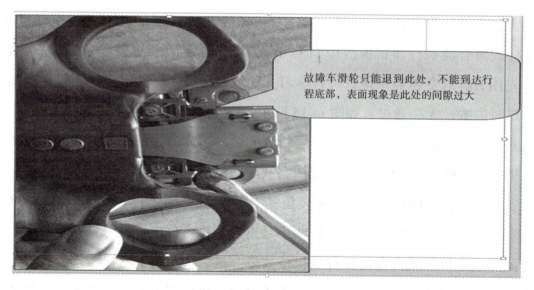

故障车滑轮只能退到此处，不能到达行程底部，表面现象是此处的间隙过大

图 6-16　故障车滑轮情况

正常的杠杆式离合器执行器如图6-17所示。

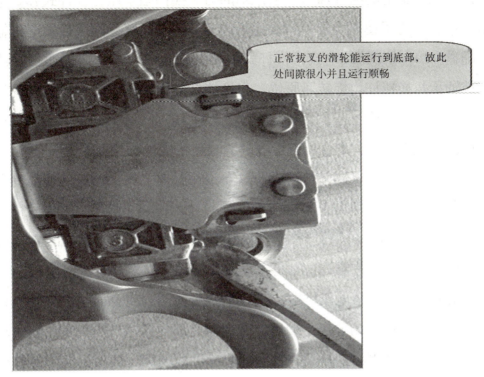

图 6-17　正常时杠杆式离合器执行器

故障排除： 下面了解一下杠杆式离合器执行器工作过程，结构图如图6-18所示。

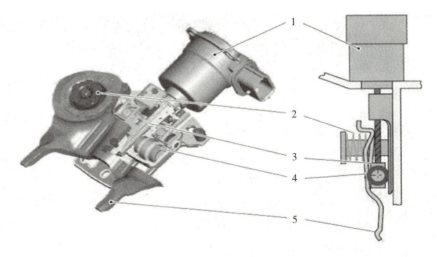

1. 无刷DC离合器执行器电动机　2. 压力弹簧　3. 再循环滚珠螺母　4. 滚柱　5. 换挡杆

图 6-18　离合器执行器结构图

杠杆式离合器执行器工作过程：DC离合器执行器电机通过齿轮轮齿驱动滚珠螺杆的螺纹杆。通过螺纹杆的旋转，再循环滚珠螺母与相应螺杆均轴向移动。旋转滚珠螺杆后，滚柱就会通过再循环滚珠螺母向下移动。因为滚柱的轴向移动，换挡杆的中心支撑点离开原位，从而改变杠杆作用。杠杆作用的变化反过来会增加通过啮合杆和离合器的杠杆式弹簧上的啮合轴承发生作用的力。换挡轴承压在杠杆式弹簧上且离合器压入闭合位置。为了使离合器保持在闭合位置，对 DC 离合器执行器电机输入了持续电流，随着 TCM 关闭持续电流，杠杆式弹簧松弛且离合器开启。通过释放杠杆式弹簧，换挡轴承与换挡杆均旋转回原位。当换挡杆旋转回原位时，换挡杆的形状确保滚柱返回其初始位置。总之为了闭合离合器，通过 DC 驱动离合器执行器电机。当 DC 离合器执行器电机断电后，离合器就会开启。最终的故障原因是：由于此杠杆式离合器执行器采用的是旋转滚珠螺杆结构，所以在滚珠脱离了原来轨道后就会发卡，造成螺杆不能回到初始位置（即离合器在开启位置），如图 6-19 所示。因为杠杆式离合器执行器的螺纹杆不能回到初始位置，离合不能彻底地分离，所以在 TCM 自检时无法通过，为了保障不损坏变速器，这时禁止发动机启动。在多开几次钥匙后，因为 TCM 的自检，会给离合器执行器电机供电，自检多次后检测到离合器基本分离，就可以启动了。但是因为离合器 A 的分离不彻底，变速器内部的换挡机构就来回地驱动换挡拨叉，这时就会出现在换挡时有抖动并发生"咔咔"的响声。最后更换新的杠杆式离合器执行器，装复变速器，对离合器进行学习，学习一次性成功，路试检查，升挡不再抖动，也不会出现无法启动的故障，故障彻底排除。

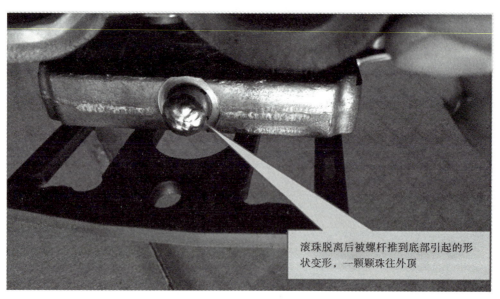

滚珠脱离后被螺杆推到底部引起的形状变形，一颗颗珠往外顶

图 6-19 故障原因

故障总结：随着双离合器技术的成熟，现在越来越多的车使用了双离合器自动变速器，这就要求我们维修技师在工作中要不断地学习汽车新技术。只有这样在理解新

型双离合自动变速器工作原理的基础上结合故障码的含义进行推理分析、检查，才能更好、更快地查找到故障原因，排除故障。

四、新嘉年华 ABS 灯、发动机故障灯亮

车型：2013 年嘉年华，配置 1.5L 发动机，手动变速器 B5A。

行驶里程：19951km。

故障现象：车主反映在最近一次启动后，发动机故障灯和 ABS 灯同时亮起，熄火后重新启动，故障灯和 ABS 灯仍然长亮。接车后启动车子检查发现故障现象确实存在，如图 6-20 所示。

故障诊断：用福特专用检测仪 IDS 读取故障码，读取到的故障码有：U3003：16-48-ABS。蓄电池电压；U0121：00-08-BCMii 与 ABS 控制模块的通信漏失；U0415：68-08-BCMii 由 ABS 控制模块获得的数据无效；U0121：00-28-IPC 与 ABS 控制模块的通信漏失；U0401：68-28-

图 6-20 故障现象

IPC 由 ECM/PCM 获得的数据无效；U0121：00-A8-PCM 与 ABS 控制模块的通信漏失；U0401：00-48-PSCM 由 ABS 控制模块获得的数据无效；U0121：00-48-PSCM 与 ABS 控制模块的通信漏失；U0401：68-2C-IPC 由 ECM/PCM 获得的数据无效。如图 6-21 所示。

因为故障码比较多，所以把检测到的故障码全部记录下来后，再清除故障码。清除完成后，发动机故障灯熄灭，但 ABS 灯还是长亮。证明 ABS 系统确实是存在故障的。根据检测到的故障码可以看出有以下共同点：(1) 全部都是 U 开头的网络故障码，而且其中 6 个都是与 ABS 模块有关的故障码；(2) ABS 与 IPC、PCM、PSCM 之间是通过

高速网 HS CAN 连接。仪表 IPC 是网关连接高速网 HS CAN 和中速网 MS CAN 上的模块实现信息在高速网和中速网的互通。车载网络图如图 6-22 所示。

通过对所检测到的故障码进行分析，造成 ABS 灯、发动机故障灯点亮的主要原因有以下三种：(1) ABS 模块内部故障；(2) ABS 模块线路故障；(3) 高速网络通信故障。

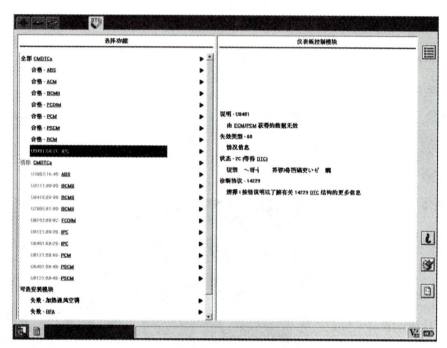

图 6-21　故障码

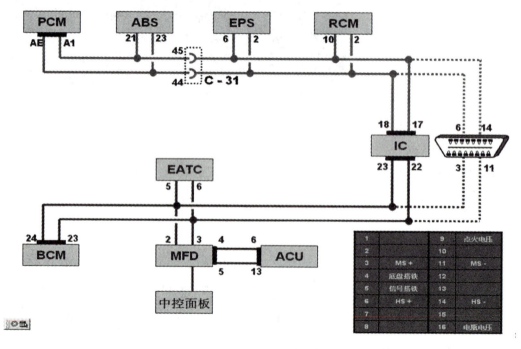

图 6-22　车载网络图

故障排除： 首先根据线路图，检测 ABS 模块的保险丝正常，拆下 ABS 模块插头测量电源、搭铁均正常。其次测量 ABS 模块高速网络通信线 23 号脚和诊断接口的 6 号脚相通、21 号脚和 14 号脚相通，没有短路或断路，ABS 网络线路正常。为了确认网络通信是否正常，断开蓄电池接头，在诊断接头 6 号脚和 14 号脚测得高速网的端电阻为 60Ω（正常值为 59~61Ω）；接起蓄电池，启动发动机，在诊断接头 14 号脚测量 HS CAN− 对地电压为 2.4V（正常值为 2.3~2.5V）、6 号脚 HS CAN+ 对地电压为 2.75V（正常值为 2.6~2.8V）。由此可以确定 ABS 模块网络线和其他模块通信正常。再次用 IDS 读取 ABS 模块数据流时，发现 ABS 模块的电源电压只有 8.4V，明显不正常，如图 6-23 所示。

图 6-23　电源电压只有 8.4V

正常情况下当打开点火开关时，ABS 模块的电源电压应该是蓄电池电压才对。根据线路图检测各个保险丝都正常，拆开 ABS 模块插头检查各针脚正常电源，搭铁均正常，网络线都正常，说明到 ABS 模块的线路是正常的。而现在 ABS 模块数据流只显示为 8.4V，因此判断为 ABS 模块电路内部故障。更换 ABS 模块后对新 ABS 模块进行编程、匹配发动机防盗模启动模块。最后清除故障码，启动发动机试车后故障灯不再点亮，故障排除。打开点火开关读取 ABS 模块数据流电源电压正常值，如图 6-24 所示。

图 6-24　正常的电源电压

　　故障总结：此车由于 ABS 模块内部故障，导致 ABS 与 BCM、IPC、PCM、PSCM 各个模块的网络通信出现异常，所以点亮 ABS 灯，而 PCM、IPC 因为 ABS 模块故障接收不到 ABS 的车速信号，所以同时点亮发动机故障灯。对于网络故障，我们要善于从故障码中分析找出共同点，并对数据流加以分析判断，对可能的故障原因进行逐一排除，最终就会准确快速地找到故障原因，排除故障。

五、新蒙迪欧发动机故障灯亮

　　车型：2013 年新蒙迪欧，配置 2.0T 发动机及 F35 自动变速器。

　　行驶里程：48592km。

　　故障现象：发动机故障灯亮。

　　故障诊断：接车后启动车子，发动机故障灯确实点亮。首先用福特专用解码仪 IDS 读取故障码，有故障码：P0234　涡轮 / 增压器过增状态（如图 6-25 所示）。

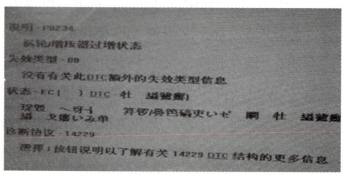

图 6-25　故障码

此车涡轮增压器的工作原理如图 6-26 所示。

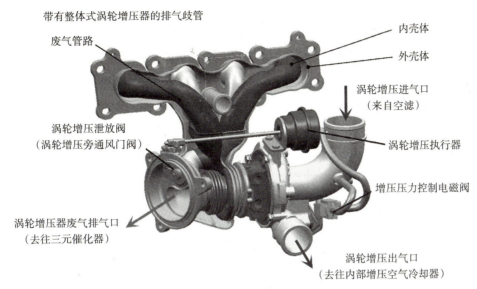

图 6-26　涡轮增压器的工作原理

带有整体式涡轮增压器的排气歧管

废气管路

内壳体

外壳体

涡轮增压进气口
（来自空滤）

涡轮增压执行器

涡轮增压泄放阀
（涡轮增压旁通风门阀）

增压压力控制电磁阀

涡轮增压器废气排气口
（去往三元催化器）

涡轮增压出气口
（去往内部增压空气冷却器）

　　该涡轮增压器是使用废气驱动的离心式空气压缩机，它是利用发动机排出的废气惯性冲力来推动涡轮室内的涡轮，涡轮又带动同轴的叶轮，叶轮压送由空气滤清器管道送来的空气，使之增压进入汽缸。当发动机转速增快，废气排出速度与涡轮转速也同步增快，叶轮就压缩更多的空气进入汽缸，空气的压力和密度增大可以燃烧更多的燃料，相应增加燃料量和调整一下发动机的转速，就可以增加发动机的输出功率了。涡轮增压器由涡轮增压执行器控制。涡轮增压执行器使部分废气改道经过涡轮，因而起着调节器的作用。发动机各种运转工况的增压压力的大小是通过控制增压压力电磁阀分别设定的。PCM 通过 PWM 信号来控制增压压力控制电磁阀，电磁阀通过控制作用在涡轮增压真空执行器装置上的气体压力来控制涡轮增压旁通风门阀的开度位置，增压器旁通风门阀开口的大小能够控制增压压力的大小。增压器旁通风门阀在发动机静止的状态下是关闭的。作用在涡轮增压真空执行器的压力取决于施加的增压压力、PWM 信号的占空比。增压压力控制电磁阀的火线是由 PCM 提供的 12V 电压，当 PCM 控制地线接地时，电磁阀打开泄压通路。PCM 通过 PWM 信号来控制电磁阀的地线，这样保证了电磁阀控制的平顺性，在开环控制的情况下电磁阀是关闭的。电磁阀占空比在 80%~90%，涡轮增压旁通风门阀全开，此时发动机的进气增压压力最小。占空比在 0~20%，废气风门阀全部关闭，此时发动机的进气增压压力最大。最大增压压力可超过 150kPa。

知晓了涡轮增压器的工作原理后，根据故障码含义分析引起此故障灯亮的原因有以下几种：

（1）增压压力控制电磁阀；

（2）涡轮增压真空执行器；

（3）真空管堵塞；

（4）PCM；

（5）线路故障。

根据先易后难的原则，先举升车辆对真空执行器和控制电磁阀进行检查，在检查过程中发现电磁阀连接到真空执行器的真空管弯曲的弧度很小，基本上把真空管堵塞了，如图 6-27 所示。

由于真空管弯曲堵塞，通气不顺畅。发动机各种运转工况下增压压力不能随 PCM 通过 PWM 信号控制电磁阀而改变。而真空管堵塞相当于废气风门全部关闭，在怠速和部分负荷时，增压压力过高，所有发动系统报故障码：P0234（涡轮/增压器过增状态）。点亮发动机故障灯。到此故障原因找到，把该真空管拆下重新换个角度装好。试车后故障灯不再点亮，故障排除，如图 6-28 所示。

故障总结：此车出过事故，在别的维修厂吊装过发动机校正大梁。因为维修时装配疏忽，在装配时不注意真空管的走向，真空管弯曲

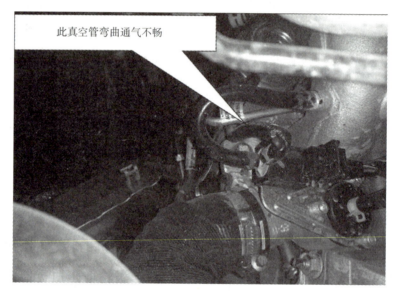

此真空管弯曲通气不畅

图 6-27　真空管堵塞

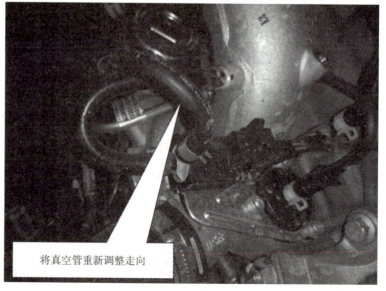

将真空管重新调整走向

图 6-28　排除故障

通气不畅导致故障的发生。涡轮增压器系统的故障对于多数技师是比较头疼的事情，其实在知晓增压器工作原理后，就可以根据原理及故障码含义分析故障原因，最终排除故障。

六、新蒙迪欧急加速时发动机间歇性抖动或熄火

车型：新蒙迪欧，配置 2.0T ECOBOOST 发动机。

行驶里程：38650km。

故障现象：车主反映在高速行驶或在急加速超车时，间歇性出现发动机抖动、加速无力的现象，有时候车子还会自动熄火。

故障诊断：（1）因为此车出现故障的条件比较特殊，并没有马上开车去路试验证故障现象，首先用诊断仪 IDS 读取故障码，有故障码：P0627 FPA 控制电路开路，如图 6-29 所示。

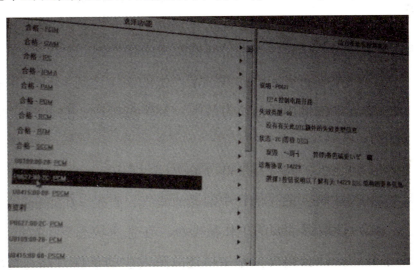

P0627 故障码产生条件：燃油泵控制模块监控燃油泵模块和二级电路是否有故障，如果燃油泵控制模块监测到

图 6-29　故障码

燃油泵模块和二级电路有故障，燃油泵控制模块会在燃油泵监视器（FPM）发送 80% 的占空比信号，以便将故障报告发给发动机模块 PCM。如果在标定的时间过去后，燃油泵控制模块仍然在报告燃油泵模块和二级电路故障，报出故障码 P0627。通过故障码的含义可知，此车的故障现象是由于发动机的燃油供给系统故障所致。此车的燃油供给系统工作原理如图 6-30 所示。

①油泵控制模块（FPDM）的蓄电池电压由车身电子模块 GEM 供应；

②PCM 结合发动机的工况将所需要的目标燃油压力值发送低频信号给 FPDM；

③FPDM 发送高频信号给油泵模块（FP），驱动燃油泵工作；

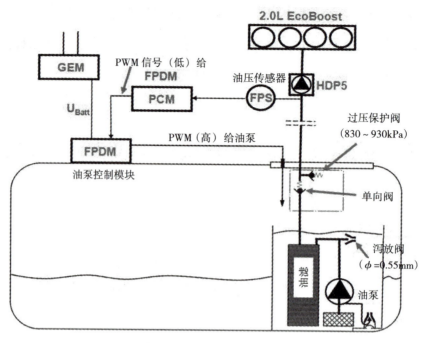

图 6-30　燃油供给系统工作原理

④通过低压燃油压力传感器实现闭环控制；

⑤油路中有单向阀：在油泵产生的油压达到 125kPa 时打开；

⑥标准的低压燃油压力范围：380~620kPa，怠速时，油压稳定在 320~340kPa（绝对压力）；

⑦过压保护阀：在 830~930kPa 时打开；

⑧泻放阀：除去油管中的燃油蒸气，直径 = 0.55mm。

（2）读取燃油泵的工作数据流，在怠速状态下，数据正常。为了使故障重现，将车子开到高速公路模拟车主描述故障发生的条件（高速行驶或在急加速超车），同时用诊断仪 IDS 读取燃油泵、燃油压力等发动机的数据流。在来回的模拟过程中，在一次急加速时故障出现，发动机抖动，加速无力，并捕捉到数据流如图 6-31 所示。

此时发动机处于闭环控制，高压燃油泵工作正常，不存在失火故障。低压燃油压力明显波动，实际低压压力（FLP）为 122kPa，而发动要求的目标低压压力（FLP-DSD）为 594kPa；燃油高压压力突然降到 290kPa。结合燃油系统的工作原理和故障出现时的数据流分析，引起发动加速无力、抖动的原因是燃油系统压力剧降，混合气过稀所致。燃油压力过低的主要原因有：①燃油泵本身故障（泵油压力不足或泄压）；②低压燃油管路堵塞；③燃油泵控制模块故障；④低压燃油压力传感器故障；⑤燃油系统线路故障等。

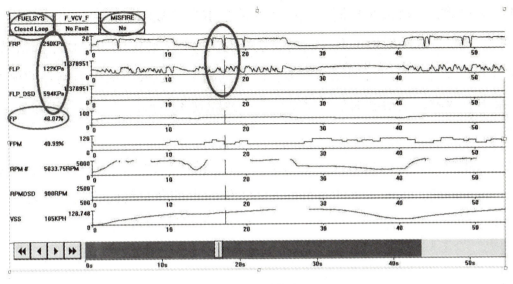

图 6-31 数据流

故障排除：

（1）通过读取数据流，燃油压力值可以随发动机工况的变化而变化，在怠速情况下燃油压力在正常范围内，可以排除低压燃油压力传感器及其线路故障的可能。

（2）为了排除低压燃油管路堵塞的可能，更换燃油滤清器后，出去试车故障依旧。

（3）对燃油泵控制模块和燃油泵的工作线路进行检查，PCM 和燃油泵控制模块的通信线路、油泵控制模块和燃油泵通信线路正常，燃油泵控制模块电源线、搭铁线路正常，没有短路、断路、虚接故障。其工作电路图如图 6-32 所示。

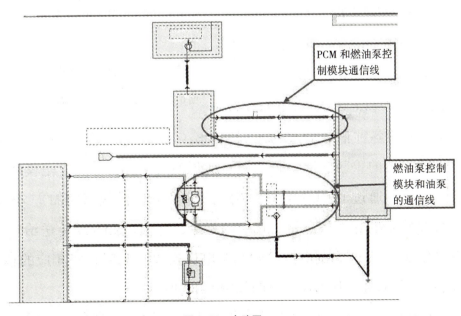

图 6-32 电路图

（4）这时就剩下燃油泵控制模块或是燃油泵本身的故障了，通过出现故障时的数据流分析，在出现故障时燃油泵控制模块还是发出（FP）48%的占空比指令给燃油泵，而燃油压力并没有达到应有的燃油压力，因此判断出，造成燃油压力剧降的根本原因是燃油泵本身故障。更换燃油泵后反复试车，故障现象不再出现。故障排除。

故障总结：

现在越来越多车子搭载的是涡轮增压、缸内直喷的发动机，燃油系统也分成了低压系统、高压系统。理解了燃油供给系统的工作原理结合发动机的数据分析即可快速排除故障。

七、新蒙迪欧雨刮不工作

车型： 新蒙迪欧，配置 2.0T 发动机及 6F35 自动变速器。

行驶里程： 508km。

故障现象： 打开点火开关，拨动雨刮开关、喷水开关，雨刮都不工作。

故障诊断： 接到车子后上车打开点火开关，拨动雨刮开关，不论是在间歇挡、低速挡、高速挡、还是按动雨刮喷水开关，雨刮电机都不转动，故障现象确实存在。

用福特专用解码仪 IDS 读取故障代码，没有发现有任何的故障码。下面了解一下此车雨刮电机工作的基本原理，如图 6-33 所示。位于方向盘右边的雨刮开关直接连接到方向盘下面的转向柱控制模块（SCCM）

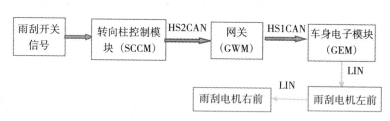

图 6-33 雨刮电机工作的基本原理

上面，雨刮开关的各种信号通过高速网络 HS2CAN 传送到网关模块（GWM），经过网关模块（GWM）的重新解码编码，将雨刮开关信号转变车身电子模块（GEM）可以识别的信号，再通过 HS1CAN 网络传送到车身电子模块（GEM）。车身电子模块（GEM）结合接收到的其他信息做出相应的指令，并通过 LIN 线传送给左前雨刮电机（雨刮主电机模块）。左前雨刮电机（雨刮主电机模块）同时也将相应的指令通过 LIN 线传递给右前雨刮电机。其工作电路图如图 6-34 所示。

通过对原理的了解和对电路图的分析，出现此种故障现象的原因有以下几种可能：(1) 雨刮电机电源电路、搭铁电路故障；(2) 模块故障（SCCM GWM GEM）；(3) 网络线路故障；(4) 雨刮开关故障、雨刮电机模块故障。首先用 IDS 读取无故障码，这时进入转向柱控制模块（SCCM）读取雨刮开关的各种信号，通过按动相应的开关，数据流显示对应的信号，如图 6-35 和图 6-36 所示。

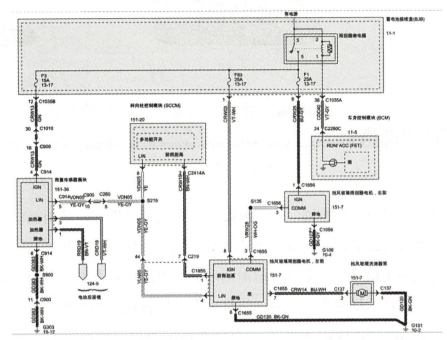

图 6-34　电路图

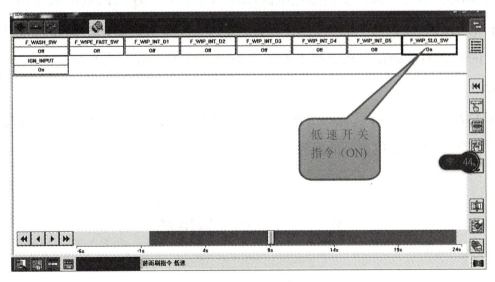

图 6-35　数据流 1

通过读取数据流发现，操作相应的开关，数据流对应的信号也会发生同步的变化，由此分析可以排除雨刮开关、转向柱模块 SCCM、网关 GWM、车身电子模块 GEM 和网络线的故障。其二，按照电路图对雨刮电机的电源电路、搭铁电路和相应

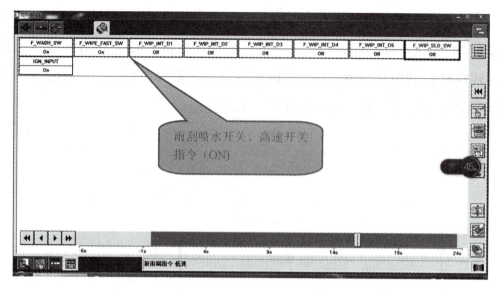

图 6-36　数据流 2

的线路进行测量，没有发现短路、断路故障。最后用示波器在左前雨刮电机插头处读取波形，通过波形可以看出，在不同挡位时波形是不一样的，这就说明了车身电子模块在接收到雨刮开关信号后是会对左前雨刮电机做出对应指令的。但雨刮电机模块为什么不工作呢？电源、搭铁都是好的，信号正常。那就剩一种可能，就是左前雨刮电机模块故障，不执行相应的工作指令。为什么左前雨刮出故障后右前雨刮液不工作呢？并且雨刮液不会喷水？我们通过电路图可以了解到，左前雨刮电机是雨刮器的主模块，右前雨刮电机、喷水电机都受左前雨刮电机模块的控制，所以在主模块出故障时，对应的从动右前雨刮电机、喷水电机是不会工作的。最后更换左前雨刮电机模块，故障排除。

故障总结：结合故障系统的工作原理，并能借助数据流的分析应用才能尽快地找到故障、排除故障，避免盲目的换件检查。

八、蒙迪欧行驶抖动

车型：2004 年蒙迪欧，配置 2.0L Duratec-HE 发动机和 CD4E 变速器。

故障现象：起步跑几千米之后偶尔出现连续窜动，跑起来不加油的时候车速在 20km/h，挡位在 1 挡的时候，发动机转速在 1800~2200r/min 之间游车，挡位在 4 挡位置，转速表在 2800~3000r/min 之间连续晃动，这样根本跑不起来，偶尔转速表晃着晃着就不晃了，车子跑起来也正常了，不一定什么时候又出现上述故障。刚试车的时候感觉是变速器的故障，试久了之后感觉变速器应该没有问题，因为要是变速器内部机械原件或是密封原件出现了问题应该是连续的，或是打滑冲击等一些问题，不会出现这样的问题。加上这个问题有时候又没有了，要是变速器内部有问题应该会一直有的或是有规律的，不会时有时无。没有问题的时候一点都没有，非常正常，感觉变速器内部有问题的可能性非常小，准备先从外面排查一下，实在没办法再分解变速器查故障。

故障诊断：用故障诊断仪进发动机和变速器系统（变速器和发动机在一个系统里）读取故障码系统正常，读数据流也没读出来什么异常，因为读故障和数据的时候车是停着的，也没有出现问题，所以也没有读出什么不对的地方。下一步准备随车带着故障诊断仪路试，看看在出问题的时候数据有没有什么不对的地方，路试20多千米结果没出问题，当准备回厂走在一小段颠簸路面的时候问题出现了，但是看数据流也看不出什么不对的地方（因为不是专用诊断仪，有的数据根本就没有显示），但是故障码却跳出来一个，故障码：P0708 行驶挡挡位传感器信号太强，故障码没敢清，因为之前没报这个故障码的时候问题也在出现，所以感觉清完故障码之后不但打断了分析思路，问题还是解决不了。在记录下了这个故障码之后，清掉了故障码，但问题依旧，根据故障码分析，判断可能故障范围：

（1）挡位开关；

（2）传感器；

（3）变速器上面的线速插头连接不好；

（4）变速器线路虚接。

准备用排除法一一排除，从第一步开始入手，把变速器挡位开关换了一个，路试问题没解决，可以排除挡位开关了。再做第二步，把变速器上输入输出两个传感器拆下来，用万用表测量传感器的阻值，阻值都在 $750\sim790\Omega$ 之间的正常范围，但是为了安全起见还是换了两个传感器装上试车，问题没有解决，两个传感器排除了。回厂之后做第三步，把变速器上的总成线束端插头拔掉，看到里面的针脚有很多发黑、腐蚀氧化的痕迹，还有个别针脚上面固定针脚的胶都烧焦了，看到这里心情豁然开朗，是不是就因为插头里面的针脚松动连接不好，所以有时变速器控制单元与变速器内部信号传输不稳定，造成变速器工作不良？因为线路没有断，只是针脚氧化，传输的信号不好，所以用解码器读数据读不到异常，加上不是专用诊断仪，反应速度快慢不一，所以数据上没有表现出什么异常。

故障排除： 由于总成线束成本太高，车子又老，客户不舍得投入，从其他渠道购买来一个总成线束插头，按针脚一一接好，再次试车一直没有出现问题，几天之后再回访客户，客户说跑着很好，一直没有出现过，至此问题彻底解决。

故障总结： 当有些问题出现的时候一定要认真试车，细心分析，搞清楚问题所在的范围，就不至于走很多弯路。

九、翼虎行驶时后部异响

车型： 翼虎，配置 2.0T 发动机及 6F35 6 速自动变速器。

行驶里程： 30590km。

故障现象： 客户反映车子在高速行驶时，听到车子后部间歇性发出"嗡嗡"声响。

故障诊断： 首先跟车主试车确认故障现象，和车主一起上高速上跑了将近 30min，故障现象出现，坐在后排确实能听到一下"嗡嗡"的响声，响声只是响很短的一下，就消失了。又行驶一段时间，才发出第二次响声。

根据故障现象，分析出现此种异响有以下几种可能：

（1）后轮轴承；

（2）后桥差速器内部轴承；

（3）后部某个部位共振发出的"嗡嗡"响声；

（4）后轮制动片间歇性拖刹。

依据维修经验分析后轮轴承和后桥差速器内部轴承异响可能性很小，因为如果是轴承异响，应该是连续性的，不会是间歇性"嗡嗡"响。针对第四种情况后轮制动片间歇性拖刹，对后轮制动片拆下来检查，没有发现异常情况，接上 IDS 试车，读取 ABS 管道压力和制动压力，在异响出现时和不制动时是一样的，这就排除了 ABS 自动制动的可能，分析得出此种可能性也不大。剩下就只有第三种可能，就是某个部位发出共振响声。为了确认异响，开车上高速路试车，一个人在后面听，发现响声是从右后侧发出的。检查右后部，没有发现有异常情况。通过从试车时异响间歇性出现的故障现象分析，怀疑是燃油管、燃油箱发出的共振异响。此车型配备的是无盖加油口，如图 6-37 所示。

如果在匀速行驶过程中燃油箱内因为某种原因导致负压过大，到达一定程度后，大气压就会推开无盖加油口，空气快速地冲到燃油箱内，就会发出"嗡嗡"的响声。导致燃油箱内产生负压的主要原因有：(1) 炭罐堵塞；(2) 从燃油箱到发动机进气歧管的燃油蒸气电磁阀常开。首先拆下位于发动机附近的燃油蒸气电磁阀检查。检查发现在静态下电磁阀是关闭的，电磁阀通电后打开，电磁阀工作正常。最后拆下位于燃油箱附近的炭罐进行检查。检查发现活性炭罐和大气相通的透气管吸附了很多尘土，炭罐内部也倒出了很多尘土，如图 6-38 所示。

图 6-37　无盖加油口

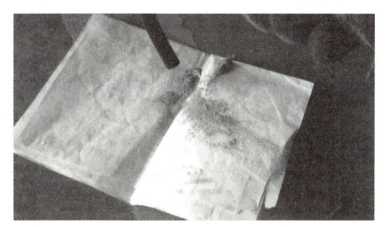

图 6-38　透气管及炭罐内部的尘土

由此可知，出现此故障现象的主要原因是炭罐和大气的通气受阻。车子在高速路上匀速行驶，满足了燃油蒸气电磁阀的工作条件，发动机控制燃油蒸气电磁阀打开工作。原来存储在炭罐上的燃油蒸气进到进气歧管，最终进入发动机燃烧。发动机工作时进气歧管存在负压，电磁阀打开后燃油箱和进气歧管相通，而此时炭罐和大气的通气受阻，所以在匀速行驶一段时间后，燃油箱内就会产生很大的负压，在达到一定程度后，大气压就会推开无盖加油口，空气流快速地通过加油管冲到燃油箱内，发出"嗡嗡"的响声。最后更换炭罐、清洗炭罐通气管后试车，故障现象不再重现，故障排除。

故障总结： 本故障的主要原因是：(1) 该车经常跑灰尘多的道路，炭罐大气通风管吸进尘土后引起炭罐管路堵塞；(2) 此车型配备的是无油箱盖加油口，所以在燃油箱负压大的情况下会自动开启加油口，空气流快速地通过加油管冲到燃油箱内，发出"嗡嗡"的响声。

只有掌握燃油箱炭罐的工作原理以及燃油蒸气电磁阀工作条件才能更好地分析出故障原因、找出故障部件。

十、致胜发动机怠速抖动

车型：2009 年致胜，配置 2.3L 发动机及 AWF21 6 速自动变速器。

VIN：LVSHBFAF19F××××××。

行驶里程：177796km。

故障现象：怠速时发动机轻微抖动，行驶时正常，加速性能良好。

故障诊断：接车后，启动发动机观察，发动机确实有轻微抖动现象，开车出去路试，在行驶过程中没有感觉到有抖动现象，加速性能良好。故障现象确实存在。

用福特专用检测仪 IDS 读取故障码，有故障码：P0303（侦测到汽缸 3 失火），如图 6-39 所示。发动机失火故障码形成的条件：发动机控制模块 PCM 通过对曲轴位置传感器信号、凸轮轴位置传感器信号进行分析比较，从而确定哪一个缸处于工作状态。并且将此缸工作时曲轴的角加速度信号与其他缸工作时发动机曲轴角加速度信号相比较。如果某个汽缸工作不正常，这时此缸工作时发动机曲轴角加速度信号就会缺

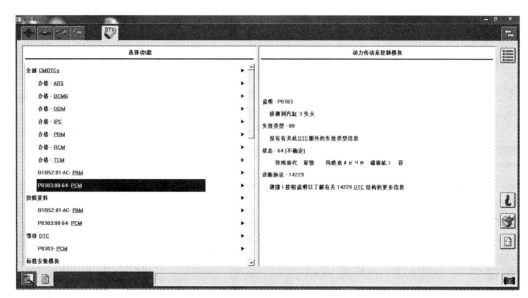

图 6-39 故障码

失或减弱。曲轴位置传感器就会监测到这种异常现象，发动机控制模块 PCM 就会根据凸轮轴位置传感器 1 缸上止点信号确定是哪个缸工作不良，如果此缸工作不良状态出现多次并超过发动机控制模块设定的阈值，发动机控制模块就会设定该汽缸的失火故障码。

对于本车的故障现象，根据汽油发动机的基本工作原理，分析 P0303（侦测到汽缸 3 失火）造成 3 缸失火的主要原因有以下几种：（1）点火系统不良，点火能量不足、燃料燃烧不完全（包括点火线圈、火花塞）；（2）空燃比不合适（包括进气系统泄漏、燃油压力过低或过高、喷油器堵塞、雾化不良、喷油器泄漏）；（3）汽缸压力过高、过低都会造成工作不良。

首先从简单的入手，此车跑了将近 180000km，怀疑 3 缸汽缸压力不足。测量各缸的汽缸压力都在 1250kPa 左右，相差不大。排除了 3 缸压力不正常的问题，其次清除故障码后，拆检 3 缸火花塞检查，火花塞间隙在 1.2mm 左右，在正常范围内，测量火花塞电阻为 4.85kΩ，电阻阻值正常。为了尽快确认是否为点火不良所致，将 1 缸的火花塞、点火线圈和 3 缸的火花塞、点火线圈一起互换，安装好后，怠速运行一段时间并出去路试，回来再次用检测仪 IDS 读取故障码，还是显示 P0303（监测到 3 缸失火）。通过互换点火线圈、火花塞，故障现象并没有转移，说明 3 缸的点火线圈、火花塞都是好的，排除了点火系统故障的可能。

既然排除了汽缸压力和点火系统的故障，剩下的就只能是混合气空燃比的问题了。用检测仪读取发动机的数据流，如图 6-40 所示。

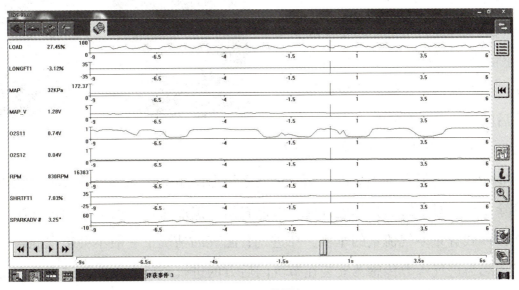

图 6-40 数据流

通过数据流分析查找故障原因：怠速转速为 780~850r/min；发动机负荷为 25%~38% 来回波动（正常值为 32%~36%）；进气压力为 32kPa（正常值为 28~30kPa）；前氧传感器电压为 0.08~0.71V 回来缓慢波动（正常情况下像完整的正旋波形，并且来回快速切换）；后氧传感器电压为 0.04~0.08V（正常值为 0.69~0.8V 成一条平直的直线）；短期燃油修正为 7.03%（正常范围 ±15%）。通过对前氧传感器、后氧传感器、短期燃油修正系数的分析，基本可以确定造成 3 缸失火的原因是 3 缸的混合气过稀。如果是因为混合气过浓造成的失火，后氧传感器的电压在高电位即在 0.8V 左右成一条直线，因为三元催化转化器在工作过程中也需要氧气。如果是混合气过浓的话，尾气中氧的含量就会更低。后氧传感器的电压就会更高，与数据不符。发动机负荷和转速的来回跳动是因为发动机工作不稳定引起的。在仅有 3 缸混合气过稀，而其他缸正常的情况下，可能原因有：3 缸喷油器堵塞；3 缸进气管或喷油器密封圈泄漏。结合进气压力比正常值高一点，并且故障现象只是在怠速的情况下出现，在行驶中加速性能良好，因此 3 缸进气管或喷油器密封胶圈漏气的可能性更大。仔细检查 3 缸进气歧管没有发现有泄漏的地方，决定拆检喷油器检查，拆下来后故障原因一目了然，3 缸喷油器密封圈老化开裂，如图 6-41 所示。

空气从喷油器漏进汽缸，造成混合气过稀而失火。将 4 个喷油器拆下来放到喷油器检测仪上做喷油器流量和雾化测试，各缸喷油量基本一致、喷油器雾化良好。最终确认造成怠速抖动的原因是 3 缸喷油器密封圈泄漏空气所致。最后清洗喷油器和更换 4 个喷油器密封圈后故障排除。故障排除后的发动机数据如图 6-42 所示。

图 6-41　密封圈老化开裂

故障总结：为什么采用进气压力传感器（MAP）式计量空气流量的车辆，进气系统泄漏也会出现混合气过稀的故障呢？故障排除以后，对维修的步骤进行反思可以看出，按照通常情况下采用进气压力传感器（MAP）式计量空气流量的车辆，在进气管漏气的情况下一般不会出现混合气过稀的情况，因为进气压力传感器安装在节气门后方的进气歧管上。泄漏进来的空气，进气压力传感器（MAP）是可以检测到的，这和采用质量式空气流量传感器的不一样

208

（质量式空气流量传感器安装在空气格后面节气门前面的进气管上，只要在流量计后面泄漏进来的空气，流量计是没有办法检测到的）。而此车故障原因比较特别，是由于喷油器胶圈泄漏，非常接近进气门，泄漏进来的空气直接就进入了3缸，而这部分空气进气压力传感器是检测不到的。3缸的喷油量还是按照进气管检测到的压力进行喷射，所以就会引起其他3个缸工作正常，而3缸因混合过稀而失火的故障现象。其实在本车的维修过程中，先检查汽缸压力、点火系统是属于走弯路了。因为只是从发动机工作原理的理论进行推测检查，如果能先读取发动机工作的数据流，并对数据流进行分析，就可以快速地确认3缸失火是由于混合气过稀所致。就不会导致先对点火系统、汽缸压力进行检查，而后检查混合气空燃比的检查顺序颠倒现象的发生。所以对故障的分析，不但要从理论上分析，还要借助最容易得到的数据流进行分析、验证并做出最合理的检查步骤，才能更好、更快地找到故障、排除故障。

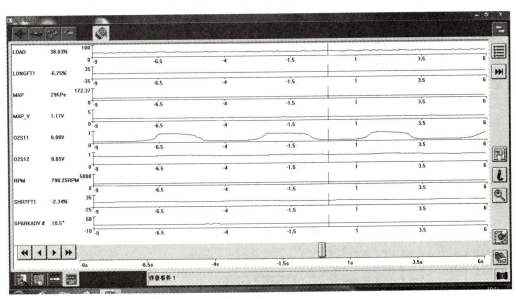

图 6-42　故障排除后的发动机数据

十一、致胜驾驶侧外把手闭锁按键无法上双重锁

车型：2009 年蒙迪欧致胜豪华款，带免钥匙中控锁系统。

VIN：LVSHBFAF0AF × × × × × 。

行驶里程：85980km。

故障现象：车门全部关闭后，使用驾驶侧外拉手门锁按键可以上单重锁，但无法上双重锁，副驾驶侧外拉手门锁按键既可以上单重锁也可上双重锁。

故障诊断：据车主反映，车子这段时间出现使用驾驶侧外拉手门锁按键无法上双重锁，以前没有遇到过这种问题。接车后首先是验证故障现象，将全部的车门都关闭以后用手按驾驶侧的门锁按键，车子可以正常上锁，但快速连续按两次上锁按键却无法上双重锁（正常情况下连续快速按两次上锁按键则全车门锁双重锁定），副驾驶侧则可以正常上单重锁和双重锁，故障确实存在。

此车型搭配的是免钥匙进入系统，其系统部件如图 6-43 所示。

免钥匙中控锁控制原理如图 6-44 所示。

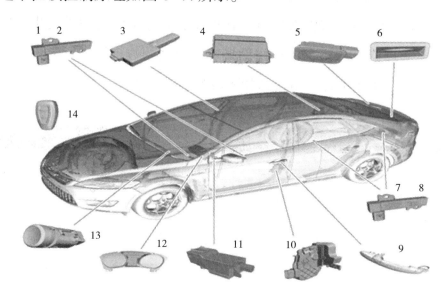

1. 内天线前　2. 内天线中　3. 无线频率接收器　4. KVM 免钥匙模块　5. 尾箱中控锁开关　6. 尾箱开锁开关　7. 内天线后　8. 外天线后　9. 外天线驾驶侧　10. 门锁　11. 转向柱锁　12. 仪表　13. 点火开关　14. PAST 钥匙

图 6-43　免钥匙进入系统

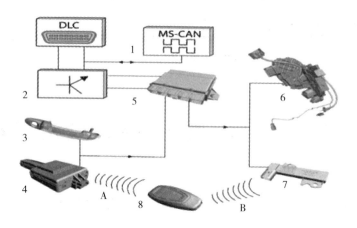

A. 无线电频率信号（从钥匙到接收器）B. 无线电频率信号（从外部天线到钥匙）1. MS-CAN 中速网络　2. 网关（车身模块 GEM）3. 车门把手（带外部天线、门上锁开关）4. 无线频率接收器　5. KVM 免钥匙模块　6. 车门锁　7. 外部天线（整合在前门把手或尾门下方）8. PAST 被动钥匙

图 6-44　免钥匙中控锁控制原理

系统工作过程如图 6-45 所示。

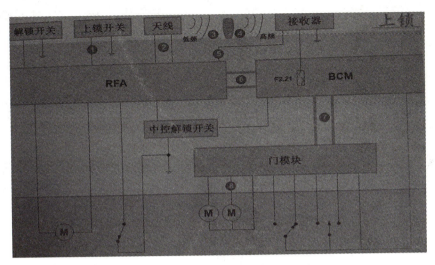

图 6-45 系统工作过程

（1）触动门把手的上锁开关，会向 KVM 免钥匙模块发出一个上锁信号。

（2）KVM 免钥匙模块时刻监测这个开关的状态，当开关动作后，KVM 立刻激活相对应的外部天线。

（3）外部天线发出低频无线信号，用于搜索被动钥匙。

（4）低频信号被钥匙获取，之后在钥匙处理这个信号后，对外发出一个高频编码信号作为应答。

（5）无线接收器接收高频信号，然后把简单处理的信息传递给 KVM。

（6）KVM 会将接收到的钥匙信息和自己存储的信息对比，验证钥匙的合法性。

（7）KVM 确认钥匙合法后，通过 MS CAN BUS 中速网络把上锁指令传递给车身电子模块 GEM，GEM 把上锁命令传递给前门模块（前门模块通过 LIN BUS 传递给后门模块）、尾门锁。

（8）车门模块控制门锁电机，从而实现车门自动上锁。

车门上锁的条件是：（1）在外部天线检测范围内发现有合法的钥匙；（2）所有车门及行李箱关闭；（3）变速器处于 P 挡；（4）点火钥匙关闭。在满足以上条件后，按动车门把手的上锁开关或钥匙上的闭锁键一次，则车门成功上锁，在 3s 内按门把手的上锁开关或钥匙上的闭锁键两次，车门中控锁激活双重锁定（即上了双重锁后，车门内把手和锁机构脱离关系，这时内把手也无法开启车门，必须借助钥匙解除双重锁后才能开启，起到双重防盗的作用）。

对于本车的故障现象，根据免钥匙中控锁的工作原理，分析引起驾驶侧开关无法实现车门双重锁定的主要原因有以下几种：(1) 驾驶侧门把手上锁开关故障；(2) 钥匙接收器故障；(3) 无线电频率接收器故障；(4) 车身电子模块 GEM 故障；(5) 免钥匙模块故障；(6) 线路故障等。

故障排除：首先用诊断仪 IDS 检测故障码，没有发现任何故障码，仪表显示各挡位正常。读取主驾驶侧门把手上锁开关和副驾驶侧的门把手上锁开关数据流，如图6-46 所示。

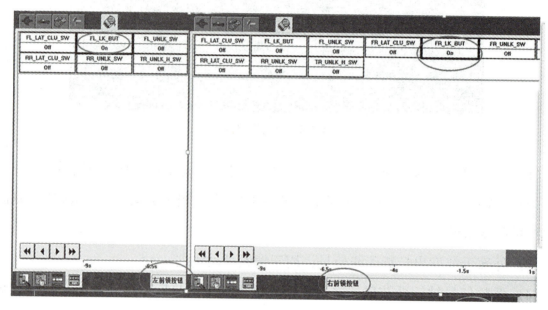

图 6-46 数据流

通过数据流可以知道，主驾驶侧和副驾驶侧的上锁开关信号是可以送到 KVM 模块的。通过对数据流的分析并结合此车的故障现象：将全部的车门都关闭后用手按驾驶侧门把手的上锁键车子可以正常上锁，按副驾驶侧车门把手的上锁键可以正常上单重锁和双重锁，可以排除外门把手天线、无线电频率接收器和车门把手上锁开关、车身电子模块 GEM 故障的可能；其次，按外门把手能锁单锁说明从外门把手到 KVM 的信号能正常传递，说明线路正常。为了确认故障点，将驾驶侧外门把手上锁键信号到 KVM 模块的导线（C2PK28-E 的 12 号脚）和副驾驶侧外门把手上锁键信号到 KVM 模块的导线（C2PK28-E 的 11 号脚）互换，其信号传递电路图如图6-47 和图6-48 所示。即驾驶侧外门把手上锁键信号送到本是副驾驶侧门把手上锁信号给 KVM 的针脚位置。互换后发现在驾驶侧按上锁键两下能进入双重锁，而副驾驶侧不能进入双重锁。因此验证了前面的判断，即驾驶侧外拉手天线和按键以及它到 KVM 之间的线路都没有问题。故障原因出现在 KVM 内部对接收到驾驶侧按键信号处理出错上，到此故障基本确定。考虑到有可能是 KVM 的程序出错，所以就对 KVM 进行重新编程，对钥匙进行重新匹配，编程并匹配好钥匙后故障依旧，因此判断是 KVM 本身内部硬件故障，更换新的 KVM 后重新编程并对钥匙进行重新匹配后故障不再出现，故障排除。

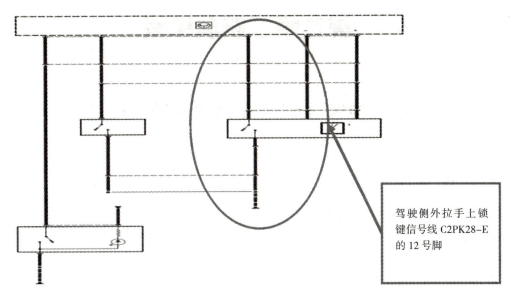

图 6-47　信号传递电路图 1

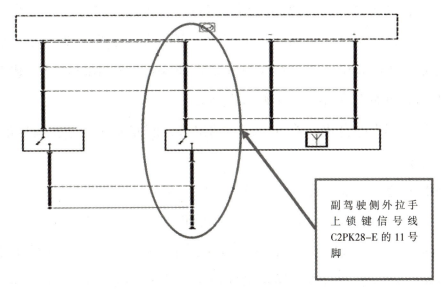

图 6-48　信号传递电路图 2

　　故障总结：本车的故障原因是免钥匙模块 KVM 内部处理从主驾驶侧传递来的闭锁信号出错，无法识别出双重锁定的意图，所以在 3s 内按主驾驶侧外门把手上锁按键两次时，无法把双重锁定命令传递给 GEM，GEM 也就没有把指令传递给车门模块实现车门锁的双重锁定。现在的车子越来越多使用网络线联系车上的各个系统进行工作，在排除故障时只要在了解故障系统的工作部件组成以及工作原理的基础上结合故障发生的条件进行推理分析、论证，就能快速地查找到故障部件以及确认故障原因。

第七章　路虎车系

路虎揽胜 3 挡升 4 挡热车冲击严重

车型：2009 年路虎揽胜，配置 4.2L 发动机，6HP28 变速器。

故障现象：热车时 3 挡升 4 挡冲击严重。

故障诊断：

步骤 1（望）：此客户是我们老客户有信誉，看车况行驶里程 130000km，外观和打开机盖检查车况良好，为了技术和声誉此车要修。

步骤 2（问）：经了解此车变速器刚刚大修过，原先故障是锁挡报 E 离合器故障，速比错误，第一次是更换过定子铜套、摩擦片，第二次是更换了变扭器，故障依旧，无法交车，故障已锁定阀体故障。新阀体太贵没质保期，拆车阀体只保装车没保障，修理厂愿意出 5000 元质保一年让包干修好此故障。

步骤 3（闻）：车上举升机，放点变速器油出来，闻闻油的气味和颜色正常，没有摩擦片烧损的迹象。

步骤 4（切）：路试车辆，连接诊断仪 X431。

（1）首先检查入挡情况 P→R→N→D 挡位正常，反之退挡也正常。

（2）读取油温 26℃，起步行驶到 3 挡升 4 挡有冲击但不严重，继续行驶约 5km 后油温到达 71℃，3 挡升 4 挡有轻微空转带来的冲击，从 X431 看数据流无明显问题之处，从维修经验判断故障点在阀体上。

返回厂里，停车热车检查入挡情况，P→R→N→D 挡位正常，反之退挡也正常。与其他维修技师分析统一认为故障点在阀体上，拆阀体检查。纵直变速器布置阀体拆卸空间大好拆，很快就拆卸下来。

（3）仔细分解阀体，每个阀芯都拆出来检查，没有阀芯有明显磨损的地方。

（4）检查电磁阀，查阅 3 挡升 4 挡电磁阀工作表，如表 7-1 所示，EDS3 和 EDS4 参与工作。

表 7-1　电磁阀工作表

6HPxx E20/5 M–Schaltung

挡位	压力调节器 – 逻辑							离合器 – 逻辑						
	P–EDS							离合器				制动器		
	1	2	3	4	5	6	7	A	B	E	WK	C	D1	D2
P	0	0	0	0	0	1	0	0	0	0	0	0	1	0
R	0	0	1	0	0	1	+/-	0	1	0	0	0	1	0
N	0	0	0	0	0	1	0	0	0	0	0	0	1	1
D1	1	+/-	0	0	0	1	+/-	1	0	0	+/-	0	1	0
D2	1	+/-	0	0	1	0	+/-	1	0	0	+/-	1	0	0
D3	1	+/-	1	0	0	0	+/-	1	1	0	+/-	0	0	1
D4	1	+/-	0	1	0	0	+/-	1	0	1	+/-	0	0	1
D5	0	+/-	1	1	0	0	+/-	0	1	1	+/-	0	0	1
D6	0	+/-	0	1	1	0	+/-	0	0	1	+/-	1	0	1

（5）EDS3D 电磁阀参与倒挡工作，前面检查过倒挡没有问题，目光锁定在 EDS4 电磁阀上。

（6）分析电磁阀特性，EDS4 属于线性电磁阀，电磁阀为什么会造成冲击？

（7）电磁阀原理分析：电磁阀在离合器接合的过程中，变速器 TCM 发给电磁阀的信号进行调制是分为两级进行控制。

一级控制：控制电磁阀开启的角度，控制变速器油流动的压力。

在每次换挡过程中，TCM 首先发送给电磁阀一级控制信号，使电磁阀针阀打开，同时监控涡轮转速下降的曲线来调节油压大小。

二级控制：是 TCM 通过为蓄电池电压和油底壳油温的变化提供补偿，产生一个稳定的电磁阀性能，提供持续的最优电磁阀电流。此控制信号并不干扰一级控制信号，但是却提供一个程度可控的电流以拉入和保持住电磁阀针阀开启当前的角度，以最优电流保证电磁阀线圈发热量为最低。

这样可使电磁阀调节出稳定无级变化的压力，以最优换挡质量来接合离合器。

（8）根据以上分析判定是电磁阀引起的换挡冲击，更换 EDS 4 号新电磁阀一个，阀体带胶隔板一个，清洁阀体组装，装车加好变速器油，清除学习值，试车刚开始有轻微换挡冲击，停车起步来回路试换挡冲击消失，恢复正常。

故障总结：离合器控制的发展，已经把以前变速器壳体上每个离合器都由一个大的蓄压器来降低离合器结合时压力，实现离合器缓冲控制，发展为由电磁阀来控制实现。优点：减少工艺和重量降低成本，关键是反应快、准确、换挡舒适，可以使滑磨的时间达到最优的设置，摩擦片的摩擦系数、油温的变化、黏度的变化可以在很大程度上得到补偿，能始终保持换挡的舒适性。

第八章　本田车系

一、本田思域底盘异响

车型：2011 年东风本田思域轿车，配置 R18A1 发动机及本田平行轴式自动变速器，行驶里程 79546km，未出现过重大事故。

故障现象：在颠簸路面行驶时，底盘有异响。

故障诊断：该车曾经在厂检查过一次，当时维修人员检查了底盘所有的连接球头，没有发现故障。该车已加装了护板（发动机下护板铁质的），拆除护板和稳定杆球头（连接两侧减震器竖拉杆，控制车身平衡）后试车，故障依旧。最后只能怀疑减震器坏了，因为在前不久维修过一辆马自达轿车，故障现象和该车基本一致，但马自达的减震器明显有漏油的迹象减震器杆也有明显的拉伤痕迹，而该车减震器不仅没有拉伤和漏油现象，且按压减震器时没有发现异常。

接车后首先进行了路试，故障现象与车主描述一致，正常行驶时右前轮经过不平路面时有明显异响，好像是减震器卡死，不能收缩一样。把车放在平坦的路面上，按压两侧车身，减震器无卡滞现象，缓冲良好，只是右侧减震稍微比左侧偏硬，但差别很小。单个车轮轧同样高度的木块，左右车身上升的高度也一致，此时还在怀疑是减震器损坏，但是始终没有找到证据。是不是和减震器的温度有关系呢？带着这个疑问，笔者又进行了 20 多分钟的路试，路试发现，速度在 30km/h 左右时，车轮通过波浪路面高度起伏不超过 2cm 的道路时，响声不存在，速度在 20km/h 时，通过垂直高度超过 3cm 的坑洼路面时，响声偶尔出现，速度在 70~90km/h 时经过波浪路面高度起伏 1cm，间距约 30cm 的路面上时，响声明显，频率达到最高。速度在 10km/h 以内，经过高度差为 3~7cm 的坑洼路面时，响声基本不出现。至此维修陷入了僵局。

冷静下来仔细地分析，通过以前的经验，以及响动的频率和音量减震器基本上正常，有 80% 的把握能证明减震器正常，有 90% 的把握能证明连接球头没有故障。

又检查了所有的底盘螺丝也没有发现松动，但是响声明显存在且能判定是右侧减震器周围异响。但除了减震器还有什么情况能导致这种类似减震器损坏的异响呢？这时突然想起了车主来时说过的一句话，"节气门才洗了还没1个月呢，发动机又开始抖了，是不是上次没洗干净呀，早晨冷车的时候挂前进挡和倒挡抖动都特别大"。我不记得当时怎么想的了，就去开始注意发动机胶座了，的确不是很正常，该胶座是液压的，也没发现有漏油的迹象，用千斤顶顶起发动机，发现胶座已经损坏（如图8-1所示）。其实之前笔者就已经做了测试，在平坦的路面上，拉紧手制动，脚刹也踩住，用挡块挡住车轮，频繁地在R挡和D挡之间切

图8-1 胶座

换且每次切换之后就加一下油门，另外一个修理工在一边观察发动机的活动量，由于该胶座上面有一个纵拉臂，故未发现损坏。

故障排除：更换发动机胶座，检查其他位置的胶座，没有异常，试车响声不再出现，故障解决。

故障总结：在维修某些故障时，判断一个部件损坏达不到60%以上时，强烈建议不要轻易更换，如果能保证某些配件的完好性能在95%以上时，判断故障时该配件不应在怀疑范围之内，解决故障本身就是假定到否定的一个过程。

二、雅阁玻璃升降器异常

车型：2005年本田雅阁CM5轿车，配置2.0L VTEC自然吸气发动机及平行轴式自动变速器。

故障现象：用户反映玻璃升降器不好用了，只有主驾驶侧正常，其他三个门均不能升降。

故障诊断：该车电动玻璃升降器系统有关闭除主驾驶之外三个车门升降的功能。根据现象可以判断有以下几种可能：(1) 主驾驶侧组合玻璃升降器开关损坏；(2) 其他三个车门的电源故障；(3) 其他三个车门的开关和电机故障。维修人员测试玻璃升降器开关，当关闭组合开关上面锁止其他三个车门升降器的开关时（下称锁止开关），其他车门玻璃没有任何反应，当打开锁止开关时，操作其他三个车门玻璃时有继电器吸合的声音，现在基本可以判断锁止开关是正常的了，检查保险丝，均没有熔断。难道是其他三个车门的电动玻璃升降系统都损坏了？笔者带着这个疑问拆下了右前门的内衬，当操作此门的开关时，继电器吸合，但到玻璃升降器电机无电源输出。玻璃升降器电机的电源是由该门的玻璃升降开关输出的，检查开关上没有正极输入，再次检查保险丝，没有熔断，用试灯测量发现保险丝没电，此时点火钥匙已经打开。经过查找电路图得知，主驾驶侧玻璃升降器为 ACC 控制电源，其他三个车门经过了组合开关上的锁止开关控制的继电器控制电源，找到该继电器，POWER/WINDOWS，简称 P/W（在制动踏板左侧的保险丝盒上）。再次操作锁止开关，发现该继电器没有动作，已知该继电器是由锁止开关直接控制的，检查了继电器的线圈正常，检查继电器的控制线，没有电源，检查继电器至左前门组合开关的线路正常，故障点锁定在了组合开关上。经过车主的同意后对组合开关进行了拆检，仔细观察后发现印刷电路板一处有腐蚀现象，如图 8-2 所示，用刀片刮开此处的绝缘层，测量其与继电器 86 号脚导通，证明故障就是由此引起的。

故障排除：用锡焊修复了断路点如图 8-3 所示，装车测试，工作一切正常，故障排除。

图 8-2　印刷电路板有腐蚀

图 8-3　用锡焊修复断路点

故障总结：故障解决后，笔者反复操作锁止开关，发现能听到W/P继电器"嗒嗒"的吸合声，下次再遇到此类故障的时候，可以根据W/P继电器和其他单门玻璃升降器开关内的继电器响声判断锁止开关的完整性，这样可以有效缩短排除故障的时间。

三、本田思域换挡抖动

车型：2008年本田思域，配置R18A1发动机及平衡轴式前驱5速自动变速器。

行驶里程：97144km。

故障现象：从P挡挂入R挡会轻微抖动几下，从P挡挂入D挡也会轻微抖动几下，从N挡挂入R挡和D挡也有轻微抖动，在抖动的同时发动机转速表也伴有上下浮动100r/min左右，跑起来换挡一切正常。

故障诊断：用故障诊断仪进入发动机系统读取故障码，系统正常。读数据流发现TP传感器怠速时候的数据是16.47%，感觉太高了，正常的应该是在7%左右，暂时没管它，接下来进入变速器系统读取故障码也没有，系统正常，读数据流也没有发现什么异常。

既然变速器系统各方面都没有看出什么不对，发动机系统发现的唯一有点异常的就是节气门开度大，节气门开度过大一般都是因为节气门过脏，发动机控制单元为了稳定怠速，自动调节节气门开度。节气门位置传感器把开度大的信号传到变速器TCM，变速器TCM收到了节气门位置传感器开度大的信号之后再通过变速器上面的EPC电磁阀，把变速器的初级油压略调高了，导致变速器挂挡的时候轻微冲击或抖动。发动机的怠速不稳，有100r/min的转速波动，是因为节气门的开度已经超出了怠速的节气门开度范围，在换挡时的发动机转速与节气门开度范围不符，控制单元无法执行转速稳定控制。

故障排除：把节气门拆下来（检查，发现节气门确实很脏），彻底清洗完装上之后，再读数据，数据流节气门开度在10%，发动机转速在1000r/min不下来，这种车节气门清洗完之后要做节气门设定转速才会正常，重新设定节气门再读节气门开度数据流，也回到7%正常状态，此时挂挡还是有点轻微抖动，但是发动机转速稳定了。

但是入挡怎么还有抖动呢？是不是像之前所分析的变速器TCM接收到节气门位

置传感器给出的开度大的信号，通过变速器上 EPC 电磁阀把变速器的初级油压略调高一点，长时间油压这样的调来调去造成 EPC 电磁阀内部的机械磨损呢？因为这个 EPC 电磁阀无法分解观察磨损程度，只能更换一个，换了之后验证了自己的分析判断，问题解决了。

故障总结：当我们在修一台车故障的时候往往会忽略一些细节方面的东西以至于走弯路，只要抓住重点，从细节方面理论逻辑分析就能很快地找到故障点，排除故障。

四、本田雅阁自动变速器"D"挡位为何不能行驶

车型：2008 年广州本田雅阁轿车，配置 3.5L V6 汽油发动机及 B97A 型 5 挡自动变速器，如图 8-4 所示。

故障现象：据用户描述，该车最早曾经出现过底盘碰撞事故，并导致变速器壳体轻微受伤出现轻微的渗油，但并不影响正常运转。后来考虑总是渗油也不是办法还是解决一下为好，这样在其他维修厂更换

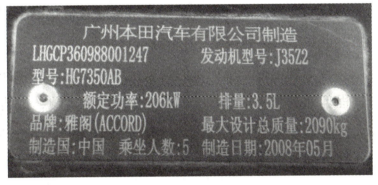

图 8-4　车辆信息

了一个变速器前壳体。结果维修后问题就出来了，每次开始启动车辆后第一次挂挡杆在前进挡"D"位置和"3"位置时车辆不能前进，只能先挂入"2"位置行驶起来后，再将挂挡杆推入"D"位置，使用此时变速器工作一切正常，有时来回挂一挂挡杆，变速器在"D"位置也能行驶，但一旦关闭发动机后，重新使用"D"位置的起步挡就又不能起步了。用户自己说为了解决这一问题更换过变速器总成、电磁阀组等部件，还找专业厂电工师傅进行过检修，但最终都没有查出问题所在，最后不得已还是把原车变速器装车暂时使用，后来通过同行介绍来到我们这里进行维修。

故障诊断：接车后首先进行常规检查并使用诊断仪进行检测。在检测过程中发现变速器故障存储器当中记录了 2 个故障码，分别是 P0767- 换挡电磁阀 D 卡在打开位置，P0796-A/T 离合器压力控制电磁阀 C 卡在关闭位置，如图 8-5 所示。由于 2 个故

障码均是偶发性故障码，因此先删除后再看在什么情况下重现，也好进行故障分析。

删除故障码后进行路试，首先挂入前进挡"D"位置后车辆有接合感觉，但松开制动踏板后车辆没有爬行，加油门

图8-5 检测到的故障码

发动机出现空转，此时要想起步只能将挂挡杆挂入"2"位置或"1"位置，那么在此期间反复操作选挡杆后，"D"位置又能起步（后来发现原来变速器进入应急模式是以2挡起步的），在行驶过程中还发现2-3挡有打滑现象。经过反复试验总结一条规律：那就是该车一旦能够在"D"位置起步，说明变速器已经进入故障运行模式且故障存储器肯定又会记录原来的"P0767"和"P0796"两个故障码，而且出现故障码频率最高的时候并不是在行驶过程中而是在原地挂挡时。另外当变速器处于应急模式下，第一表现变速器故障灯不会点亮，第二变速器仍然会以2-3-4-5挡来切换只不过没有1挡，也并不直接锁在某一个挡上。

考虑到电控系统记录的是关于电磁阀的故障，同时又结合用户反映的之前的维修过程且针对变速器当前所表现的实际故障现象，说明变速器本身存在故障的可能性不大，应重点排查外围问题。这样先临时更换了6个NGK型本田专用火花塞及一个制动灯灯泡，更换火花塞的原因是因为大家都知道本田车系容易存在信号干扰的故障，特别是调节式电磁阀最容易被干扰；而更换制动灯灯泡是考虑该车会不会有"停车回空挡"功能的设置，通过后来的试验也排除这种可能性，原地踩住制动挂入前进挡瞬间车辆有一个接合感觉，如果此时立即松开制动踏板车辆也会有一个前行的动作，但刚一动就不会走了，如果晚一点松开制动踏板则根本就不能走。更换这些元件后根本没有任何改变，在线路上也没有发现明显问题，于是决定分解变速器做检查。

在解体检查过程中重点检查1挡动力传输路线中参与元件的状态（如图8-6所示），包括单向离合器，通过对1挡动力传递分析：动力流经输入轴传递至中间轴，当1挡离合器参与工作后，中间轴才会将输入轴动力传递至输出轴上且在单向离合器方向没有装错的情况下，最终才传递至驱动车轮上。经过多次验证（通过实物进行1挡动力分析并验证单向离合器的正确安装情况，如图8-7所示）说明单向离合器没有错装，同时离合器工作状态良好，这样基本确定变速器机械执行部分没有问题。没有

办法也只能重新装复再检查其控制部分。

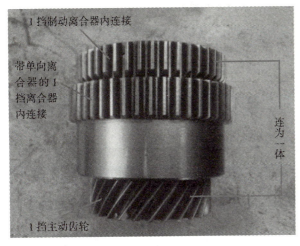

图 8-6　带单向离合器的 1 挡主动齿轮

图 8-7　通过实物分析 1 挡动力传递

　　装车后重新路试发现与原来故障现象一模一样，没有任何改变，通过反反复复多次试验得出这样的结论：当把挂挡杆挂入"2"位置时变速器是以 2 挡起步的，而挂入"1"位置时的起步 1 挡多了一个离合器的参与，因此大多都是正常的，当把挂挡杆挂入"D"位置和"3"位置时变速器的 1 挡起步是靠 1 挡离合器和单向离合器共同实现动力传递过程的，如果单向离合器没有错装，那么就说明 1 挡离合器没有真正参与才导致 1 挡功能失效。结合该变速器 4 个开关式换挡电磁阀在各挡位上组合情况（见表 8-1），说明各挡油路的分配完全是靠 4 个电磁阀不同逻辑组合状态来实现的，而变速器在执行"D"位置和"3"位置起步 1 挡时恰恰跟换挡电磁阀"D"关系特别大，如果其处于真正的关闭状态则说明 1 挡离合器的油路是通的，但压力的调节取决于 A/T 离合器压力控制电磁阀 C 的状态，因此难免在故障状态下控制单元总是记录这两个电磁阀的错误状态。

表 8-1　换挡电磁阀在各挡工作情况

换挡杆位置	挡位	换挡电磁阀			
		A	B	C	D
D 和 D3	从 N 挡换挡	OFF	ON	OFF	OFF
	1 挡	OFF	ON	ON	OFF
	1–2 挡	ON	ON	ON	OFF or ON
	2 挡	ON	ON	OFF	OFF or ON
	2–3 挡	ON	ON	ON	OFF or ON
	3 挡	ON	OFF	ON	OFF or ON

换挡杆位置	挡位	换挡电磁阀			
		A	B	C	D
D	3-4 挡	ON	OFF	OFF	OFF or ON
	4 挡	OFF	OFF	OFF	OFF or ON
	4-5 挡	OFF	OFF	ON	OFF or ON
	5 挡	OFF	ON	ON	OFF or ON
2	2 挡	ON	ON	OFF	OFF or ON
1	1 挡	OFF	ON	ON	OFF
N	N 挡	OFF	ON	OFF	OFF
R	P-N 挡	OFF	ON	OFF	ON
	R 挡	ON	ON	OFF	ON
	R 挡禁止控制	OFF	ON	OFF	OFF
P	P 挡	OFF	ON	OFF	ON

那么在之前的检查中，换挡电磁阀"D"和 A/T 离合器压力控制电磁阀 C 本身以及线路都是没有问题的，因此要想使 1 挡正常工作就需要这两个电磁阀一定是在正常驱动下完成的。这样我们可以借助其他正常挡位的驱动指令来对比不正常的 1 挡驱动指令，就能够找到问题范围所在。连接诊断仪，注意观察变速器在倒挡及前进 1 挡时相关电磁阀的数据，经过多次试验终于捕捉到我们认为是不正常的数据：那就是在 R 挡时 A/T 离合器压力控制电磁阀 C 的实际及额定电流都会由 0.2xxA 调节至 0.7xxA，同时手动"1"挡也是如此，但当挂挡杆挂入"D"位置瞬间 A/T 离合器压力控制电磁阀 C 的实际及额定电流也会由 0.2xxA 调节至 0.6xxA，此时车辆有接合感觉，可是紧接着该电流值会由 0.6xxA 左右又回落至 0.2xxA 左右，此时车辆停止行驶。结合这个电流数据并分析输入轴转速信息，R 挡和手动 1 挡时输入轴转速车辆没有行驶使用制动时始终为 0，当挂 D 挡时输入轴转速信息由 600r/min 瞬间也能变为 0（电流值恰好在 0.6xxA 左右），但这个感觉及数据仅保持一会儿又发生改变，车辆也不走了，输入轴转速又恢复到 600r/min 左右，同时电流值也处于 0.2xxA 左右的低电流状态。

此时问题逐渐明朗，A/T 离合器压力控制电磁阀 C 的电流值为什么会变低？经过分析说明有这样的可能：控制单元误调节或错误调节，要么就是 1 挡油路存在泄漏而控制单元启动了 1 挡的保护功能才降低了电流值。在这种情况下我们找到了一块同型号控制单元装车试车，结果故障现象依旧，看来问题不在于控制方面。重新调整思路并分析，如果控制单元调节正确则说明问题就是在 1 挡油路及元件的执行力上，既然如此在之前的拆解变速器中已经重点检查过 1 挡的所有参与元件，都没有问题。难道是阀体液压方面的问题？那么之前用户所说的更换过变速器总成又做何解释？不管怎样我们还要坚定自己的维修思路，带着这种疑问迫不得已再次分解变速器。

故障排除： 再次分解变速器纯粹按照自己的经验（没有维修资料）利用倒推法去查找 1 挡工作的整个路径，其实在之前的解体中也进行了元件的压力测试（从中间轴直接给 1 挡离合器加压一切正常没有任何泄漏）。分解阀体重点检查 1 挡输出油路，也没有发现阀门的磨损、卡滞，基本排除阀体故障可能后再次检查 1 挡供油油路。功夫不负有心人，阀体的 1 挡输出油路要经过变速器后盖及管路，我们在之前的检测时绕开了这一块，直接从轴上油道进行加压实验的。当检查到这一处时问题直接暴露出来了（如图 8-8 所示），那就是在这个后盖内的供油密封圈坏掉了，结果导致控制单元在正确指令下的 1 挡工作油压从这里泄掉了，更换密封圈故障彻底排除。

故障总结： 本来一个简单故障在维修中变得如此复杂，在这里强调几点：第一，用户的一些信息是不可靠的，为维修带来一些误导；第二，我们的检测手段往往还停留在表面，还是按照传统维修检测经验进行部件的密封检查，说白了不够彻底不够认真；第三，由于缺乏维修资料因此很难评定一些数据的好坏。就这个案例我们可以回归原点：输入轴转速信息就能说明一切，一开始挂前进挡时输入轴转速为 0，说明 1 挡离合器真正参与工作了，紧接着零转速变为高转速说明离合器又分离不参与工作了，因此就充分说明油路上存在泄漏，此时控

图 8-8　损坏的密封圈

制单元计算到错误的 1 挡传动比信息为了保护变速器而降低了其驱动电流值，相当于动力切断功能的实施。

五、本田雅阁 1-2 挡偶尔打滑

车型：2007 年本田雅阁 2.4L。

行驶里程：245800km。

故障现象：大油门 1-2 挡打滑 1000r/min 左右，小油门偶尔打滑 100~200r/min，偶尔不打滑其他挡位正常

故障诊断：用金德 KT600 进行诊断，读出的故障码：2 挡传动比错误。变速器换挡故障。也没有必要再去测油压了，很明显就是泄压导致的这种现象，和车主沟通后解体变速器发现 1-2 挡的磨片严重烧损，其他的磨片也有很多脱落，2 挡离合器压力的铝套油环位置也磨损严重，按大修程序维修好之后各工况下试车没有出现问题，就交车了。

本以为问题解决了，可是车主在接车半个月左右打电话反映说变速器没修好又出现问题了，我问他什么问题他也说不清，只能叫他把车子开回来重新检查。

来到厂里笔者试车，虽然不打滑了，可小油门偶尔出现锁挡现象。用解码器读变速器故障码，故障码是变速器换挡故障，怎么那个故障码没有了这个故障码还有，变速器刚刚大修完也不可能有问题了，怎么还有这个故障码呢？修到这里一头雾水，不知道从哪里入手了。读数据流也没有发现什么异常，发动机里也没有故障码，数据也没看出什么不对，无目的地先换换电磁阀吧，不行，觉得变速器肯定没问题，后来想想本田车系的车，火花塞有问题也会影响变速器的性能，之前遇到过类似的情况，决定检查一下火花塞，拆掉之后发现火花塞是博士的，型号是 K6TC。

不是本田专用火花塞，问题可能就出在这里，因为博士的 K6TC 型号的火花塞没有电阻，在点火时点火线圈次级线圈自感电压得不到衰减，产生振荡，因为互感作用影响初级线圈，振荡频率就在系统中传递出去，遇到频率相近的信号就会形成干扰，出现各种症状。而 NGK 铱金的火花塞是带电阻的，电阻可以抑制和衰减功率的振荡，避免干扰，对发动机没有明显影响，但对变速器来说还是有一定影响的。换了一组新的原厂的本田专用 NGK 铱金的火花塞，型号是 ZFR6FIX-11，铱金火花塞有更好的点火性能，导电能力、硬度都高于白金火花塞。

试车试了好久也没有出现问题，为了更准确地确定到底是不是非专用的火花塞

出现的问题，再次把博士 K6TC 火花塞装上试车，跑了大概 30min 的时候问题又出现了，这次确定了就是因为装了非专用的火花塞造成的问题，把本田专用的铱金火花塞（NGKZFR6FIX-11）装上再次试车，故障再也没有出现，问题彻底解决。

故障总结：有的时候并不是变速器本身有问题才是问题，其他方面也会有很大影响，所以要综合分析，就像医生给病人看病一样，要仔细分析从根本入手找到病因才能彻底治愈。

第九章　丰田车系

一、丰田汉兰达变速器进入 4 挡后有"闯车"现象

车型：2009 年广汽丰田汉兰达 SUV 城市越野车，配置 2.7L 发动机及日本爱信公司生产的 U760E 型前轮驱动 6 挡变速器。

故障现象：最早该车属于事故车，除了车身有碰撞以外变速器及发动机都有损伤部位（铝壳补焊修理），重新修复后运行基本正常，但让用户讨厌的是发动机及变速器均有不同程度上的漏油部位，同时变速器在正常运行时品质也不是很好，但此次用户车辆进厂后主要是解决漏油问题（忽略了品质问题）。更换发动机前正时链条端盖、进气歧管、变速器中壳等部件漏油故障彻底解决。但变速器换挡品质还不是很理想（注：跟此次换壳解决漏油故障无关，故障现象其实早就有），由于用户急于用车因此先交车使用。后来使用了两个月左右用户反映原来的换挡品质故障现象越来越明显，且到 4S 店检修说发动机没有故障，车辆运行品质问题应该来源于自动变速器系统，于是车辆再次返厂维修。

故障诊断：接车后经问诊得知该车故障现象跟变速器温度有关，一般来说需要让变速器循环完成两次换挡过程后故障现象才会暴露出来，同时温度越高越明显。得知这种情况后我们直接连接诊断仪进行随车诊断路试。初期还以为跟换挡点有关，所以在观察动态数据时主要监测跟主油压控制有关的相关信息，后来反复路试最终得到很有规律性的故障现象，那就是变速器只要换完 4 挡后就有明显的冲击感，且偶尔有连续的两三下的冲击，在 5 挡上运行也有这种感觉但不明显，在 6 挡就感觉不到了。难道是液压控制系统导致的油压不稳定形成的冲击感，还是跟 TCC 锁止离合器工作不良有关？通过长时间路试根据车辆实际故障现象的规律，然后再对比本田 CRV 以及大众奥迪 01V 变速器 TCC 锁止离合器故障现象，通过感受和对比似乎又不太像 TCC 锁止离合器故障引起，但通过该车动态数据来看故障现象又是在 4 挡后出现的，也恰好此时正是 TCC 锁止离合器被启动的时间，所以从分析中又感觉和 TCC 锁止有关。不

管怎样估计这个变速器的故障，要么在液压控制方面，要么在变扭器 TCC 锁止控制方面。

变速器在使用中并没有打滑迹象且油质也不错，因此从方便角度先更换一块阀体试试还是对的，毕竟拆解变速器检查变扭器比较麻烦。于是我们订购了一块同型号变速器的阀体（如图 9-1 所示），结果装车后试车故障现象及故障规律还是一模一样。因此

图 9-1　更换的阀体（U760E）

应该不是阀体的故障，另外在检查阀体各个阀门时也未发现异常磨损情况，因此必须要抬变速器检查变扭器了。

变速器抬下来后并没有解体而是直接将变扭器进行了切割检查，维修工在未直观看出问题的情况下还是更换了 TCC 锁止离合器摩擦片、密封圈和油封。按照以往维修经验，重新修复变扭器能够消除故障现象的可能性并不大，有可能还要寻找其他能够引起并出现冲击现象的地方。可谁能想到变扭器修复后装车试车，结果 4 挡后的冲击现象居然消失了，难道还真的是变扭器 TCC 锁止离合器问题引起的？但在检查锁止离合器摩擦片及其密封元件时并未发现明显问题。看来问题要么在 TCC 锁止离合器摩擦片的摩擦系数上，要么就是出现在 TCC 闭锁油路的密封性上，不管怎样车总算好了。通过长时间试车后确信故障现象彻底消失便把车辆交付车主使用。

可是交车后用户仅仅使用了半个月左右原来的故障现象又再次出现，且与原来感觉一模一样，这样车辆再次返厂检修。接车后通过路试发现故障现象确实与原来一样，观察动态数据变速器，进入 4 挡后 TCC 电磁阀开始动作故障现象就会随之而来，由于是设备原因我们既看不到 TCC 电磁阀动作时占空比强度，也看不到电流的大小，只能看到电磁阀开启和关闭的提示，同时诊断仪也没有计算 TCC 锁止离合器的打滑量，我们只能临时捕捉发动机转速与输入轴转速之间的差值。另外为了验证是否因 TCC 锁止不良而引起的冲击，我们人为地不让 TCC 锁止离合器控制阀门动作，虽说电磁阀在工作但并没有真正驱动闭锁阀门，同时由于锁止阀门未动作，因此变扭器 TCC 闭锁油路也并未真正打开，那么变扭器在传递发动机动力时始终是以液压方式传递的。通过路试，变速器换挡平滑如丝，一点儿冲击感都没有，因此证明问题根源还是在 TCC 锁止

离合器控制上。难道是我们修复的变扭器又出现问题，还是其他控制问题呢？不得已再次将变速器抬下来进行变扭器的切割检查。

故障排除： 切开变扭器来观察摩擦片状态，似乎跟上次维修时是一样的，考虑到初次维修后的良好感觉，我们仔细检查才发现真正的问题所在，就是 TCC 锁止离合器摩擦片与变扭器前盖之间的接触面存在问题，它们并不是百分之百的全面接触，而是只有接近 1/3 的外缘在接触（如图 9-2 所示），这说明要么是 TCC 锁止盘变形，要么是变扭器前盖变形（不平整），最终更换全新变扭器后故障彻底排除。目前该车已正常运行半年左右。

图 9-2　有问题的变扭器 TCC 锁止盘

故障总结： 当前新型车辆的自动变速器变扭器锁止问题引起的换挡品质故障越来越多，特别是 SUV 车辆的居多。值得注意的是不同车型形成的故障现象有些时候不见得是一模一样，虽说许多时候有类似相同的感觉，但在故障判断过程中也不相同，同时在数据分析中也有不同的检测和分析方法。该案例其实并不特殊，关键是初始维修检查中的细节还不到位导致二次返修。

二、丰田红杉大修变速器后发动机故障灯却时常亮起

车型： 2002 年进口美规版丰田红杉越野车，配置 5.7L V8 发动机及日本爱信公司早期生产的型号为 A340F（30-40LE）四轮驱动型 4 挡变速器。

故障现象： 进厂时据用户描述该车近期耗油量剧增且明显感觉发动机转矩高噪声大，而实际达到高车速完全是靠在较高的发动机转速下实现的。

故障诊断： 进厂后首先连接故障诊断仪进行电控系统检测，结果发动机与自动变速器电控系统故障存储器中均没有故障码记录。通过实际道路试验发现该变速器在升挡期间仅完成两次升挡过程，也就是说没有升到超速 4 挡，其实变速器根本就没有 4 挡的动力传递过程。虽说在试车时通过简单的数据流来看确实看到控制单元已经发出

了4挡指令（A和B两个换挡电磁阀的状态），且诊断仪也已经显示4挡，但实际上变速器并没有真正执行4挡（发动机转速与实际车速严重不成比例）。该变速器挂挡杆在方向盘转向柱上，有P、R、N、D、2、L共6个位置，挂挡杆"2"位置里应该是1挡、2挡两个低速挡和3挡直接挡，因此在试车时当通过发动机转速将车速提升至80~100km/h时，恒定油门踏板将挂挡杆由"D"位置拉至"2"位置，此时看发动机转速是否有上升变化以及车辆是否有发动机制动效果（如有变化说明变速器完成的是4-3挡的降挡过程），同时再由"2"位置推至"D"位置，此时看发动机转速是否有跌落现象（有跌落现象说明有4挡）。如果反复拉推挂挡杆发动机转速及车速并没有明显变化说明变速器真正没有超速4挡。多次试验说明变速器"超速4挡丢了"，由于控制单元发出4挡指令，那么一定说明故障来自变速器内部的执行部分。

由于1挡、2挡、3挡都正常存在，说明问题不在换挡电磁阀身上，因为一个换挡电磁阀故障会影响到两个挡位，所以不必考虑电磁阀。因此对于传统辛普森式4挡变速器来说影响该挡位的因素是：3-4挡换挡阀门被关闭（卡滞）、4挡油路堵塞、4挡元件不参与或超速行星排不能分离等。不管问题出现在哪，大体上就应该存在两种可能：阀体或内部故障。

按照先简后难的检修步骤，拆卸阀体是比较容易的一件事情，先检查阀体中的3-4挡换挡阀是否存在卡滞再说。当拆下油底壳后发现其内部的磁铁上吸附大量的铁屑（如图9-3所示），看来简单的拆卸检查阀体是不够了，只能解体变速器了。

图9-3 油底壳内磁铁上的大量铁屑

解体变速器后很快就发现了问题所在，原来是超速行星排整个卡死不能分离。从损坏程度上看并不是因润滑不良烧损的，而是先有一个平面滚针轴承的滚针掉下来使行星排损坏并卡死的（如图9-4太阳轮、齿圈及行星齿轮都有掉齿损坏现象），也就是说，这个超速行星排在所有挡位始终传递的是一比一的传动速度。正常情况1挡、2挡、3挡、R挡时该行星排确实是一比一状态（靠C0离合器将太阳轮和行星架连在一起），传动比的变化是靠后面的辛普森行星排来实现的，而进入超速4挡后超速行星排是分开的，即太阳轮被超速挡制动器 B0 刹住行星架，输入齿圈则超速输出（行星齿轮传递原理），后面的辛普森行星排则保持一比一传递状态（如图 9-5 所示）。由于超速行星排不能分离，因此不会影响 1 挡、2 挡、3 挡、R 挡，只会影响到没有超速 4 挡。

图 9-4　损坏的超速行星排各部件

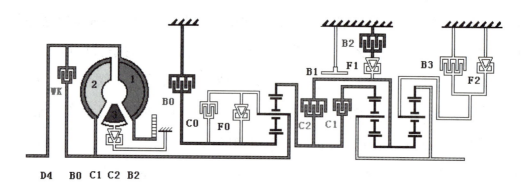

图 9-5　丰田 A340F 变速器 4 挡动力传递

看来该变速器的故障是找到了，就是由于超速行星排卡死不能分离而导致超速 4 挡失效的。但由于超速挡制动器 B0 不能有效刹住太阳轮，所以也导致烧损。这样维修也相对简单一些，只要更换可靠的损坏部件并清洗其他部件故障即能排除。

故障排除：更换所有损坏部件并清洗冷却控制系统及液压系统，同时维修变扭器装车后超速 4 挡一切正常，故障得以排除。

维修后新的问题：交车后没有几天，用户反映说变速器运转很正常，但发动机故障指示灯会时不时地点亮。故障灯点亮后也并不影响变速器和发动机的正常工作。再次返厂后利用诊断仪进行检测，结果在变速器电控系统读出一个 P0770 换挡电磁阀 E 线路不良的故障码（如图 9-6 所示），本以为是变速器插头接触不良导致的，但通过检查和测量线路及电磁阀一切正常。查

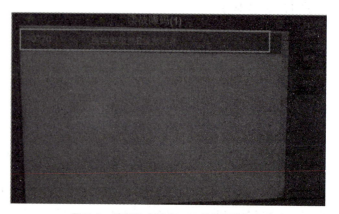

图 9-6　诊断仪中对 P0770 故障码的解释

找相关资料发现该变速器并没有什么"E"电磁阀，只有两个换挡电磁阀 A 和 B、一个 TCC 电磁阀和一个 EPC 主油压电磁阀，咨询一些同行有的说不用理会这个故障码应该是一个假码，还有的说是阀体的故障，但后来更换了一块阀体后还时不时点亮发动机故障灯，同时该故障码再次出现（注：有时两三天才亮一次），这说明故障不在阀体方面。

由于临时查不出故障来车主又急于用车，先交车使用后来还跑了一次长途，说明变速器本身是能够经得住考验的应该没有问题，那么为什么发动机故障灯会时不时点亮呢？而且没有维修变速器之前是没有这个问题的，很显然这个故障码是修出来的。不过故障灯倒是很好理解，其实就是由于变速器控制单元记录 P0770 故障码后才要求发动机点亮的故障灯（发动机与变速器共用一个故障灯）。迫于无奈只能求助于丰田系统的朋友，通过他们对丰田 P0770 原始故障的解释说明并不是什么换挡电磁阀 E 线路故障，而是关于 TCC 锁止离合器控制电磁阀相关内容的故障（如图 9-7 中解释）。

P0770 换挡电磁阀 E 组失效

P0770 扭力变换接合器 TCC 电磁阀线路不良（TOYOTA）

图 9-7　故障码 P0770 的解释含义

真正认清和理解 P0770 故障码的解释含义后故障范围一下子就缩小了，而且目标也随之清晰了。如果控制单元在超速 4 挡后发出相应的闭锁指令，那么问题则有可能在 TCC 电磁阀及线路、TCC 阀门及油路、变扭器闭锁装置本身。由于这款传统型 4 挡变速器的数据流无法直接从诊断设备中读出，因此通过技术人员在 TCC 电磁阀线路中串联一个试灯用来证明控制单元输出是有效可靠的。排除控制单元控制问题后，再把变扭器切开看看，是不是 TCC 闭锁存在不良现象。再次切开变扭器后别说还真看出点问题来，那就是锁止片与变扭器前盖（锁止盘）之间的有效接触，仅出现在外部边缘且锁止盘已经形成很深的沟槽（如图 9-8 所示）。

外部边缘在接

图 9-8　外部边缘接触的锁止装置

233

再次分析：变扭器锁止离合器为什么会出现这种情况呢？那么大的接触面积怎么只有那么一小块在接触摩擦呢？变扭器本身变形？很显然不是变形导致的，接触面积那么小闭锁控制肯定存在摩擦不足并打滑的现象，因此难怪被控制单元记录 P0770 的故障码。通过仔细分析并得到相关结论：锁止摩擦片与锁止盘的外部边缘的局部接触摩擦，主要跟变扭器自身转速形成过大离心力（外部边缘液体的离心力最大）而迫使锁止盘前移（其实也就仅仅是外部边缘在离心力的作用下移动接触），所以一定是闭锁油路出现了问题，也就是说，虽然控制单元对 TCC 电磁阀发出相应指令，但 TCC 锁止阀切换的油路并未发生改变（注意：并不是 TCC 阀门没有动作，前面的检查和更换阀体足以证明这一点）。也就是说，变扭器内的液压油路依然还是出现在变扭器闭锁离合器活塞的前端，即闭锁释放腔，而真正的闭锁腔没有闭锁油压。看来要重新解体变速器了，重点查找变扭器的供油油路和闭锁油路。

故障排除：通过检查发现这是一起严重的人为故障，那就是在之前的维修中在解决没有超速 4 挡故障时更换的输入轴（超速挡行星排）错了，通过对比发现换上去的明显要比原车的短了一大截（如图 9-9 所示），这说明在之前的维修中维修人员不够细心，他们只是关注了齿轮齿数、输入轴齿数等信息而忽略了轴的长短尺寸信息。最后重新更换一根输入轴后故障彻底排除。

更换的　　　　原车

图 9-9　长短不一样的输入轴

故障总结：该案例纯属人为故障写出来其实是一件很丢人的事情，不过至少它留给我们很多思考，比如故障码 P0770 在诊断设备中的解释让大家的维修诊断思路偏离了真正的故障轨道，另外就是维修人员的责任心问题，在实际工作中既要胆大还要心细，否则人为问题会带来更大的麻烦。

三、丰田威驰入挡冲击

车型：2004 款天津一汽丰田威驰 GL-i1.5AT，配置 U540E 变速器。

故障现象：维修完一段时间后由 P 挡挂入 R 挡与 N 挡挂入 R 挡都会出现入挡冲击现象，并且车子行驶起来升降挡不顺畅，并无故障码。

故障诊断：在故障分析过程发现由 P 挡挂入 D 挡与 N 挡挂入 R 挡时挡位指示灯总会慢 2s，倒挡的仪表上的指示灯才会亮起，但是直接挂入 D 挡，仪表上 D 为指示灯很快就会亮起。

开始认为是挡位开关的故障，更换挡位开关进行调整，故障现象和之前一样，而把换挡拉线拆掉进行手动换挡，不管怎样调整，故障现象都是一样。把原车的挡位开关拆解开仔细检查处理接触点，再次进行装车，问题现象一样。检测故障指示灯，将点火开关扭至 ON 位置，按动 OD 开关时发现故障指示灯会点亮闪烁，而关闭 OD 开关时，指示灯又消失。可能存在隐性故障，还有触发故障灯的条件。

进行故障码校核时发现诊断装置正常运行时，指示灯会每秒闪烁 2 次，而我们的指示灯显示大约为 2.5s，故存在系统性故障。而在维修手册中发现此变速器的 "N" to "D" 后坐控制规则是当换挡杆从 "N" to "D" 位置时，挡位会临时先进入 2nd 然后再进入 1st，减低入挡后坐。根据原理发现可能与倒车系统的电路有关。检测倒车系统线路发现，此车安装有加装的倒车雷达，并且倒车灯的灯泡坏掉，更换灯泡，冲击现象消失，行驶中不顺畅，进行人工记忆删除设定如下。

1. 读故障码

（1）KEY-ON，不发动；

（2）短接 OBD-2 诊断座中的 13（TC）与 4（CG）号脚；

（3）根据 O/D OFF 灯的闪烁次数读取故障码。

2. 清除故障码

关闭点火开关，拔下 EFI 保险丝不少于 30s。

3. 删除 ECT ECU 记忆的值

注意：更换自动变速器和阀体总成时，需要删除 ECT ECU 记忆的值。按下面程序删除记忆值：

（1）短接诊断座 13 号和 4 号脚；

（2）打开点火开关后，在 3s 内踏下制动踏板（不要启动发动机）保持住直到（3）和（4）完成；

（3）在 1s 内，移动换挡手柄 P—R—P（操作必须在 1s 内完成）；

（4）重复步骤（3）8 次。

注意：删除记忆值完成时，O/D OFF 指示灯闪烁 2.5s 指示工作完成。

（5）关闭点火开关，再次将点火开关打开。

在市区道路行驶约 15min（完成所有操作，换入每个挡位和自动跳合动作）。

故障总结：因为挂入 R 挡时，变速器控制单元首先给倒车灯信号，再给倒车雷达信号，由于倒车雷达是后加装的故不会产生故障码，当倒车灯开关坏了时控制单元传给倒车雷达的信号就会慢 2s，也就会产生入 R 挡冲击的现象。丰田威驰车维修后变速器控制单元本身自适应能力很弱，无专业诊断仪进行调校难度很大，所以要通过人工调校的方式删除记忆值。

第十章　沃尔沃车系

一、沃尔沃XC90变速器油加入过多引起的故障

车型：2011年沃尔沃XC90越野车，配置日本爱信公司生产的型号为TF-81SC型6挡自动变速器。

故障现象：正常保养变速器后的一次长途行驶中，仪表中的显示屏报警并提示"变速器温度过高"，这样用户又把车开回修理厂检查，维修人员首先进行了路试和数据信息扫描，但并未发现任何故障现象和不良信息，而且变速器的温度并不高。但后来用户又一次长途行车后故障提醒功能再现，同时故障现象表现为发动机动力不足（其实是一种扭矩受限的保护功能）。据用户讲这种现象在未进行变速器保养之前也是从来都没有的（曾经也经常跑长途），看来又是一起跟换油保养有关的案例。

后来用户自己去维修站进行相关的电控系统信息的检查也没有查出任何问题，也仅仅怀疑是ATF润滑油的质量存在问题。在这种情况下遵照用户要求该修理厂又重新更换一次原厂专用润滑油（该变速器专用油）。短时间的使用和路试是根本不会出现任何问题的，只有在跑长途时看结果如何。

后来又是一次长途行车结果变速器再次报警，去当地维修站检查维修，技术人员讲有可能是控制单元或变速器油温传感器问题，同时还不排除变速器冷却系统的问题，由于维修站根本不修变速器，即便有问题也只能是更换总成而已。没有办法考虑到该警示问题又不耽误使用于是车辆二次返厂。

故障诊断：平常使用一切正常，只有长途行车变速器才会报警，这说明变速器控制单元和油温传感器的故障可能性不大，同时假如变速器冷却系统存在问题，故障也不应该出现在长途行车中，而是应该在城市拥堵道路中出现。考虑到用户之前所讲的在没有进行变速器保养前一切都是正常的，这又说明还是跟我们换油保养流程有关。首先ATF油品质量不用考虑了，第一次换的油假如说有质量问题，但第二次可是该变速器的原厂用油啊，因此即便跟换油有关那么也仅仅是与流程操作有关了。接下来重

新按照该车资料要求进行该变速器液位标准量的检查，连接诊断仪读取变速器油温信息，当 ATF 润滑油温度在 50~60℃时将变速器下边溢流螺丝拧下，结果流出 1L 多的润滑油。很显然是维修工在操作时把油给加多了，后来才知道他们在操作时根本没有使用诊断仪读油温信息，而是在正常环境温度下检查的（一般来说春天在 20~30℃）。难怪油量过多而导致变速器在长途跋涉中内阻过大并形成过多的热能，从而导致变速器报警。

放出多余的变速器油后该车又跑了几次长途，变速器一切正常，而且值得说明的是原来的变速器油也根本不存在质量问题，只是由于操作时多加了。这个案例告诉我们变速器油量的标准相当重要，切记既不能多加更不能少加，多加少加都会给变速器带来伤害。

故障总结：目前大部分自动变速器均取消了油尺管，因此在加注过程中确实给维修人员带来一定的麻烦，特别是从变速器底部加注时最为麻烦。为了减少在加注过程中变速器内部产生的大量气泡，那么靠自然引流的加注方式是最科学的，但稍微慢一些。其实传统手工加注设备也是一个很好的选择，至少我们在加注过程中不会产生过多的气泡。而气动加注设备在使用过程就要小心了，不要把气泵压力调整得太高，虽然加注时间短但风险性也是最大的，因为大量的气体会进入到变速器中影响其标准量。各种自变器 ATF 润滑油加注设备如图 10-1~图 10-3 所示。

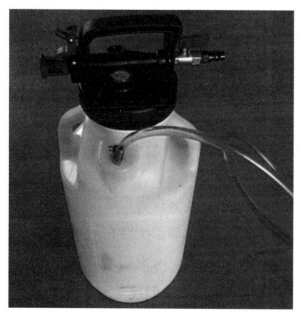 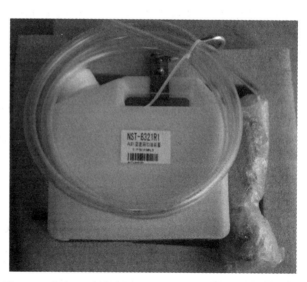

图 10-1 自动变速器 ATF 润滑油气动式加注设备　　　　图 10-2 大众 4S 店自动变速器 ATF 润滑油自然引流式加注设备

图 10-3　自动变速器 ATF 润滑油常规手动式加注设备

二、沃尔沃 S80 自动变速器真的很难修

车型： 2000 年进口沃尔沃 S80 轿车，配置日本爱信公司生产的 AW55-50SN 型 5 挡自动变速器。

故障现象： 挂挡冲击严重（前进挡和倒挡），车辆行驶起来最高车速只能达到 60km/h，而此时发动机转速要达到 4000r/min（注：发动机故障灯已经点亮，如图 10-4）。

图 10-4　故障指示灯

故障诊断： 进厂后首先连接故障诊断仪进行检测。结果在发动机系统中读出两个故障码：530D 发动机控制模块、530D 传输控制模块。诊断故障码（TCM）故障信号和 250A 发动机控制模块、250A 长期燃油修正达到上限。在变速器控制系统读出一个

故障码：002A 变速器控制模块、002A 三挡传动比错误。由于都是偶发性故障码，因此可以在静态下删除，在删除故障码的过程中，如果先删除变速器故障码，那么发动机故障码就能删除，但如果先删除发动机故障码则不能删除。删除两个故障码后进行试车，首先原地挂前进挡和倒挡，依然还是冲击严重（跟存有故障码时的现象几乎一样）。另外 1 挡起步时无力，需加很大油门（类似于锁在高挡一样）才能起步行驶，然后跑起来 2-3 挡变速器打滑发动机空转，随即锁挡同时故障灯点亮。

　　回到厂里首先对故障码进行分析，根据实际故障现象，包括故障码删除功能可以肯定主要问题还是在变速器方面。接下来通过观察 ATF 润滑油的品质说明应该做变速器的解体维修。

　　变速器抬下来，当拆下侧油底壳后发现该变速器曾经进过水（如图 10-5 和图 10-6 所示），在油底壳里面有由水和 ATF 混合后形成的乳白色混合物，同时在电磁阀

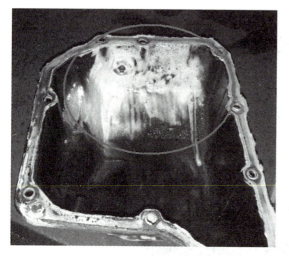

图 10-5　水和 ATF 油液之间形成的混合物

图 10-6　电磁阀上的锈斑

上形成锈斑。另外在变速器壳体内侧还发现了大量的金属颗粒物（如图 10-7 所示），这充分说明有机械元件损坏。在检查其他元件时只是发现有两组摩擦片有不同程度的烧损。那么对于进过水的变速器的维修我们已经有了基本的解决方案，那就是需要把所有橡胶密封元件以及摩擦片统统

图 10-7　变速器壳体内的颗粒物

换掉，同时要切割变扭器做解体维修（变扭器切开后发现已经达到报废程度无修复价值，这也找到了变速器壳体内的颗粒物原来是来自变扭器锁止摩擦片上），还有就是彻底仔细地清洗阀体和电磁阀，问题就能基本得到解决。

可是出乎意料的是按照规范的大修要求完成组装装车后试车，却发现故障现象与未维修前是一模一样的，挂挡仍然冲击很大，而且2-3挡依然打滑并出现同样的传动比信息错误的故障码。但目前可以肯定的是变速器内部机械元件应该不会出现问题，原因是在组装过程中已经进行了相关的加压试验，确保每一组元件良好的密封性和工作可靠性。即便有问题也只能去考虑液压阀体的控制部分，这样反复更换了多块旧的阀体，故障现象都不见好转，当然故障现象也不尽一样。

故障排除：这款变速器在实际维修中难度确实较大，特别是阀体方面的故障，尤其在阀体上的3个线性电磁阀（有主油压调节、TCC闭锁调节和换挡品质调节电磁阀）问题最为麻烦。后来实在没有办法更换了价格不菲的再制造阀体，装车后虽然变速器没有打滑情况，但2-3挡以及3-2挡变成冲击了，通过多次调整电磁阀后故障现象彻底消失，故障也彻底排除。

故障总结：目前针对AW55-50和AW55-51系列变速器其实在机械方面还好一些，关键就是3个线性电磁阀厂家不提供全新备件，只是提供极其昂贵的阀体总成，所以在实际维修中增大成本而遇到了很大的阻力，没有办法大家就尝试着去更换旧的部件，其实绝大部分的旧件都是有问题的，所以就造成了反反复复的过程。考虑这一点，目前美国索奈克斯生产出这3个线性电磁阀给维修带来了方便，如图10-8所示。

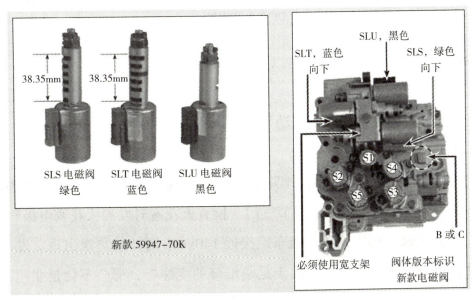

图10-8　美国索奈克斯提供的3个线性电磁阀

三、沃尔沃高速抖动

车型：沃尔沃 S80，配置 B6304T2 涡轮增压发动机及 TF-80SC AWD 6 速自动变速器。

VIN：LVSHGFAM3AF××××××。

行驶里程：220645km。

故障现象：该车变速器报故障码（P0735 5 挡传动比错误）锁挡（如图 10-9 所示）。大修变速器后出现车速在 140km/h 高速行驶时抖动。

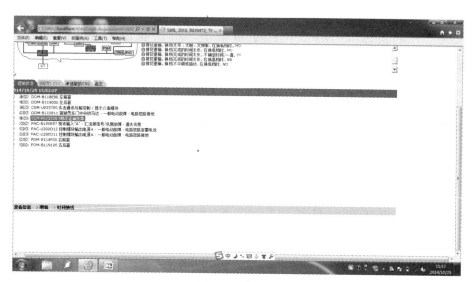

图 10-9　故障码

故障诊断：车辆行驶抖动可能由以下几方面引起。

（1）发动机功率不足；

（2）底盘连接件老化磨损、车轮动平衡；

（3）变速器锁止离合器故障。

首先对车辆的底盘进行检查，排除了因轮胎失衡、橡胶件的老化可能引起的抖动。接着又清洗了发动机的喷油器和节气门，检查火花塞时发现火花塞电极间隙过大，于是更换整组火花塞，再次试车，当车速接近 140km/h 时抖动再次出现。发动机和底盘都检查过，没有发现明显异常，由于是刚维修的变速器，那会不会是变速器本身的问题导致？变速器产生的抖动无非是锁止离合器结合不稳，常见的因锁止离合器故障导致的抖动一般都是车速在 20~40km/h 及 60~80km/h 区间较多，该车是车速在 140km/h 才出现，会不会是锁止离合器供油油压低导致的高速锁止不良产生的抖动？锁止离合器的油压是由阀体和电磁阀控制，首先更换的全新的阀体总成，装车匹配后一试更严重，100km/h 时就开始抖动，该阀体是全新件，而故障现象相同，两个阀体同一个故障的概率很小，看来是锁止离合器本身的故障了。把变速器抬下来后重点检查了锁止离合器的供油油路和密封件，没有发现异常，更换一个再制造的变扭器装车后，重现匹配，试车故障依旧。已经把能考虑到有影响的部件全部检查更换了，故障还是没有改善，难道是电脑板有问题？此时不敢再盲目更换配件了，回想下维修过程，都是怀疑什么就更换什么，都是猜测没有依据地蛮干。

改变维修思路，如果是锁止抖动，锁止离合器肯定是存在滑差，这样必然在数据上会有体现，调取了变速器的输入转速和发动机转速还有 SLU 锁止电磁阀对比，发现当车辆出现抖动时这 3 个数据没有滑差和异常，因此就能排除锁止离合器、阀体和TCM 的故障。底盘和变速器都经过检查确认无故障，于是又对发动机失火等数据进行监测，发现在抖动产生时多缸的失火计数器都会有数据记录，不过频率不高。但是火花塞已经更换，多缸出现失火还有可能和点火线圈及燃油有关。点火线圈同时出现故障的概率不高，于是怀疑燃油有问题。燃油的问题也可能是油压或油品不好导致，车修之前没有反映该故障，看来油品质这块问题也不大，剩下的就是油压了。该车在油轨上装有油压传感器，可以不用外接油表直接通过诊断仪读取，在怠速时读取油压时500kPa 无波动异常，试车时发现该车车速超过 100km/h 时油压波动严重，如图 10-10所示。

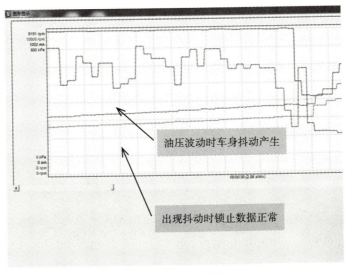

图 10-10　油压示意图

243

故障排除： 看来故障原因就是油压低引起的发动机做功不稳定导致的震动，油压低是因为油泵本身工作不良或泄压阀卡滞造成。本打算更换油泵总成，忽然想起该车试车时燃油灯点亮，会不会是油位低造成的？开始时 140km/h 抖动，油位高后来换完阀体 100km/h 时抖动，这之间可能因为试车油量减少，高速时油面过低且波动，有可能会吸入空气出现油压低，于是将车开至加油站将油加满，试车抖动感消失，各数据正常。

故障总结： 该车前几次盲目维修不但耗时费力而且故障没有排除，所以要养成正确的维修诊断方法，对于任何的怀疑部件必须要有可靠的数据支持，才能事半功倍，药到病除。

第十一章 日产车系

一、新天籁不升挡故障

车型： 2009 年 2.0 新天籁，配置 CVT 无级自动变速器。

行驶里程： 6500km。

故障现象： 正常行驶中突然降挡，最终造成不升挡故障。

故障诊断： 试车，前进挡、倒挡、入挡均正常，前进挡升挡不正常，起步加速有力，但无升挡迹象，车速最快 40km/h，发动机转速达到 4000r/min。根据经验判断有几种可能：

（1）钢带和 V 形带轮磨损严重，出现打滑现象。

（2）V 形带轮压力控制不良、初级或次级带轮活塞泄压、阀体控制油压失效、电磁阀失效、滑阀卡滞、缺少 ATF 油。

（3）控制单元控制错误，接受了不正确的信号或控制单元本身故障。

连接金德 KT600，调取故障码，发动机和变速器控制单元都出现了 P1715 涡轮转速（输入轴转速）传感器对地开路或短路。故障码可以清除，属偶发故障。再次试车，故障依旧，行驶一段时间故障码再次出现。检查输入轴传感器及其线路，未发现断路短路现象，拆下该传感器，未发现外部损坏和污染（吸附铁屑铁末影响信号）。检查 ATF 油有发黑现象且未达到上限。询问车主得知，该车 1 个月前由于事故曾更换过一次变速器油底壳，此工作是在小型修理厂进行的，也不记得该车是否按时更换了 ATF 油。按照一贯的做法，为检查滑阀和换挡电磁阀是否卡滞，先拆下阀体完全地清洗和保养一次。在拆阀体的过程中，发现油底壳中有一条宽约 5mm、长约 50mm 的弧形铝片。由于是初次接触该型号变速器，不易判断是何部件损坏。经车主同意后，对该变速器进行了分解，由于变速器未按时更换 ATF 油及滤网，未在合格的修理厂维修，ATF 油加注不足（或加入了错误的 ATF 油液），造成润滑油路不畅通，损坏了初级带轮位置传感器（机械式传感器），如图 11-1 所示。

故障排除： 更换新的初级带轮位置传感器，对初级带轮与传感器接触部分进行了处理（防止烧蚀），清理了阀体及油道，试车正常，故障码未再次出现。

后来查到换挡控制原理，与朋友们分享，如图 11-2 所示。

变速器控制单元（TCM）根据节气门开度和车速等信号选择带轮传动比，确定换挡模式，并输出信号给步进电机。步进电机收到指令后，控制管路油压的输入和输出，并确定初级带轮的可移动带轮的位置。

例如：当进行升挡控制时，TCM向步进电机通电，通过电机的涡轮向上推动旋转轴。选挡杆在电机的带动

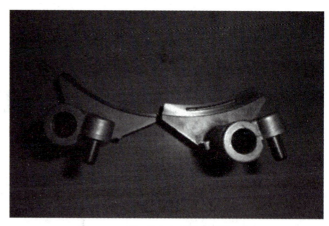

图 11-1　损坏的初级带轮位置传感器

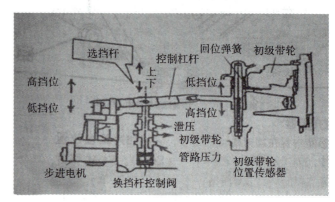

图 11-2　换挡控制原理

下提升选挡控制阀，将管路油压供给初级带轮，可动一侧的初级带轮向上运动，使带轮的槽变窄，增大初级带轮的直径，使传动比减小。在回位弹簧的作用下，初级带轮的传感器随初级带轮一起向上移动。借助选挡杆、选挡杆控制阀向下移动（此时步进电机固定），选挡杆控制阀通向初级带轮的油路保持一定开度，步进电机与初级带轮维持在同一位置。

故障总结： P1715 的出现是由于车速与发动机转速不匹配，控制单元错误地认为涡轮转速传感器或线路损坏。

二、天籁跑高速时高温

车型： 2006 年东风日产天籁 EQ7230M 轿车，配置 V6 型 2.3L 自然吸气发动机，RE4F04B 电控自动变速器。

行驶里程： 183917km。

故障现象：车主反映，跑高速时发动机高温，已经出现有一段时间了。

故障诊断：该车只有车速达到 140km/h，并且连续行驶 20min 以上才会高温，出现高温后熄火停车一会或者把车速降到 110km/h 时，高温故障就会解除。经过检查冷却风扇的高低速运转均正常。经过分析认为有三方面原因：（1）发动机因运行故障（点火时间控制、混合气稀薄等）产生了过多的热量；（2）水箱散热能力下降（内部、外部堵塞）；（3）冷却液控制循环不良（水泵叶轮滑转、节温器打开不良等）。其实该车在半年前已经出现了该故障，由于故障现象不明显，也不影响驾驶，故没有做针对性的维修，只是简单清洗了水箱外部。综合以上因素笔者认为，水箱散热不良的可疑性最大，通过沟通，车主同意先清洗一下水箱内部再做观察。拆下水箱通过加注口进行观察，发现水箱内部有堵塞的现象，为了证明于是又进一步进行了拆解。拆下水箱上水室，如图 11-3 所示，水箱个别水道有堵塞现象。

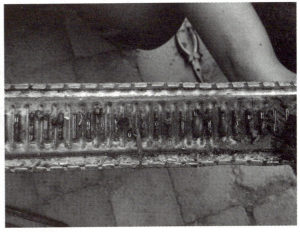
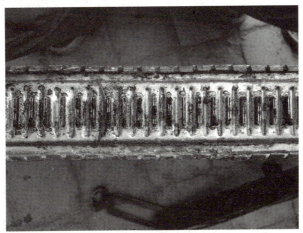

图 11-3 水箱内个别水道有堵塞现象

故障排除：清洗发动机水道，更换水箱及防冻液后试车，故障未再出现，故障解决。

故障总结：如果有条件的话还有两种方法可以证明水箱内部阻塞：(1) 用内窥镜伸入上水室内进行观察；(2) 用红外测温仪检查水箱各部位的温度差。

三、日产逍客 CVT 故障

车型：2008 年逍客，配置 CVT 变速器。

VIN：LBGL2AE008Y××××××。

故障现象：该车在长途行驶时变速器漏油，最后油漏没了，车不走了。半路买的变速器油（不知什么型号的油），勉强行驶到修理厂。

故障诊断：拆下变速器来检查，变速器前油封脱出来了，因为缺油了，所以就把变速器拆解看看里面有没有因缺油而造成的磨损。

在拆解的时候，询问车主变速器出现故障时的情况，车主说刚开始在行驶的时候车速只要超过 120km/h，车的前面就会有"哒、哒"的声音，具体是哪的声音说不清楚，就是因为有声音，所以下车检查，结果发现变速器漏油了，拔油尺检查液面，已经够不到油尺了，就买了变速器油加了进去，然后就慢慢地跑过来了。另外，车主习惯于在高速行驶的时候，换手动模式加速超车，超车后再换回来，或者直接用手动 6 挡行驶，在这个挡位上车可以跑到 160km/h。

打开变速器后，里面的钢带和主、被动轮都很好，没有磨损，就换了一个变速器前油封，然后重新把变速器装好。

抬上变速器，加油试车。一般的 CVT 变速器大修以后都需要进行学习，查阅维修手册，发现这款变速器没有烦琐的学习过程，只是检查一定车速时的发动机转速就可以了。先热车约 15min，连接检测仪，读取发动机（非原厂检测仪，CVT 数据流看不了）数据流，换 D 挡，节气门开度 2/8 行驶，车速在 40km/h 的时候，发动机转速约 1300r/min，60km/h 时，发动机转速在 1400r/min 左右，节气门开度 8/8 时，40km/h 时发动机约 3500r/min，60km/h 时大约 4500r/min，符合维修手册的标准。把换挡杆切换到手动模式，从 1 挡开始，逐步升到 6 挡，换挡平顺，再减速降挡，每个挡位都有发动机制动。

一切正常，因是外地车，修好后要跑长途，所以连续试车几十千米，变速器没有异常，但是在试车的时候，车速超过 120km/h 时，还是有"哒、哒"的声音，声音是从车的右前方传过来的，这车的右侧是发动机，而且声音很弱，没有任何规律，底盘、发动机都检查了，没有任何异常，只好交车。虽然客户提车走了，但是总感觉心里不太踏实，因为并没有找到具体的原因。

果然，车走出去200多公里，客户来电话了，跑起来还是有那种"哒、哒"的声音，然后变速器收油门后再加速有点打滑，而且越来越严重，到服务区以后，换N挡停车之后再换D挡，车辆没反应，跟在N挡感觉一样，换倒挡可以倒车，但是也不是很好；熄火以后，再重新启动，再换D挡，车可以起步，但是行驶无力，稍有一点阻力就没有劲了，油位是正常的，并且没有漏油现象。

看样子变速器又出问题了。上高速救援，救援回来时，车可以在小油门的状态下缓慢行驶，最快可以跑80km/h，就这样慢慢地跑了回来。先把变速器油放出来，变速器油里面有很多金属碎屑，打开油底壳，油底里也有很多的铁屑，肯定是变速器里面出问题了，再抬下变速器拆解。

这次拆开变速器看出问题了，变速器的定子轴座（导轮支座）总成严重磨损了（如图11-4所示），输入离合器鼓的轴承平面都磨损得凹了进去，由于轴承松旷了，导致输入轴离合器鼓在行驶时偏摆，定子轴座背面也磨损严重，离合器鼓还勉强可以使用，定子轴是报废了。故障点虽然找到，可是为什么会这样呢？这次没有盲目地换件，而是仔细地查找原因。

检查发现定子轴座的输入轴套有明显的磨损（如图11-5所示），输入轴由定子轴座中间的孔穿过，花键轴和变矩器涡轮相啮合，后端和输入离合器鼓一体，离合器鼓和定子轴座有一个推力轴承，轴套和输入轴配合，防止输入轴在旋转的时候跳动，主要是起同心作用，当这个套松旷的时候输入轴在旋转时会产生一个垂直于输入轴的跳

图 11-4　定子轴座磨损严重

图 11-5　定子轴座的输入轴套有明显的磨损

动量，输入轴这里的偏摆跳动，到了与输入轴连接一体的输入轴离合器鼓那里就变成了更大范围的偏摆，特别是在发动机大扭矩高速输出的时候，这种偏摆就会更加严重，于是就磨损了定子轴座的背面，轴座和输入轴毂之间的推力轴承也就偏离了原来的位置，在高速旋转的同时左右偏摆，导致定子轴座的轴承面也被磨损成了凹槽。

再回想一下第一次的前油封脱落，也是因为输入轴轴套磨损过重引起的，在输入轴不同心的偏摆时，输入轴连接涡轮，涡轮在液力变矩器里面，输入轴的摆动也会带动液力变矩器的偏摆，这种偏摆在高速频繁手动模式换挡时，变矩器偏摆会更严重，严重的偏摆慢慢地把油封由内向外一点点地往外挤，直至变速器油漏光了，车辆不走了。

基于这个分析，把输入轴单独插入定子轴座，用手感觉前段输入轴的横向间隙，果然感觉明显的松旷，横向有 0.5mm 左右的旷量，这个明显是不正常的。

订新的定子轴座，到货后，再插进输入轴实验间隙，新的定子轴座的横向间隙几乎感觉不到，更换了定子轴座以及轴座的推力轴承，把变速器彻底拆解清洗，特别是散热器里的滤芯，仔细地清洗了一遍，再次装好变速器，加油试车。

试车时一切正常，小油门行驶，在发动机转速 1400~1500r/min 时车辆开始平稳提速，此时感觉只有车速的提高，发动机转速基本没有什么变化，时速到 80km/h 的时候，发动机转速 1500r/min，继续加速，车速升至 120km/h 的时候发动机大约在 2500r/min。换成手动模式，从 1 挡升至 6 挡，升挡正常，减速从 6 挡降至 1 挡发动机制动正常。

试车行驶了五六十千米，回来再次把变速器油放掉，拆下油底壳和变速器油散热器里的滤芯，再仔细地清洗一遍，把变速器里面的铁屑清洗干净，再次加新的变速器油，继续试车，这次到高速公路上连续高速行驶试车，但是那个时断时续的"哒、哒"声音仍然存在，只是变速器没有任何的异常。因为连续两次都是因为"哒、哒"的异响之后变速器就不正常了，所以对这个声音特别敏感，再次高速行驶，再出现声音后先是换空挡，还是响，熄火行驶，有时候不响了，停车检查发动机，没发现问题。到了高速服务区，用千斤顶支起右侧车轮，拉紧手制动，换到 D 挡加速到 80km/h，在车里听声音，不响。再次上路行驶，连续几十千米不响了，正在高兴的时候，"哒、哒"的声音又开始了，无论变速器换 D 挡、N 挡，还是手动模式，只要车速高于 100km/h 就会响，低于 100km/h 就没有声音了。一路上不断地检查变速器油，检查底盘、车轮等，连续行驶了 400 多千米，变速器没问题，可是声音没找到是哪里来的。

后来举起车辆，站在前面无意间发现中网里面的室外温度传感器卡扣断了，悬空吊在水箱框架的线束上，传感器周围的冷凝器上有一片圆弧形的碰撞伤痕，正好和悬空传感器来回摆动的范围一致，难道是高速行驶的时候迎面的风吹着传感器，传感器一下一下的撞击冷凝器产生的声音？马上用塑料扎带把室外温度传感器绑到水箱框架上，再到高速公路上试车，这次声音再也没有出现，变速器一切正常。至此，该车已经连续试车超过600千米了。

再次交车，两个月后打电话回访客户，变速器一切正常。

四、日产骏逸变速器挂挡冲击

车型：日产骏逸，配置MR18自然吸气发动机，RE4F03B 4速变速器。

VIN：LGBJB3E5X7Y××××××。

行驶里程：83073km。

故障现象：客户反映该车经常出现挂挡冲击和换挡冲击，时好时坏，但最近故障比较频繁且持续时间较长，故进场检查。

故障诊断：接车后和客户试车发现该车在挂D挡和R挡冲击感比较明显，同时1挡升2挡也有冲击感，其他挡位换挡品质正常，和客户交谈得知该车变速器至今未做过保养。综合分析认为该车的故障，大致有以下几项原因导致：(1) 变速器保养不及时，ATF油液老化性能下降所致；(2) 节气门卡滞造成过大的信号输至TCM致使TCM做出错误的控制输出；(3) 变速器主油压调节电磁阀故障；(4) 主油路的油压调节阀故障；(5) 相关换挡元件故障；(6) TCM本身故障。回厂检查发现TCM内部无故障存储，节气门清洁度较好，节气门开度信号0/8。检查变速器油时发现变速器油进水乳化，给客户反馈时，客户反映之前此车涉过水，看来故障就是由于进水引起的。经客户同意后解体大修变速器，更换了电磁阀和摩擦片组件和修包。维修后装车试车正常，交付客户使用2周后，客户再次进场反映该车又出现之前的故障，这次试车发现该车又出现入挡和换挡冲击，同时变速器电控单元存有P0745压力控制电磁阀A故障，清除后试车又会出现。

该故障所报的电磁阀就是变速器内的主油压电磁阀，该电磁阀是根据TCM传送来的信号调整适合当前车辆工况的变速器油压，如发生故障系统将保持最大油压。查阅维修手册该故障码的生成条件是当 TCM 操作电磁阀检测到不正常的电压降时，TCM 便生成 P0745 故障码。按照维修手册提示，插头接触不良和电磁阀本身故障都会产生该故障，电磁阀是大修时刚换的应该无故障，想到该车是涉水车，怀疑插头因进水氧化造成接触不良报的该故障，于是拔掉变速器的连接插头检查，发现没有问题，用万用表测了管路压力电磁阀的电阻在 4Ω 左右，符合 2.5~5.0Ω 的阻值要求。

在检查管路压力电磁阀的导线插接器的时候，在电路图（如图 11-6 所示）上发

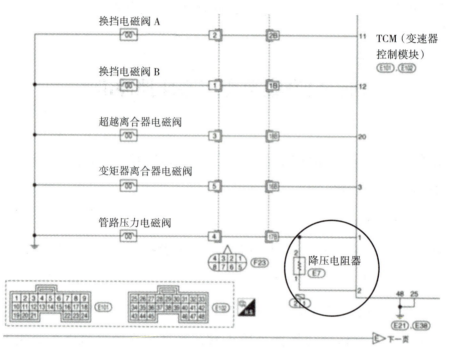

图 11-6　电路图

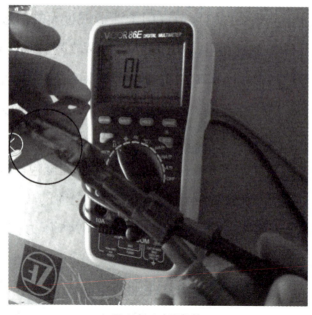

图 11-7　电阻阻值

现了线路上并联了一个降压电阻，同时维修手册上表示该电阻的阻值在 12Ω 左右。在车辆的空滤下找到该电阻，测量该电阻插头端电压是 12V，而该车上的降压电阻本身阻值无穷大，如图 11-7 所示。

结合电路图分析认为该电阻可能是取样电阻通过检测电路图中 E7 插接器的 1 号脚的输出电压，和内部的存储数据对比，实现一个简单的闭环输出。

该电阻的尾部已开裂锈蚀，怀疑是之前损坏加之这次涉水致使水由裂缝进入电阻内部锈蚀损坏。

故障排除：更换一个新的降压电阻后试车故障排除。更换新的降压电阻，阻值为 14.52Ω，如图 11-8 所示。

故障总结：该车重复维修总的来说还算顺利，利用 TCM 的故障提示，按照维修手册的引导顺利地找到故障点，节省了维修时间，提高工作效率。

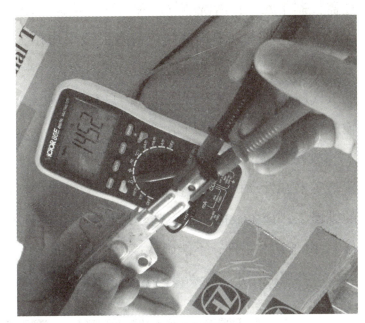

图 11-8　更换降压电阻

五、天籁挂挡冲击

车型：天籁配置 2.3LVQ23DE 发动机和 RE4F04B 4 速变速器。

VIN：LGBF1CE0X7R××××××。

行驶里程：127233km。

故障现象：整车及变速器进水，送修后装车出现挂挡和升挡冲击。

故障诊断：维修人员上门检查试车发现该车不论冷车、热车、挂 R 挡或 D 挡均存在冲击，行驶中 1 挡升 2 挡升 3 挡冲击严重，降挡感觉正常。诊断仪检查车辆各系统无故障存储，同时变速器油位也正常。怀疑整车的胶垫或底盘螺丝安装不当，检查时发现右侧的半轴晃动量过大，与客户协商后更换右侧半轴、校正发动机和变速器的胶垫，对底盘的螺丝重新拧紧，试车发现挂挡的冲击感消失，但升挡的冲击感依旧严重，此时开始怀疑变速器内部故障，认为是油压过高导致的升挡冲击，怀疑控制主油路的电磁阀或相关阀塞卡滞造成的，于是更换个阀体总成，试车故障依旧。

此时笔者参与维修，在了解相关维修过程后认为故障主要是油路油压过高造成的各个挡换挡冲击，可能涉及节气门、主油路电磁阀、阀体总成、发动机控制单元、变速器控制单元。在清洗节气门和清除变速器控制单元学习值后，继续路试结果故障毫无改善，但是发现不论油门负荷多大该车均在2800r/min时才换挡，会不会是节气门数据异常？对比发动机数据下的节气门数据，没有发现异常，但执行变速器控制单元的节气门数据时发现该数据异常，只有2.0和4.0两个开度信号（正常时0.1~8的渐变输入信号），如图11-9所示。

故障排除：鉴于发动机内所读数据正常，所以排除油门踏板传感器、节气门位置传感器和发动机控制单元的故障，认为是变速器控制单元异常，于是询问负责该车的维修工，该工人描述由于整车进水更换了变速器控制单元，是市场上找来的"拆车件"，由于是二手件，不能确认该配件是否能与该车匹配，质量也无法保证。为了排除故障，在服务站定了全新变速控制单元，装车试车一切正常，如图11-10所示。

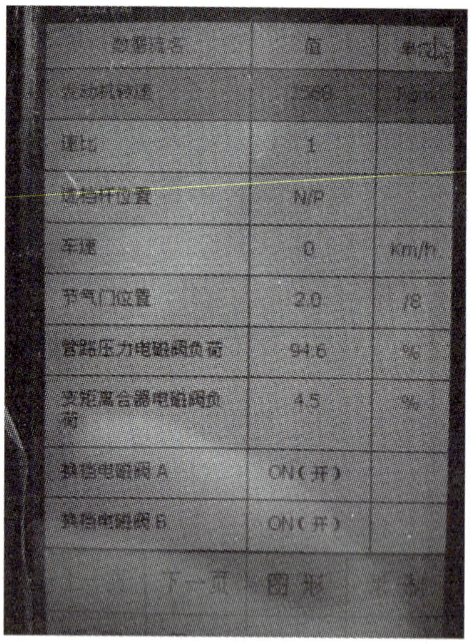

图11-9　故障时的节气门开度数据 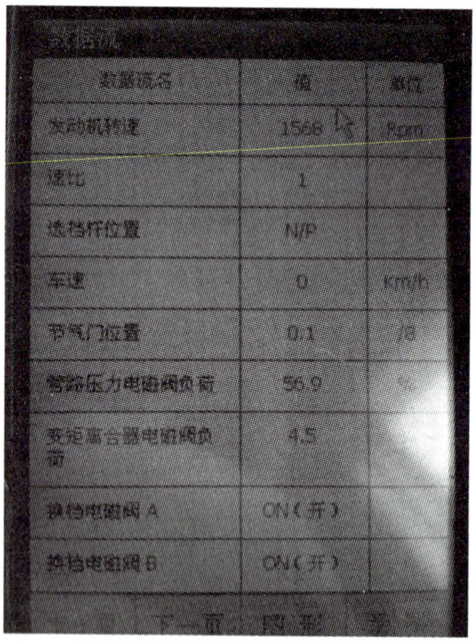　　图11-10　更换变速器控制单元后的节气门数据

故障总结：该故障是由于维修时对配件检查审核疏漏造成的，事后对故障控制单元零件号重现查询得知该零件号的代码用于老款的天籁。现在汽车更新较快，相同车型不同年款控制单元的控制逻辑或硬件都有不同程度的改进。建议购买模块电脑类的配件去相关服务站订购，以保证配件的准确性，避免类似情况的发生。

第十二章　三菱车系

一、三菱帕杰罗四驱故障

车型：三菱帕杰罗 V73。

VIN：LL62H4C06AB×××××。

故障现象：该车在更换离合器压盘、离合器片之后，出现行驶时始终保持在四驱状态，中间差速器也处于缩至状态，并且齿轮啮合不完全，加速时有齿轮撞击声，动力输出中断。

故障诊断：接手这辆车时先询问之前车辆的维修过程，得知在拆换挡杆时，拆的是分动器的 L 形上盖，在去下 L 形上盖的时候带出了两个小齿轮，但是在往上装变速器的时候两个小齿轮已经装上去了，装好后就这样了。接着试车，该车有两个挡杆，一个是手动变速器的换挡杆，另一个是分动器挡杆，手动变速器换挡杆是机械换挡杆，换挡轴伸向变速器里面；分动器的换挡杆下面是一个电子开关，有 4 种状态：2H 高速两驱、4H 高速 4 驱、4HLC 高速 4 驱锁止、4LLC 低速 4 驱锁止。开关 4 个挡，每个挡对应各种状态。

考虑到该车可能不具备中间差速器，因此在试车时先把方向盘打到向前直线行驶位置，挂挡起步，车辆可以行驶，稍微加速，也还能行驶，因为在院子里，要拐弯了，方向盘向左转动大约 270°，分动器传来连续的"嗒嗒"的齿轮撞击声，并且车不走了。倒车也是一样，车像是哪里憋住一样很沉重。重新调整方向，并且把车开到举升机上，举升车辆检查，发现分动器的后边有一个电机，输入的既然是开关，那么输出具体执行这 4 种状态的就一定是某个电动元件，现在看来是这个电机来完成这 4 种状态的切换。

故障现象明确了，现在要分析故障产生的原因，该车是因为拆装变速器之后才出现的故障，那很有可能与拆变速器有关系，特别是跟拆换挡杆时掉出了 2 个小齿轮有关。现在要做的就是先把分动器 L 形上盖打开，看看这 2 个小齿轮安装在什么位置，起什么作用，然后找相关的手册看看工作原理。

很快上盖拆下来了，盖上有5个触碰式开关（如图12-1所示）。在盖的下面，有2个直齿的小齿轮，齿轮链接2根齿条相对运动（如图12-2所示）。这2根齿条在分动器里面一定连接的是控制2驱、4驱及中间差速器锁转换的齿套。查阅维修手册得知，电机带动一根齿条运动，齿条上有2段齿，通过中间的2个小齿轮再带动另一根齿条运动，两个齿轮是相同齿数、相同直径和长度，是可以互换的2个齿轮，同时2个齿轮并不是全齿的齿轮，在齿轮的一侧有3个齿的缺齿。

其具体工作模式是，电机把齿条来回拉动，盖上的5个触碰开关监控齿条的具体位置，并把信号反馈给控制单元，控制单元根据开关信号确认分动器在什么位置。

在4H模式下，齿条被拉到最后边，我们先给5个触碰开关编上编码（如图12-3所示），左侧后边第一个是A，中间的那个是B，前边的是C，右侧后边那个是D，前边那个

图12-1　5个触碰式开关

图12-2　齿轮链接2条齿条

图12-3　给5个触碰开关编码

是 E，共 5 个开关。开关为常闭型，当开关前部的顶杆被顶起时，开关断路，释放时通路，控制单元检测开关的高低电平来判断分动器的具体位置。我们把高电平当作 1，低电平当成 0，在 2H、4H、4HLC、4HLC 的不同位置时，5 个开关给控制单元发送以下几组信号，如表 12-1 所示。

表 12-1　发送的信号

挡位	开关 A	开关 B	开关 C	开关 D	开关 E
2H	1	1	0	1	0
4H	1	0	0	1	1
4HLC	0	0	1	1	1
4LLC	0	1	1	1	0

故障排除：齿条、电机是在特定的位置，安装时有严格的要求，否则信号就会不正常。查询手册，该齿轮在安装时齿轮上的几号要对准齿条的第三个的齿底部（如图 12-4 所示），两个齿轮都是这个位置（如图 12-5 所示），但是齿轮上的号码就看不到了，通过数齿数，确定记号齿的位置，并用记号笔做标记，记号齿其实就是平面齿对面中间的那个齿（如图 12-6 所示），按照标记对号小齿轮，装车试车，一次成功，故障排除。

图 12-4　对准位置

图 12-5　对准标记

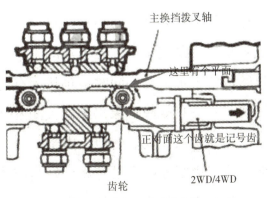

图 12-6　确定记号齿的位置

257

故障总结： 修车还是要参照维修手册，自己瞎蒙是不会修好车的。

二、多灾多难的三菱劲炫 SUV 变速器

车型： 2011 年进口三菱劲炫 SUV，配置 2.4L 发动机，使用日本杰特科公司生产的型号为 RE0F10A 钢带式无级变速器。

故障现象： 发动机及变速器故障灯偶发性点亮，发动机油门加不起速（油门踏板踩到底转速只能在 1000r/min 上下波动，如图 12-7 所示），变速器无法正常工作；此时重新关闭发动机再次启动，故障现象临时消失，但说不定什么时间又再次重现。

图 12-7　故障灯点亮时发动机转速仅上升至 1000r/min

故障诊断： 该车其实是 2012 年 7 月 21 日水淹车，而且进水相当严重。电器元件换了很多，包括部分模块和线束等，发动机更换几次机油就基本上没什么事了，但变速器经过多次换油后运行一段时间 CVTF 中仍然还有水分且也没有发现不良的故障现象。2013 年 2 月初，一次东北长途之行变速器才开始显得有些不正常，刚开始仅是前进挡起步时有两下冲击感，不过跑起来一切都很正常。可是后来不光是起步冲击，跑起来偶发性的变速器故障灯点亮，此时车辆无法正常行驶，因为一旦故障灯点亮同时就会伴随着发动机不能正常加速，在这种情况下由于还未到达目的地，只能在半路进行简单的检查和修理。通过对车辆的检测发现变速器故障存储器中记录了输入转速传感器信息的故障内容，这样删除故障内容后重新更换了 CVTF 润滑油，同时也简单地处理一下变速器外围线束插头。结果经过简单处理后路试一段时间后故障现象居然没有出现，于是重新上路继续行驶。不巧的是行驶一段里程后故障现象又再次出现，考虑到距离目的地并不是很远，同时很难找到有能力可以修理这款无级变速器的修理厂，因此抓住规律：一旦故障现象出来就关闭发动机做短暂停车后重新启动，然后继续行驶，就这样总算勉强开到目的地。由于是春节期间在当地找了几家高端车型修理厂，包括当地三菱二级服务站都没有修理好当前故障。没有办法依然还是简单地换了 CVTF 润滑油（其实通过对油品的基本检查，并未发现有烧损或机件磨损

的迹象，只不过仍然还有少量的水分），并把一些传感器及电磁阀线束插头重新进行了简单处理。就这样春节后小心谨慎地把车开回北京进行检查维修，当然也就得到了当前的故障现象。

接车后故障现象确实与用户描述一致，同时故障灯也被点亮（如图 12-7 所示），只不过故障现象出现的频率越来越高了，如果再次使用恐怕就没那么容易了。考虑到是进水车辆且变速器原来也进了很多水，因此必须要进行变速器的解体维修（变速器进水后摩擦片、橡胶密封圈等部件都会受到伤害必须要更换，同时液力变扭器也需切割维修）。根据检修流程我们还是先连接诊断设备进行电控系统的检测，结果在变速器故障存储器中读出一个故障码：P0868——副压力下降，删除该故障码后一上路时还会重现。那边维修工开始从车上拆变速器，这边我们对 P0868 故障码的内容及设定条件进行分析。查阅厂家维修资料（如图 12-8 所示）并进行"P0868 故障码"的判定标注及可能原因分析。经过分析该车是水淹车辆，在当初的维修过程中变速器 CVT-ECU 已经更换，因此根据可能原因可基本判定为线束的插头或变速器损坏，不管怎样都需要把变速器抬下来分解再说。

变速器抬下来进行解体检查，首先很明显地发现油底壳内依然还保留着水的成分（如图 12-9 所示），同时变速器内部带传动部分的钢带及带轮均形成不同程度的磨损（如图 12-10和图 12-11 所示），另外，和故障码有关的变速器圆形插头内也因水形成的腐蚀迹象（如图 12-12 和图 12-13

代码编号 P0868：副压力下降

副压力传感器系统电路
参阅 P.23A-37。

诊断功能
CVT-ECU 在行驶过程中检测副压力下降。

判断标准
目标副压力传感器的读取值减去实际副压力传感器的读取值所获得的数值为 0.25 MPa 或更高。

可能的原因
- 线束和插接器损坏
- CVT 总成故障
- CVT-ECU 故障

图 12-8　维修资料对 P0868 故障码的解释

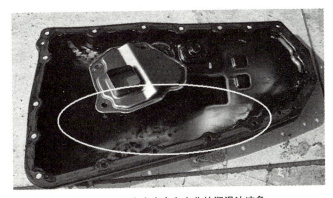

图 12-9　油底壳内含有水分的润滑油迹象

所示）。分析机械部件的磨损有两种可能：一是变速器 CVTF 润滑油存有水分而导致润滑不良形成的；二是变速器因点亮故障指示灯后电控系统启动故障运行模式后强制使

图12-10 磨损的带轮

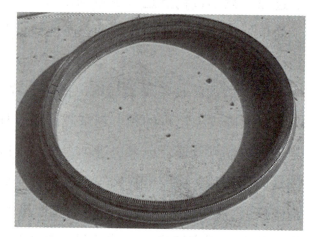

图12-11 磨损的钢带

图12-12 变速器圆形插头（内侧）

图12-13 与圆形插头内侧相连的变速器线束部分接脚腐蚀迹象

用形成的，也就是说，在故障运行模式下运行极有可能会导致变速器钢带及带轮形成磨损。而插头的部分接脚腐蚀，包括整个变速器的故障也都是因"水"惹的祸，看来只要能够解决水的问题变速器也就恢复到正常状态了。

故障排除： 更换磨损的机械部件并处理变速器内部线束插头故障得以排除。可车辆交给用户仅仅用了不到1个月原来同样的故障现象再次出现，重新关闭发动机并重新启动，故障现象又会临时消失，在无规律情况下故障现象又会突然出现。返厂检修仍然是P0868号故障码，清除故障码并进行长时间道路试验，在实际路试中确实在没有任何征兆下偶发性故障指示灯又再次点亮。结合实际故障现象及故障产生机理进行分析其可能性，首先控制模块肯定不会有问题，而变速器本身的故障可能性也小，所以问题应该还是在线路上。考虑到过去维修类似于这款变速器的这种故障时一般都是处理插头解决的，最后干脆把变速器的圆形插头针脚端的每一个端子都用焊锡处理一下，重新安装后（插起来稍微紧一些）故障彻底排除，目前也已使用1个多月没有问题。

故障总结： 无论是 AT 自动变速器还是 CVT 无级变速器，一旦其内部进水后应好好地处理，不能通过简单更换新润滑油来排除其内部水分，这样做的效果达不到百分之百。另外变速器内部的摩擦片及橡胶等密封原件也会受损。

第十三章　马自达车系

马自达 M6 4F27E 阀体修复案例

福特福克斯和马自达 M6/M3 已经成为我们当今变速器维修市场最常见的车型，也是变速器出现问题比较集中的，大多数都是后盖鼓整套烧蚀，也就出现打滑不走车等现象，就算后盖鼓没有烧蚀，因为后盖上的 PEEK 密封环也会把高速挡鼓和倒挡鼓磨坏，问题出现在阀体本身，主调压阀泄压使之供油不足所导致的。下面介绍一下此阀体主调压阀修复过程中所出现的问题。

首先将阀体固定在 SONNAX 的万用夹具上，阀体与定位杆处于垂直的角度，利用定位杆进行定位，然后利用 SONNAX 提供的铰刀进行加工主调压阀孔。方法正确，铰出的孔与其相配合的阀工作也一切正常，利用真空测试的方法也都达到标准 20mmHg，活动自如，看起来没有任何问题，其他的阀孔也全部真空测试，一切正常，阀体也就正常组装，组装螺栓全部紧到 10N·m，电磁阀进行测试正常，装在车上车子不能行驶，入挡每个挡都有很大的冲击现象，利用诊断仪查看油压电磁阀的数据流也一切正常，问题肯定出现在阀体本身。阀体拆解，检测一切正常，再次检测加工过的主调压阀，也都工作正常。再次加工同样型号的阀体装车试验，问题还是与以前的问题一样，装车没有修复的阀体，问题现象不一样，可以正常行驶，只是在行驶过程中有打滑的现象（由于真空度只有 5mmHg），问题再一次锁定，在修复过程中肯定出现了问题。难道是加工出现的孔偏心了？但是就算偏心，也应该是冷车有一点反应，热车卡死属于正常现象。带着这样的疑问，继续拆解阀体检查。经过反复拆装阀体，仔细观察发现，加工过的主调压阀，在不与其他阀板合到一起的时候，阀与孔之间的间隙配合一切正常。但是在紧阀体螺丝的时候发现，紧到 8N·m 的时候主调压阀就卡在静止状态的位置，松开螺丝都正常，问题就出现在这里，找到了问题也就可以认定不是加工过程中偏心所导致的问题，肯定是因为此大板变形所导致的。

故障总结：最后问题的原因找到了，是由于此阀体的材料与其他的阀体材料不同。仔细观察福克斯和马自达的铝材，马自达的阀体铝质密度比较高，颜色比较暗，而福克斯的阀体看起来很粗糙，颜色很光亮，加工时铰刀所铰出的碎屑的样子都不一样，一个成片状，而另一个成丝状。福克斯的 4F27E 加工正常而马自达 4F27E 阀体的质地比较软，在利用夹具固定的时候，主调压阀处于中心轴线位置，也就很容易在加工时出现变形的情况，重新制作固定阀体工装，问题解决。

第十四章 标致雪铁龙车系

一、东风标致 307 自动变速器倒挡冲击

车型： 2004 年东风标致 307 三厢轿车，配置 2.0L 发动机。同时配备使用的是标志及雪铁龙公司自己生产的型号为 AL4 型电控 4 速自动变速器。

行驶里程： 约 180000km。

故障现象： 据用户反映，此车 1 个月前升降挡时有顿挫感，变速器故障指示灯偶尔点亮，点亮后汽车就表现为不爱行驶的现象（应该是锁 3 挡的缘故），用户发现该故障现象并不频繁出现后又继续使用一段时间，近几天行驶时故障现象出现频繁，最终导致不能行驶后拖到维修厂进行维修。

故障诊断： 接车后首先用专用故障诊断仪进行了电控系统的检测，并在变速器故障存储器中检测到故障码为 06，其含义是"油压电磁阀压力调节故障"。这时我们又检查了 ATF 的油质和油面，发现 ATF 油已经变质且还伴有股焦糊的臭味，这说明变速器内部摩擦元件已经烧毁，于是我们将变速器从车上抬下后，经拆解检查后发现，所有摩擦片几乎全部烧毁，同时还发现前进挡制动鼓磨损、制动带断裂（如图 14-1 所示）、倒挡制动带和制动鼓磨损等。

基于变速器烧损程度，于是我们更换变速器大修包（含摩擦片）、活塞包、主油压电磁阀制动带等损坏配件（如图 14-2、图 14-3 所示），变扭器翻新、清洗阀体组装后装车路试（路试前进行了节气门初始化操作项目），凉车路试升降挡都很正常，但变速器油温达到 60℃以后新的故障现象出现了：(1) 入 R 倒挡延

图 14-1 损坏的制动带

264

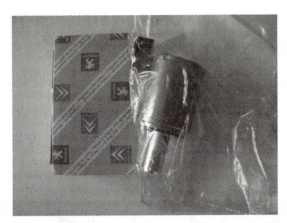

图 14-2 更换的全新油压调节电磁阀　　　　　图 14-3 更换的全新离合器活塞

时冲击；(2) D 位行驶时 1 挡升 2 挡冲击。利用故障诊断仪检测故障存储器并未发现存有故障码，接下来再次利用诊断仪读取数据流后发现：D 位油压正常、倒挡油压过高，挂入倒挡后能达到 380kPa（如图 14-4 所示）（标准的倒挡油压值在发动机怠速下应该为 2700~3000kPa）。为了确认故障点是机械问题还是液压控制阀体问题，正好我们前段时间有一块全新试过车的波箱阀体，装车后试车发现和原来故障现象一模一样，1 挡升 2 挡还是有冲击，入倒挡还是延迟冲击，

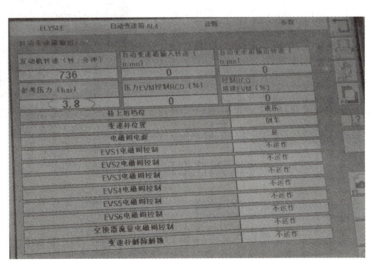

图 14-4 不正常的倒挡油压数据

同时用诊断仪读取数据后发现油压依然还是没有任何改变。

　　此时故障点已经很清晰了，故障点还在波箱内部。于是我们这次没有着急抬变速器，而是把后盖拆了下来。首先我们找到 1 挡升 2 挡的切换元件，发现在 1 挡升 2 挡时 F3 制动器保持 E1 离合器释放，E2 离合器结合，E2 离合器密封是靠后盖上一道密封环及一轴铜套共同实现的，检查发现密封环没有问题，又拿内径千分尺测量一轴铜套和后盖间隙，发现一轴铜套间隙与原厂标准间隙有很大误差，说明在 E2 离合器工

作时肯定有泄漏，凉车时泄漏量小压力能够补偿，所以1挡升2挡不冲击，热车后油温达到60℃以上的时候泄漏量大压力补偿不够，所以在1挡升2挡时会有冲击。1挡升2挡冲击原因找到后更换了一轴铜套，接下来又把倒挡工作元件拆下来检查，倒挡工作元件有离合器E1和制动器F2（仅在倒挡时参与），此时我们把E1离合器排除（因为E1离合器在挂D挡的时候也参与工作，入D位没有冲击感，所以把E1离合器排除）。重点检查制动器F2，我们把F2制动带活塞还有制动带拆解下来检查发现更换的制动带没有原车损坏的制动带规矩，包括做工、材质、用料等。就连制动带的行程都要比原车损坏的制动带行程大（由于活塞移动行程加大及材料表面的摩擦系数，考虑到在规定时间完成倒挡的接合过程只能通过油压调节电磁阀提升倒挡系统工作油压，因此我们在测试油压时得到的是高油压），于是我们技术主管仔细询问主修师傅，主修师傅说当时车主自己带的一条制动带，于是我们更换了一条原厂倒挡制动带，装车后进行反复试车故障消失（如图14-5所示）。

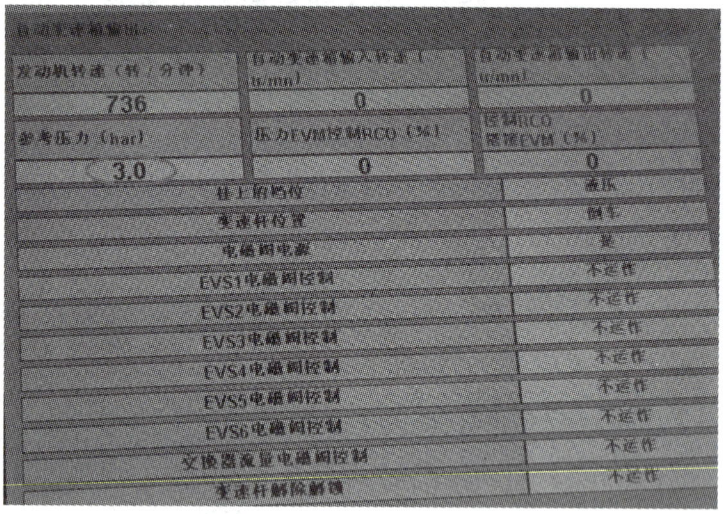

图14-5 正常的倒挡油压数据

故障总结： 维修车辆时一定要更换原厂能有质量保证的配件，因为一些副厂配件把我们带入维修误区，这也给维修采购者带来很大的挑战。

二、雪铁龙C6自动变速器"打滑"

车型： 2008年纯进口雪铁龙C6，配置日本爱信公司生产的型号为TF-80SC（AM6）6前速手自一体式自动变速器。

VIN： VF7TDXFV58×××××。

行驶里程： 约260000km。

故障现象： 没有存储故障码，在D挡加速行驶时3挡升4挡打滑严重，升至5挡和6挡均正常，如果在手动模式3挡行驶时，正常推至4挡也会出现打滑现象，若在手动模式 3 挡加大油门，突然推至 4 挡位置，不会出现打滑现象，其他挡位工作均正常。

故障诊断： 此变速器是爱信艾达工业株式会社（AISIN AW）具有代表性的变速器，还搭载在 GM 新君威 2.0T、沃尔沃 VOLVO AF40（TF-80SC）、福特蒙迪欧致胜 2.3 L AF21（TF-81SC）、陆虎神行者 3.2L（TF-80SC）上。此变速器由 6 个执行元件组成：3 个盘式离合器、1 个带式制动器、1 个多片盘式制动器、1 个单向离合器。其中 C1 离合器（1 挡、2 挡、3 挡、4 挡），C2 离合器（4 挡、5 挡、6 挡），C3 离合器（3 挡、5 挡、R 挡），B1 制动器（2 挡、6 挡），B2 制动器（R 挡），B3（1 挡单向离合器）。结合元件作业表（见表 14-1）得知变速器 3 挡升 4 挡的工作过程是释放 C3，接合 C2。

表 14-1　换挡元件在各挡位工作情况

	C1	C2	C3	B1	B2	B3
P/N						
R			×		×	
1	×				(×)	×
2	×			×		
3	×		×			
4	×	×				
5		×	×			
6		×		×		

通过对 3 挡换 4 挡的元件交换工作后产生的打滑现象分析，可能由以下几种原因引起：（1）油质油面；（2）（C2 离合器片）用油元件（摩擦片、钢片及活塞）；（3）用油元件到阀体之间的油路；（4）阀体；（5）SLC2 线性电磁阀故障。

此变速器应由简单到复杂的排除故障方法来进行检查，首先检查油质油面，油面正常但油质较差。用 X431 诊断仪检测，只能读取故障码，根本就看不了数据流，此箱子无故障码，拆解变速器，把阀体拆下来，找到 C2 的油压孔，用 300kPa 的压力打压，如图 14-6 所示。

图 14-6　利用压缩空气对 C2 离合器进行加压试验

通过反复对C2离合器打压都发现有严重的泄漏情况，不得已只能分解变速器来检查。利用专用工具将离合器活塞压出来，结果发现活塞上面的唇形橡胶处有严重的裂痕（如图14-7所示），因此破裂处就存在严重的泄压情况。

找到故障点后，按照大修标准，翻新变扭器，换整个箱子密封圈，换损坏的活塞，通

图14-7　损坏的C2离合器活塞

过检测没有发现明显泄漏后装车试车。开始试车时发现3挡升4挡有轻微闯挡的现象，经过和司机交流，更换拆车的阀体，重新试车进行自适应学习复位，如果有原厂诊断仪可以用以下方法匹配学习，让变速器换挡变得舒服才能交车。

更换或更新自动变速器、变速器控制模块或软件后，务必清除旧的自适应数据，并如下执行新的自适应。

（1）低速行驶车辆。将换挡杆挂P（驻车挡）位置，停下车辆并用楔块挡住车辆。关闭发动机，然后再次点火。注意：操作前检查车辆没有移动。

（2）松开换挡锁定并将换挡杆置于N（空挡）位置。

（3）检查变速器控制模块N（空挡）位置标记是否正确。

（4）使用故障诊断仪输入N（空挡）位置指令。注意：除非点火开关置于ON位置、换挡杆置于N（空挡）位置、发动机关闭且车速为0，否则无法输入指令。

（5）将换挡杆从位置P（驻车挡）换至位置D（前进挡），然后检查指示灯是否显示正确位置。如果显示不正确，检查故障码。

（6）用故障诊断仪重置自适应值。

（7）运行变速器至工作温度（65~110℃）。读取故障诊断仪数据。注意：禁止用失速测试预热自动变速器。仅当变速器达到工作温度时，才执行自适应。

（8）拉起手制动，对N-D和N-R的换挡执行自适应。如果出厂时已完成该步骤，连接排气通风机，启动车辆并怠速运行。从N（空挡）换至R（倒挡）。将挡位R（倒挡）保持接合3s以上，然后换回N（空挡）。重复该步骤5次，然后同上所述从N（空

挡）换至 D（前进挡），重复该步骤 5 次。

（9）加挡和减挡的自适应在道路行驶时完成。接合 D 挡（前进挡）并加速至刚好超过 50km/h，使加速踏板保持该位置（踩下 15%~20%），直到 4 挡接合。执行制动，直至车辆停止。必须用超过 30s 的时间加速至 50km/h，并且必须用超过 14s 的时间制动。重复以上步骤 5 次。

（10）从 2 挡至 1 挡的手动换挡自适应在道路上执行。用换挡杆接合 M2。加速至 25km/h。接合 M1 并平稳制动直到车辆静止。重复该步骤 10 次。

如果没有原厂诊断仪，可以自行行驶 50km，尽量按以上步骤行驶，故障完全排除。

故障总结：此箱子维修较为简单，3 挡升 4 挡打滑是离合器 C2 活塞有裂纹，后来 3 挡升 4 挡轻微闯挡是 SLC2 线性电磁阀故障。但是维修过后要保证变速器长时间运行，必须把所有的胶圈换掉（因为行驶公里数较多）；间接引起变速器故障的因素：可能换油周期过长，水箱长时间不清洗导致水温过高，或者驾驶方式激烈经常重踩油门，或者 SLC2 线性电磁阀卡滞导致油压不正常（如图 14-8 所示）。如果注意到以上信息，变速器的寿命均会延长；此车的阀体不容易坏，但是市场上不单独提供电磁阀，所以只能买拆车带电磁阀的阀体总成。

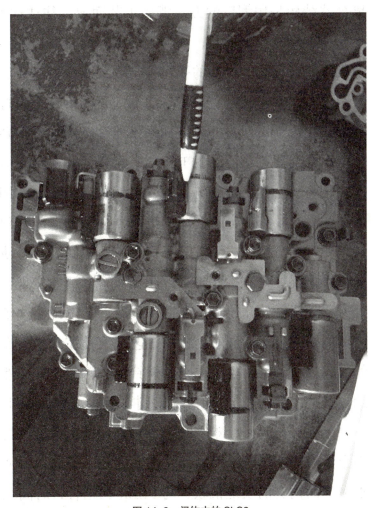

图 14-8 阀体中的 SLC2

三、AL4 变扭器维修难点分析

法国的雪铁龙、标志等车型，现在已经成为当今中端市场最受欢迎的车型，由于保有量较大，变速器维修中的变扭器维修也就成为难题。相信每位变速器维修师傅都知道，这个变速器很不好维修，涉及电控液控的部件太复杂，AL4 作为第一款模糊理论控制的变速器，一直也很稳定。下面介绍 AL4 变扭器维修的难点。

AL4 变扭器与其他变扭器不同之处，主要是法国的 VALEO（法雷奥）生产的锁止离合器结构是用铆钉的方式铆压工艺而成，往往这上面的铆钉成为维修的关键之处。生产与维修的方式不同，因为它的闭锁离合器活塞的压缩行程是靠上面压盘上的缓冲弹簧片所行程的，缓冲的弹簧片与闭锁离合器结合的部位也成为难点。这种结构维修有两种方式，一种是直接将变扭器前盖的铆钉全部打掉，取出闭锁离合器片，但是这种方式在重新铆回去的时候如果不能够正确地寻找到离合器的中心点，一旦偏心，就会使离合器压到中心处的 PEEK 密封环，使密封环损坏，泄压导致没有锁止。另一种方式是将离合器上的铆钉打掉，也就是弹簧片上的铆钉，但是弹簧片的弯曲程度与打的孔的大小，直接会引起闭锁离合器活塞的运动行程，更不好掌握，而铆钉枪和钉的技术要求十分严格，不然车子行驶一段时间后，会使铆钉崩开，也就产生无锁止和有异响等情况。再有，仔细观察闭锁离合器活塞发现，上面与中心轴 PEKK 密封环连接处有个很浅的倒角出现，背面却没有，这就说明这个变扭器生产工艺活塞和缓冲器是一体的，并且运用同时压铆的工艺一次性完成的，而在我们修理过程中完全是以相反的次序进行的，并且用单个的铆钉枪去铆的方式必然造成偏心，所以我们再制造生产的方式是，采用固定的工装和整体压铆的工艺，保证离合器与中心轴不偏心。

AL4 维修另一个难点是输入轴前段的 PEEK 密封环使变扭器中心处磨损，这也是当今最热门的话题。因为此孔的精度要求很高，普通车床的精度根本达不到所要求的水平，而铜套的质地很软，与 PEEK 相结合，时间久了必然造成再次磨损。所以，前盖全部采用精加工的方式，利用粉末冶金加工的轴套，采用镶嵌的技术与精密打磨工艺完成中心孔修复，而检测的方式是利用三坐标检测设备进行中心点检测。

第十五章　欧宝车系

欧宝威达自动变速器小故障变成大故障

车型：1999 年欧宝威达轿车，配置通用 2.0L 发动机，日本爱信公司生产的型号为 50-40SN 型 4 挡自动变速器。

故障现象：初期车辆进厂时用户仅是描述车辆最近行车时变速器工作有些不正常，具体表现为制动停车等红灯时如果挂挡杆仍保持在 D 位置，松开制动后车辆不能行驶。此时加油门后出现一下"冲击"方可走起来，行驶起来后的换挡就一切正常了。

故障诊断：接车后首先原地挂挡试车，确实有用户所反映的情况，但在路试时明显发现大油门时变速器每个换挡点均有打滑现象。另外，在基本检查时发现变速器油尺锈迹斑斑且明显发现变速器 ATF 中有水的成分，同时还有轻微烧片的迹象。因此该变速器只能解体维修。

　　用户所报修的故障并不是行驶过程中变速器表现出的打滑问题，而是停车起步时"冲击"故障，虽然具体的维修需要解体变速器，但为了尽快分析出或是找出用户所报修故障的真正原因，我们不要急于去分解变速器。因此我们把重点放在停车起步控制上，而行驶过程中的打滑问题很明显就是变速器进水后所导致的，那么每一次制动停车的起步时"冲击"故障会不会与变速器进水有关呢？一般来讲变速器进水后首先使 ATF 润滑油变质从而降低其摩擦系数，并导致离合器或制动器形成打滑，同时还会对橡胶密封元件带来伤害，包括阀门机构的润滑，因此说起步时的故障很可能跟变速器进水有关。那么除了进水以外其他情况会不会影响变速器的起步控制呢？答案是有其他可能性的。我们不能仅仅从变速器进水来看变速器实际故障现象，而应从其他方面来进行综合分析。要知道欧宝威达轿车使用 50-40SN 型变速器在电控系统中具有"停车回空挡功能"，所谓"停车回空挡功能"是指车辆在制动停车过程中选挡杆仍然保持在"D"位置时，为了减少发动机排放以及自动变速器的功率损失，短时间内变速器控制单元所执行的"N"挡功能，也就是说，虽然挂挡杆在"D"位置，但实际上变速器内部的机件已经进入到 N 挡状态了，这样减少了液力变扭器的液力损失，同时使变速器不至于过快升温。例如我们开车等红灯时，在操作方面就不必要去把挂挡杆由"D"位置移到"N"位置了，其实变速器内部已经是空挡了，当我们松开制动踏板后变速器的一挡油路又重新开启，完成再次起步过程。但我们要说的是这一功能实施的条件是什么，该功能失效后会表现什么样的故障现象，这就又回到我们用户所描述的故障现象上去了。其实这种故障在过去的维修中早已遇见过，但很有可能我们更多的维修工还不清楚。那就是"停车回空挡"功能最基本的条件是：发动机怠速运转、挂挡杆必须是在"D"位置、车速信息为零、制动灯开关接通、制动灯点亮、电控系统无故障码等。结果再次检查上述条件信息时发现两个制动灯都不亮，更换两个灯泡后起步"冲击"故障还真的彻底排除了，接下来再解决打滑故障就简单得多了。此时我们要说的还是制动灯灯泡的问题，为什么灯泡坏了会影响自动变速器的起步控制呢？在"停车回空挡"功能里 TCM 不仅仅接收制动灯开关接通信息，关键的是制动灯点亮的回路信息，所以灯泡坏了，回路信息没有了，控制单元在执行该功能时把系统油压调节得很低，故起步无爬行加速"冲击"的现象就表现出来。

解体变速器按照常规标准维修要求进行相关部件的更换和维修，同时也找到变速器的进水原因是发动机冷却水箱坏了。在这里维修细节我们就不讲了，但维修后新的问题却出现了，那就是大修变速器后踩住制动挂前进挡后发动机有熄火现象，而跑起来 1 挡、2 挡、3 挡、4 挡都很正常。此时大家都在怀疑由于该车辆比较老旧，是不是拆装过程中导致某个部件或某条线路损坏，导致发动机工作不正常，特别是怠速工况下的挂挡（加载），考虑倒挡又是好的，大家又考虑是不是挂挡后发动机加载后扭矩摆动方向不一样，挂前进挡时发动机真空度不够而熄火的。于是大家又从发动机部分查找起来，结果怎么查都没有找到真正原因。最后我们在试车过程中发现了很有规律的问题来。

（1）使用手刹并把车轮挡住，制动挂前进挡后立即松开制动发动机就不会熄火，此时只要轻轻一踩制动发动机就会立即熄火；

（2）为了验证是和制动灯开关接通有关还是制动时和发动机真空度有关，我们把制动灯开关拆下来用手来控制开关，结果在操作时只要开关接通发动机就会熄火，跟制动没有关系，由此看来和控制有关而和发动机真空度无关；

（3）装上两个原车坏的制动灯灯泡后，在操作时无论制动灯开关接通还是断开发动机都会熄火。

首先肯定和发动机真空度无关，明显是车辆在执行某种控制策略时而导致发动机熄火的。恢复制动灯部分我们来分析，通过制动灯开关接通后能够使发动机熄火的可能原因只能有两种可能：一个是发动机突然断油断火控制，另一个是和变速器有关的TCC闭合。接下来我们可以通过各种数据来验证这两种可能的存在，首先我们在未看数据前分析早期的车辆应该还没有利用发动机断油断火这种方式来执行某些安全切断功能，所以极有可能是变速器TCC在不该工作的时候工作了。通过数据验证发动机的熄火明显是受外力憋灭的，这样TCC的嫌疑就更大了。

查找相关资料并再次做出分析：首先控制单元几乎不可能在车辆还没有运行时就会驱动TCC的动作，其次是前面我们所讲的"停车回空挡"功能被执行时TCM是驱动指令控制阀体中空挡电磁阀及换挡电磁阀来实现的。那么难道是控制单元驱动空挡电磁阀时驱动错了，结果驱动的是TCC电磁阀？通过这种推理再加上我们找的现有的资料信息说明应该是空挡电磁阀和TCC电磁阀的线路错接了，询问主修师傅，师傅说不会错接的，因为线插头和电磁阀插头是按颜色一一对接的。其实我们在维修中大家往往忽略对电磁阀线路的记录，总是凭借经验按对应的颜色去插接，结果有时候恰恰就不是按照这个逻辑走的。

故障排除：拆卸阀体比较麻烦，于是我们通过线路图在外边把两个电磁阀的线束重新换位对接（如图15-1和图15-2所示），结果故障彻底排除。

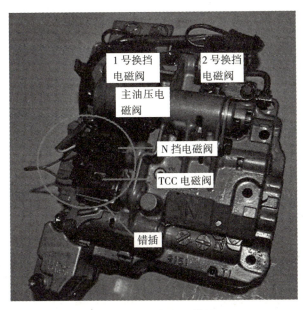

图15-1　电磁阀插头错插

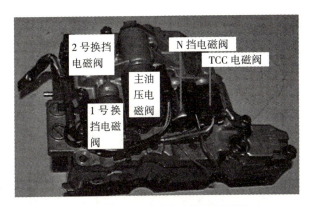

图15-2　正确的电磁阀插头的插法

故障总结：本来很容易维修的一款变速器故障，结果由于人为原因而使故障复杂化。通过该案例也说明大家在实际维修中不要忽略对老款车型的一些特殊功能的认识，本来控制单元在执行"停车回空挡"功能，结果给变速器上锁了（TCC 工作了），你说发动机能不熄火吗，教训啊。

第十六章　北京车系

一、伊兰特底盘异响

车型：2008 年北京现代伊兰特，配置 1.6L 发动机，手动 5 速变速器。

行驶里程：51025km。

故障现象：车辆经过小搓板路时，底盘前面司机脚下发出"咯嗒、咯嗒"异响。

故障诊断：车主把车开来时告诉我，就是因为这个异响，他在别的修理厂拆检了两面的减震器、机顶胶、稳定拉杆、制动分泵、外球笼、下臂球头等，但是都没有发现问题。最后修理工告诉他跑跑再看吧，声音再大点儿就好查了，没问题不影响安全。车主偏偏又是细心人，不肯罢休，来到这里希望能解决此问题。

和车主出去试车，发现故障确实如他所述，而且声音还特别明显。心想这么明显的声音之前的修理工不会找不到故障点啊。又问了一遍车主之前的拆检过程和部位。对啊，这些点也都是我怀疑的部位。难道有遗漏的地方吗？带着这个疑问让车主把车开回店里，把车举起来用撬杠检查所有球头连接，包括发动机胶垫，确实没有松旷的。减震器也没有漏油迹象，把车落到地上让人摇晃车，发现顶胶和减震器也没问题。之所以没有拆检是因为之前的那个修理厂是我们当地比较有名的一家修理厂，里面全都是非常高档的车，所以就没有怀疑他们的判断，但是那个异响却依旧存在啊。一定有没检查到的地方。

在不着车时左右快速转动方向盘（自由量），发现转向柱内有"咯嗒、咯嗒"的响声，把手放在方向机防尘套内拉杆部位能感觉齿条在壳体中有轻微的上下摆动。并且看到右面的防尘套部位已经有漏油迹象。问题找到了，原来是齿条旷动的原因。非常自信地告诉车主需要换方向机，异响也是由它发出的。车主带着怀疑的眼神问我能不能肯定，换了方向机异响能不能排除。我非常肯定地答复说："没问题！"等到新方向机装好后，来回晃动方向机异响没有了。

让车主出去试车，非常自信没有跟随。心想：绝对没问题，前悬挂包括转向系统也就这几样东西，该检查的都检查了，该换的也换了，就等买单、数钱了。等到车主回来后告诉我，异响确实小了很多，但是还有一点儿异响。随即跟他出去试车，确实如此，过很小的颠簸路段时司机那一侧发出同频率的"咯嗒"声，而过大点的坎时却没有声音。又把车开回重新检查一遍，包括机盖锁、机盖合页还是没发现问题。冷静下来想想，不会是减震器有问题了吧。可是他们之前都拆下来检查了呀。拿过手锤一敲轮胎侧面，那个响声随着手锤的敲击欢快地响了起来，左前减震器有问题。当把减震器拆下后终于找到了故障点，原来减震器杆在壳体内晃动，用手明显能感觉到间隙（减震器没有一点漏油迹象，上下阻尼平顺）。

图 16-1 方向机

故障排除： 更换方向机（如图 16-1 所示）、减震器（如图 16-2 所示）后异响彻底消除。

故障总结： 通过此次故障的排除得到一个教训：别人认为没问题的只有通过自己的检查才能得到认同，目视没有问题的只有通过仔细检查才能得到认可。认真的态度决定成败。

图 16-2 减震器

二、悦动偶发性熄火

车型： 2009 年产现代伊兰特悦动轿车，配置阿尔法系列发动机，手动 5 速变速器。

行驶里程： 132000km。

故障现象： 用户反映该车正常行驶时突然熄火，熄火后无法启动，但启动机运转正常。

故障诊断： 第一次出现这种情况的时候，车主打了救援电话，等救援人员到达以后，发动机又可以顺利启动了。当时救援人员怀疑是汽油泵损坏，一般情况下燃油泵的使用寿命是 5 年 /170000km，不过也有特别的情况，所以车主就同意开回维修站更换全新的汽油泵。可是过了没几天同样的故障又出现了，车主当时想是不是再放一会就能好呢，10min 之后，车子又可以顺利启动了。由于离维修站比较远，故开来检查。

接车后维修人员先用 X431 读取了故障码，诊断结果是无故障码系统正常。后与车主了解了当时出现熄火时的症状，车主描述，车辆在正常行驶时突然就熄火了，没有什么先兆。唯一的规律就是早晨冷车没事，车辆行驶的时间越长出现故障的概率就越大。熄火之前车辆行驶一切正常。

虽然车辆故障此时没有出现，但是根据车主给出的信息，可以初步判定为发动机电子控制系统故障，而不是机械或者燃油供给系统出现故障，因为机械故障会产生发动机异响，燃油泵供油不足或者卡死都不会造成发动机突然熄火，而是慢慢地加不上油。由于故障偶发性比较强，短时间内故障不一定能够出现。根据以往的经验，引起发动机突然熄火，和温度有关系，最容易出现故障的两个部件就是点火线圈和曲轴位置传感器。发动机控制单元损坏也可以导致这种故障，但可能性比较小。由于该款发动机是单缸独立点火的，有 4 个点火线圈，4 个点火线圈同时损坏的可能性比较小。那么只有曲轴位置传感器的可能性比较大了，于是拆下曲轴位置传感器，利用鼓风机加热，测量其阻值。随着温度的上升，传感器的阻值也不断变化，从最初的 970Ω 左右升到了 1040Ω，加热一段时间以后，再次测量其阻值，发现阻值为无穷大，将传感器凉置几分钟，阻值又恢复到了 1000Ω 左右，可以断定曲轴位置传感器损坏。

故障排除：更换了全新的曲轴位置传感器，试车高速行驶一段时间后，故障未再出现，故障解决。

故障总结：当我们遇到偶发性比较强的故障时，在没有确定故障真正的原因之前，千万不要急于换件，有条件使故障再现的，可以多做几次测试，没有条件的尽量与当事人了解清楚，寻找故障的规律，只有这样才能更准确高效地完成任务。

三、大切诺基为何只有在急制动时底盘才会发出有节奏的响声

车型：2001 年款进口大切诺基越野车，配置 V 型 8 缸 4.7L 汽油发动机，同时配备使用带有分动箱四轮驱动的型号为 45RFE 型 5 挡自动变速器，如图 16-3 所示。

故障现象： 变速器大修后行驶起来一切正常，包括升降挡的换挡品质及 TCC 闭锁品质都特别好。唯一一点是一旦车速超过 10km/h 急制动时在变速器与发动机连接处发出有节奏、有频率的摩擦声（速度快响声频率跟着高，速度慢响声也跟着降下

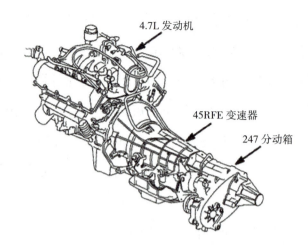

图 16-3　大切诺基动力匹配信息

来），而且还不是金属与金属间的摩擦，是跟旋转摩擦有关。同时这种响声还会发生在原地方向向右打死转圈时，但把方向往左侧打死原地旋转却没有声响，在驾驶室听到的响声极其明显。

故障诊断： 在检修这种响声时最后就是利用各种替换件的排除法来试验。首先大家把从分动箱通往前桥的传动轴拆下来，响声就会消失。在检查传动轴万向节时确实发现有一个有磨损痕迹，于是更换了一个旧的传动轴总成，结果响声依旧，这样排除了因传动轴问题引起的异响。在接下来的排查中先后更换了两台旧的分动箱，响声还是没有任何改变，这样也基本排除了分动箱本身的问题。此车型变速器及分动箱总成如图 16-4 所示。

考虑到拆下前传动轴就不响，所以大家又考虑到前桥差速器或半轴存在问题，于是先把前桥差速器边盖打开并未发现问题。考虑到还跟打方向有关，这样先后逐一拆下前面左右两根半轴进行试车，但无论是拆掉一根还是两根都拆下，响声丝毫

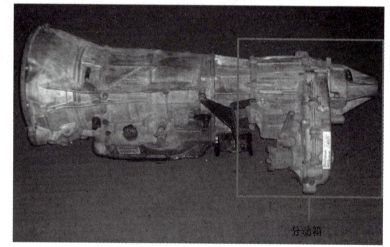

图 16-4　45RFE 变速器及分动箱总成

没有任何改变，此时大家似乎有点迷茫，两根半轴都拆下来了怎么还会响，而单一拆下前传动轴就不会响。另外，在试车过程中如果空挡滑行急制动和发动机熄火急制动响声都会存在，这样也排除了大家怀疑在外力作用下变扭器会不会跟壳体之间形成接

触摩擦带来的响声。

既然可以排除传动轴、半轴、前桥差速器、分动箱等传动部件没有问题，那么还会有哪些可能呢？此时维修陷入了僵局。不过值得一提的是这种响声一定跟转动部件有着直接的关系，由于响声在变速器挂挡杆处极其明显，所以大家又把目标转移到了变速器上，因为毕竟在没有维修变速器之前这种响声是没有的。考虑到之前的试车中关闭了发动机，说明变速器的前段是停转的，但后段仍然通过后桥差速器经后传动轴再经分动箱带动，是一起转动的。因此不排除变速器后段机械元件在巨大反作用力下形成响声。

由于确实难以找出响声部位，没有办法只能将变速器再次抬下来解体检查，解体后重点检查变速器输出轴在转动中带动的所有机械部件是否存在磨损。再仔细检查过程中确实发现有一个离合器鼓在后行星排接触处有磨损迹象，同时也发现后行星排中的轴套有磨损情况，通过与同一型号变速器中我们认为有问题的机械部件进行比较，也确实证实磨损是存在的，但是不是这些部件发出的响声谁也不能确定，也只能装车试车再说。

更换磨损部件（行星排、离合器连接毂等）装车后试车响声依然存在，并没有丝毫改变。重新分析，前桥、传动轴、分动箱、变速器等元件我们可以不去考虑它们是否存在问题。就单一地从响声形成条件来看：第一，必须是在紧急制动形成的反作用力下响声才会出现；第二，必须在行驶过程中方向向一侧打死车身倾斜力矩变化较大时才会出现；第三，就是响声的频率跟车速、底盘中转动部件的转动速度有关。综合以上三点进行分析：我们不能再停留在传动系统的某一转动部件或单一的系统了，严格上讲跟力学有直接关系。说明极有可能是某转动部件或某传动系统在力的作用下与车身形成接触或连接传递出来的。

故障排除：通过排查传动系统中的某一连接部件能够与车身接触的可能性，终于找到故障点：原来是分动箱到驾驶室内的分动箱操作挡杆连接拉索在紧急制动时与车壳接触上了，并把分动箱内的齿轮啮合转动声音传递到驾驶室内，重新调整位置响声彻底消失。

故障总结：车辆底盘发出的异响故障可以说在实际维修中很难排查，在该案例中其实大家忽略了一个问题，那就是力学里面的知识。其实在故障检查中拆卸前传动轴时响声消失后就应该能够分析到这一点，所以一个很小的问题变得极其复杂，搞得大家反复拆装都找不出问题所在，也因此告诫各位同行不要犯此低级错误。

第十七章 兰博基尼车系

兰博基尼 AMT 变速器为何所有挡位均不能行驶

车型：2009 年意大利产兰博基尼盖拉多跑车，配置 V10 发动机，排气量为 5.2L，同时匹配 6 前速 AMT 型序列换挡变速器，车辆信息如图 17-1 所示。

故障现象：据用户描述近期该车有时前进挡和倒挡均不能行驶，关闭发动机并重新启动后有时还可以正常行驶，但最近不能行驶的故障现象频率越来越高，因此不得不进厂进行检修。

故障诊断：车辆进厂时变速器所有挡位已经失效不能行驶，是拖到修理厂的。经诊断发现变速器电控系统有故障记录存储（如图 17-2 所示），故障码分别是 02046（P0810 000）离合器启动功能失效，静态，06011（P177B 000）离合器 1 达到公差极限，静态。根据静态故障码表现形式说明

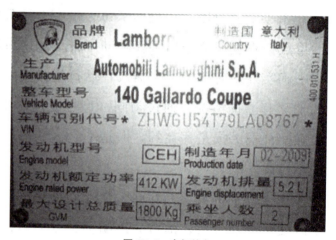

图 17-1 车辆信息

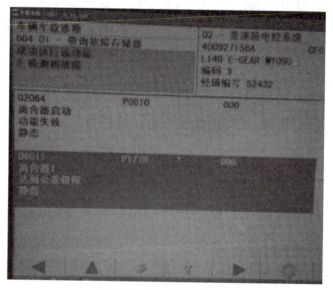

图 17-2 读取到的故障信息

该故障属于硬性故障而非偶发性故障，因此即使删除故障码故障仍然还会出现。从故障码含义中分析矛头似乎均指向了离合器，其中 02046 故障码说明离合器启动功能已经冻结，即不让离合器参与工作过程，因此车辆不能行驶，而 06011 故障码说明离合

器1的公差范围已经超出极限控制，即离合器间隙过大或过小并超出极限值。

由于该修理厂首次维修这款变速器，因此在没有任何资料的情况下也不敢擅自怀疑相关部件有问题，因此先将变速器抬下来看看离合器具体情况再说（变速器总成如图17-3所示）。

将变速器抬下来从前端把离合器拔出来（离合器如图17-4所示）进行直观检查，首先并没有发现离合器片有高温烧损迹象（表面没有煳味），同时根据摩擦片表面沟槽深浅情况说明离合器片磨损程度并不大，并不会超出极限范围，因此故障原因很有可能不在离合器上。该变速器其实就是一个AMT变速器，与DCT变速器还不一样，但为什么故障码却说离合器1达到公差极限呢？原来该变速器确实是有两个离合器片但连接在一个输入轴上，两个离合器共同传递着发动机的输出扭矩，当发动机输出达到一定扭矩峰值时两个离合器摩擦力达到最大，以保证跑车功能的动感加速效果。因此大家不要错误地认为是双离合器变速器（DCT）。

图17-3　AMT变速器总成　　　　　　　　　　图17-4　离合器总成

既然从离合器表面来看问题不大，那么控制单元为什么会记录两个关于离合器的故障码呢？因此我们要重新来审视并分析故障码生成的可能原因，02046故障码提示的是离合器启动功能失效，那么从大的范围来分析，如果离合器本身间隙值没有问题，很有可能是控制单元本身分析计算有问题或离合器信息传感器传递给控制单元一个错误的离合器状态信息。为了保证行车安全和对离合器本身的保护安全性，控制单元便终止了离合器的驱动；同时06011故障码提醒离合器1公差达到极限，如果离合器本身的磨损公差值没有真正超出其控制范围，那么也有可能是控制单元的计算错误或离合器信息传感器给控制单元反馈的就是一个错误的离合器状态信息，因此最终关闭离合器不让其启动从而让车辆不能行驶。

那么接下来是研究控制单元还是传感器呢？其实哪个都不敢轻易去怀疑。但从故障码定义及静态形式上来看，大家一致认为控制单元的可能性大一些。因为从其他朋友处了解到：他们曾经修过的奥迪 R8 跑车变速器好像跟这款变速器一样，特别是控制单元零件号都相差无几。在这种情况下决定先换控制单元试试，可是经过几天的查询，该控制单元在国内根本买不到。找到控制单元安装位置（后风挡下）查看控制单元是否能直观看出问题来，但把控制单元打开后却发现完好无损并没有烧蚀痕迹。回头再仔细看原来的两个故障码内容并做比较分析，应该是控制单元得到离合器公差值超出极限后而启动了关闭离合器的功能，也就是说，控制单元通过离合器压力传感器得到错误的离合器公差间隙后，不再操控离合器的接合任务，最终让车辆不再行驶。

故障排除： 更换离合器压力传感器（如图 17-5 所示）后，故障得以彻底排除。

故障总结： 对于兰博基尼这种 AMT 变速器来说大家接触的少，因此一些控制功能的了解还不够，包括一些控制原理。在本案例中

图 17-5　离合器压力传感器

幸好控制单元订不到，否则更换控制单元后问题也不一定能够得到解决。因此清晰的诊断思路和故障码内容机理的分析尤为重要，避免在维修中走弯路。

第十八章　奇瑞车系

一、奇瑞旗云 CVT 低速换挡晚

车型：2004 年旗云。

VIN：LSJDA21B44D××××××。

故障诊断：该车装配宝马迷你发动机和 CVT 无级变速器，该车在 D 挡起步时还算正常，起步之后车速达到 20km/h，发动机转速开始上升，此时的车速并不随着发动机的转速提高，而是依然保持在 20km/h 的车速，当发动机转速升高到 2800r/min 以上时，车速才开始随发动机的转速提升，车速在 80km/h 时的发动机转速在 2500r/min 左右，车速在 120km/h，发动机转速大约 3000r/min，继续加速，车速超过 130km/h，发动机转速突然提高，车速却不再提高，反而有降低的趋势，也就是说，在车速超过 130km/h 的时候，变速器就开始打滑了，不再有动力输出，车速低于 130km/h 车速时，就恢复了动力输出。在变速器学习过程中，有个手动模式学习，在这个模式下，最高车速可以达到 160km/h 以上。

这辆车因为事故更换了变速器壳体、主动轮、被动轮钢带，换完之后一直没有低速挡，起步困难，制动熄火。笔者重新组装，并且调节阀体之后，车辆出现上述现象，但是勉强还可以行使，现在因为该车油耗太高，想再维修一下。

之前换过的主动轮、被动轮和钢带，在上次装配时就发现有些磨损，特别是主动轮、被动轮，底部磨损较重，所以这次维修首先更换磨损较重的主动轮、被动轮和钢带。

由于该车的主动轮、被动轮及钢带没有全新的售后配件提供，所以只能使用拆车配件。到货后，拆下变速器，把刚发来的主动轮、被动和钢带清洗后装到变速器上，因为也不确定是不是和主动轮、被动轮有关，因此，把控制阀体也重新拆解清洗一遍，然后装车试车，结果出乎意料，变速器起步后行驶到 20km/h 的时候，发动机转速即使达到 4500r/min 以上，车速依然是 20km/h，就是说，换完主动轮、被动轮和钢带后还不如之前了。

现在感觉到问题严重了，自己的判断有误。车速无法提高，首先怀疑的是前进离合器，把控制阀体拆下来，找到前进离合器的进油孔，先用压缩空气（压力调节到500kPa左右）试验前进离合器的工作状况，结果前进离合器工作正常，那就是控制阀体，再次拆解控制阀体，并且尽量寻找这款变速器的维修资料，以清楚该车的油路走向。但是这款车的维修资料仅仅是简单的结构和学习等内容，根本没有油路图。没有办法，用最原始的办法，从前进离合器的油道口往上找，无奈，前进离合器的油路走向太复杂，找了半天没找明白，还把自己找晕了，像转迷宫一样。

再换一个思路，找别的CVT资料作为参考，看其他CVT是怎么控制的，找到了一些CVT的培训资料，基本都是奥迪01J变速器的培训资料。在仔细对比中发现，奇瑞CVT要比奥迪的CVT简单许多，奥迪的CVT油缸在施压和泄压时有两个油压控制，有一个施压阀控制油缸的压力，让带轮的直径变大，还有一个减压阀，控制带轮油缸的泄压，两个压力的平衡从而控制带轮的直径，这种控制比较先进。然而这款变速器却没有减压阀，油缸的构造也不同，这款变速器的油缸只有一个进油孔，有压力时带轮夹紧，带轮的直径增加，泄压时，油缸带的拉紧力使带轮的直径变小（初级带轮），次级带轮又不同，次级带轮在油缸里面还有一个大弹簧。在没有油压的时候，弹簧的弹力把带轮推向直径最大的状态，油压和弹簧在同一侧，也就是说，次级带轮的夹紧是油压和弹簧的合力。再看该款CVT的控制，阀体上有一个初级带轮的控制步进电机，控制初级带轮的油压，在变速器壳体上有一个次级带轮电磁阀，占空比控制型的，调节次级带轮的油压。另一个阀体上的电磁阀是前进离合器控制电磁阀，也是占空比控制的电磁阀。还有一个钢带张力调节阀，根据初级带轮的位置控制钢带始终保持在拉紧状态。

CVT变速器变速原理无非是控制初级带轮与次级带轮的直径，初级带轮直径越大，次级带轮的直径就应该相应地变小，以实现车速由低到高的变化。现在没有高速挡，可以理解为初级带轮的直径过小，次级带轮的直径过大，所以没有高速挡。初级带轮的油路控制相对复杂，所以先找次级带轮的油路，从次级带轮油缸开始往前找，通过变速器后盖通到主油泵，主油泵居然直接连着主油压（如图18-1所示），也就是次级带轮的压力来自油泵的主油压，主油压一路进入控制阀体，一路进入次级带轮控制电磁阀，电磁阀调节后的油压进入到钢带张力调节阀。现在我的理解是，次级带轮上始终有着主油压的压力，即使通过电磁阀泄压，那调节的还是主油压，次级带轮一直是系统压力，那初级带轮要想以同样的压力工作，并且拉紧钢带，通过钢带压力使次级带轮直径变小，那只有通过比次级带轮大的油缸直径来实现。可是，次级带轮还有一个超级硬的大弹簧和主油压形成合力，此时我倒是怀疑是不是油路搞错了，这几乎是不太现实的。又重新找了一遍次级带轮的油路，结果还是如此，绝对没错。

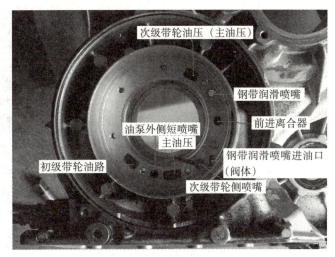

图 18-1　壳体油泵侧

为了验证一下次级带轮的油压是不是主油压，在次级带轮外侧壳体上有一个油压测量孔，这个测量孔与次级带轮油压相通，于是接了一个汽油压力表测量，因为这之前测过一个自动变速器的油压，怠速时主油压也就 500kPa 左右，接好压力表启动发动机，结果爆表了，指针转了一圈被 0 位的限位钉挡住了，赶紧熄火，再看压力表，再也回不到 0 位了，废了一个表。

但是压力还是要量的，看空调的高压表压力最高可以达到 3500kPa，这个压力应该可以，又经过改造，接上了空调的高压表，启动发动机，怠速时的油压居然高达 2500kPa，稍一加速，指针就到 3500kPa 的最高限了。

通过油压测试，进一步证实了次级带轮的油压就是主油压，那次级带轮的油路应该是对的，初级带轮是用步进电机控制的，在变速器油底壳打开的状态下，打开钥匙，把换挡杆由 P 换到 D 的时候，步进电机有明显的动作，初级带轮的控制应该也是正确的，那问题应该出在前进挡离合器，是不是离合器打滑造成的？

这个变速器有两个油压测量孔，一个就是刚才测过的主油压测量孔，另一个在左侧半轴内球笼附近，是前进挡离合器的油压测量孔，在此连接油压表，启动发动机，在 P 挡、R 挡、N 挡时都没有油压。挡位在 D 挡时，制动踏板没松开的时候，油压在 50~100kPa，松开制动踏板，轻踩油门，压力迅速升高。最后到了 1000kPa 压力的时候，压力再升高，从压力读数来看，这应该是正常的，在没松开制动踏板时，电磁阀只给前进离合器很小的压力，以消除摩擦片的间隙，当松开制动踏板加速的时候，前进离合器电磁阀迅速提高油压，让前进离合器结合，将动力输送到初级带轮。

又排除了一个，那么剩下的就是初级带轮了（如图 18-2 所示）。还是从执行元件向上找，初级带轮的进油口在带轮的顶端，通过油泵内测的密封环和油泵轴密封（如图 18-3 所示），由变速器壳体的阀体供油口（如图 18-4 所示）对初级带轮的油缸输送 500kPa 压力的变速器油，初级带轮马上有动作，夹紧钢带，并且钢带移动到初级带轮的最外侧，就是直径最大的位置，通过这个测试，可以证实初级带轮的执行油路密封是好的。

图 18-2　带轮组

图 18-3　长喷嘴

图 18-4　壳体油路

现在就剩下控制阀体了，为了稳妥，直接更换一个控制阀体总成，同时连同次级带轮的电磁阀也一起换掉。可是真的令我很失望，结果还是一样，只能加速到 20km/h，即使发动机转速达到 5000r/min 链还是一样的 20km/h。

到此时，对这辆车几乎失去信心了，先放一放，捋一捋思路再修。现在变速器机械部件几乎都换了，那么会不会是电器控制部分出了问题。再查一遍线路，用示波器检测前进离合器电磁阀及次级带轮电磁阀的波形，结果是前进离合器电磁阀波形正常，次级带轮电磁阀的输出几乎没有电压，又是一阵狂喜，终于又发现问题了。再看看初级带轮的步进电机的工作情况，找来 4 个 LED 发光二极管，串联上约 500Ω 的电阻（旧的尾灯上拆的），两个一组，两个二极管的正负极线并联到一起，这样无论电机的输出是正向还是反向，至少会有一个灯亮，另外一组两个二极管也是用相同的接法，这样 4 条线分别接到步进电机的两组控制线上。接好后，点火开关开到"ON"挡，这时 4 个 LED 灯就开始不停地交替闪烁，闪了一会儿后，只亮一个灯，启动车，挂 D 挡，LED 灯又交替闪烁，之后还是亮一个灯，可以确定步进电机有输出的。问题似乎又明朗了，应该是次级带轮的输出有问题，但是手头没有变速器控制单元，关键是虽然感觉是次级带轮电磁阀没有输出，但是心里还是不太踏实，为了保险起见，给次级带轮一个搭铁信号，强制让电磁阀打开，如果变速器马上进入高速挡，那就可以确定是变速器控制单元有问题。

在次级带轮侧连接上油压表，再次启动发动机，监测初级带轮步进电机的 LED 灯开始不停闪烁，换到 D 挡，松开制动踏板，此时的油压是 2500kPa，然后在次级带轮电磁阀的控制线上并联一根线，把这根线直接搭铁，此时车速没有什么变化，依然是低速挡，看油压表，此时的油压已经降低到 1700kPa，松开次级带轮电磁阀的搭铁线，油压马上恢复到 2500kPa，看来还是没有找到原因，电脑应该是好的。

到现在，已经把外围的和执行原件都排查过了，而且都没发现问题，是不是变速器内部的装配不对，还是再拆开看看吧。重新把变速器拆下来，解体。这回真的有发现了，初级带轮靠近油泵侧的一个喷嘴断了（如图 18-5 所示），但是这个喷嘴是不是会影响变速器升挡呢？还要研究变速器的油路，没有维修手册真的很累，再次慢慢地理顺油路，同时打电话订货喷嘴。

损坏的初级带轮侧喷嘴

图 18-5　损坏的喷嘴

从喷嘴往上找油路，喷嘴在油泵侧（图 18-1 初级带轮侧喷嘴），它的油压来自控制阀体（图 18-4 初级带轮侧喷嘴／初级带轮加力）。再找对应的阀体上的位置（图 18-6 到前进离合器），再打开阀体，顺油路再往前找，这路油压居然在初级带轮步进电机对面的调节阀的底部（图 18-7 初级带轮调节油压）。而正是这个油压，推动初级带轮控制阀向上移动，打开主油压通往初级带轮的油缸。而初级带轮控制步进电机是调节这个控制阀上面的弹簧的弹力，步进电机并不是直接开启初级带轮控制阀，它的打开程度取决于底部油压的大小。也就是说，来自前进离合器的压力越大，初级带轮控制阀被向上推的幅度就越大，阀打开的开度就越大，初级带轮油缸内的压力就越高，再返回到喷

287

嘴，喷嘴断了，节流效果就没有了，喷嘴不节流了，初级带轮控制阀底部的油压就没有了。没有油压，虽然步进电机调小了初级带轮控制阀顶部的弹簧弹力，但是初级带轮控制阀还是无法打开通往初级带轮油缸的油路，也就没有高速挡了，原来问题出在这里。

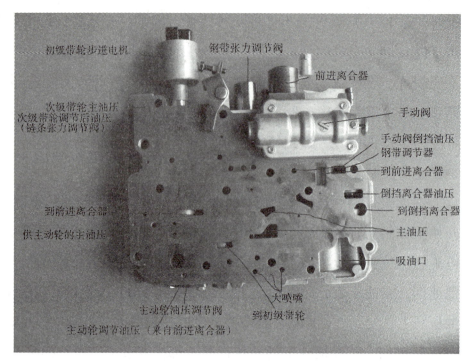

图18-6 阀体总成

到货后，换上一个新的喷嘴（如图18-8所示），重新仔细装好，再次试车，这回车速随发动机的转速同步升高了，在举升机上可以轻松地跑到时速180km/h。下一步就是按照该车的学习方法进行路试学习。

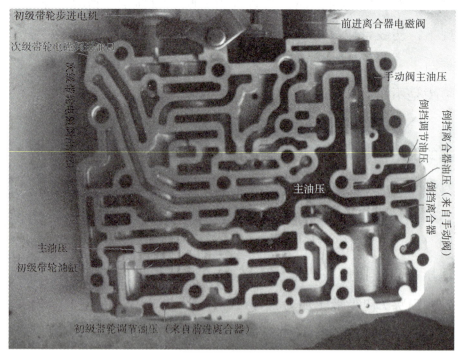

图18-7 阀体

离合器自适应性学习（第一部分）：

该程序必须以可靠的离合器适配器为硬件基础，请按以下提示做。完成了这一步，才能进行下一步速率的适应性学习。

确保空调压缩机处于运行状态。

288

在整个离合器自适应阶段，踩上脚制动器。

确保按下列步骤运行。

A. 前进过程中的适应性学习：

挂 N 挡，等待 3s；

挂 D 挡，等待 3s；

重复 5 次。

B. 倒车过程中的适应性学习：

挂 N 挡，等待 3s；

挂 R 挡，等待 3s；

重复 5 次。

速率适应性学习。

关掉空调。

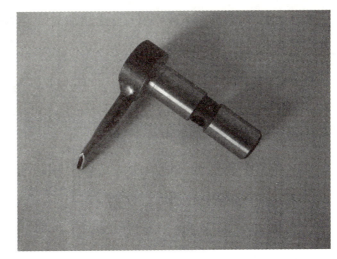

图 18-8　新的初级带轮侧喷嘴

·确保 ATF 温度在 25℃以上，如果温度低于 25℃，车在 N 挡，发动机怠速运转知道油温上升到 25℃。

·开始速率适应性自学习程序。

·挂 D 挡。

·节气门从初始位置开始踩油门，在平坦路面上加速至 100km/h，然后松开油门。

注意：松开油门减速过程中不要使用任何制动器。注意：在初期这样的速率适应性自学习阶段，车速 50km/h 时发动机转速为 5000~6000r/min 是正常现象。在以上的减速过程中（不要使用任何的制动器），变速器的速率适应性自学习就会发生，发动机转速从 5000r/min 降到 2000r/min 时，每一步降低 500r/min，从 2000r/min 降到 1400r/min 时，每一步降低 100r/min。降到 1400r/min 后，该自学习阶段结束。

让发动机减速停止。

手推模式和运动模式。

在完成了速率适应性自学习后，要对手推和运动模式进行测试，观察变速器是否有这两个功能，按以下步骤进行。

·向右移动操纵杆使变速器处于运动模式，然后向上推操纵杆挂 1 挡。

·均匀加速（切勿将油门踩到底），发动机转速到 3000r/min 后依次升一挡，直到每个挡位都挂一次（此时车速大概为 100km/h）。

·向左和右后移动操纵杆使变速器处于运动模式。

·踩制动器使车辆停止前进。

离合器自适应性学习（第二部分）：

现在，变速器油的温度应该较高了，可以进行第二阶段的离合器适应性自学习。

·打开空调，如果可能的话。

·在整个离合器自适应阶段，踩上脚制动器。

A.前进过程中的适应性学习：

挂 N 挡，等待 3s；

挂 D 挡，等待 3s；

重复 5 次。

B.倒车过程中的适应性学习：

挂 N 挡，等待 3s；

挂 R 挡，等待 3s；

重复 5 次。

倒车行驶实验。

·挂 R 挡。

·轻踩油门加速到 15km/h。

·制动停止。

读故障码。

·读出故障码。

·如果发现有故障码，请采取必要的措施。

把所有以上的学习过程全部做一遍后，再试车，车辆行驶正常，之前的故障现象消失。

故障总结：通过这辆车的维修，得出一个结论，维修手册是必不可少的，没有手册会走很多的弯路。这辆车就是很典型的没有手册的车型，希望这种车型的油路图能尽快出现，以供大家学习。

二、奇瑞 A3 防滑灯亮

车型：奇瑞 A3。

故障现象：车辆行驶中偶发加速不畅，甚至无法加速，同时防滑灯点亮。熄火后重启故障消失，不确定什么时候又出现加速无反应，防滑灯亮。

故障诊断：先提取 ABS/ESP 系统故障码，有 2 个故障码，分别是：CX100，高速 CAN 总线故障；CX155，与仪表盘通信丢失。

两个故障码都是与 CAN 总线有关。这辆车在我这里换过一个右前轮轴承，原因是轴承异响，换完轴承 2~3 天后就出现这个故障，会不会和更换轴承有关呢？

用 V30 诊断仪读取数据流，居然没有车速信号的显示，询问配件供应商，说这种轴承卖过好多，都没问题，看样子应该是真的 CAN 系统有问题。

查阅线路图，奇瑞的 CAN 控制网络并不复杂，有限的几个模块并联在一组 CAN 线上（如图 18-9 所示）。用示波器在转向角传

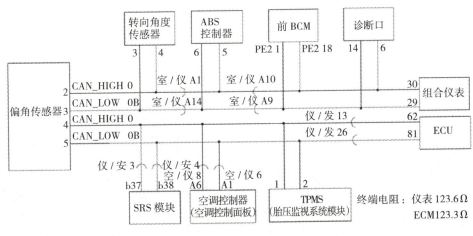

图 18-9　电路图

感器处检测两条 CAN 线的信号，信号居然真的不正常，一根有信号，另一根的信号不对，并且在转动方向盘时波形还会变化，忽高忽低。会不会是转向角传感器坏了？经过反复的检验，发现示波器的搭铁线没接好，接好搭铁线，波形就正常了。

清除故障码，再试车，跑了好远也没出问题，就在往回走拐弯的时候，突然防滑故障灯亮了，再踩油门，没有任何反应了，还是不好。再回来检查故障码，还是那两个码，读取发动机的故障码，是两个无定义的故障码。读车身模块的故障码，这里边的码多，有 B1102、B1395、B2321、B1378、B1391 等多个故障码，还有一个 U0127 与胎压监控（TPM）失去网络故障通信的故障码。似乎这些故障码与当前的故障现象没有什么联系，会是哪里有问题呢？

防滑控制系统的部件只有转向角传感器和组合的偏脚传感器，转向角查过了，线路及信号都是好的，在右前座椅下拆下组合偏角传感器（拆的时候一定要关闭点火开关再等 3min 以后再拆，曾经听说过一辆车在打开钥匙的时候把传感器拆下来了，拿

291

在手里转了一下，结果全车的侧气囊全爆了）。拆下传感器后检查线路也是好的，再测一下传感器的波形，也正常，这辆车不带胎压监控，所以也就不用管它。这也是好的，找来找去，都没问题，会不会是轴承有问题，因为这车的轴承带车速传感器信号齿。但是最简单的方法用不上，检测诊断仪不支持，去借个电脑吧，去奇瑞4S店，用原厂诊断仪试试。

在4S店，听说这车的电脑需要设置，要看看版本是不是错了，还有索赔可以做。马上先检查电脑的版本（如图18-10），居然都是对的，又是一盆冷水从头浇到脚。还是看车速的数据流吧，这个要到外面试车的，4S店不让把诊断仪带出厂，没办法，走吧，我再借个诊断仪还不行吗，不就是431嘛。去借了一台431回来，界面和4S店的完全一样，并且数据流有车速信号显示，调出车速传感器数据，开车上路，边跑边看数据，终于发现问题了，车速在70km/h时，右前轮的车速高于其他3个轮的车速大约6km/h（如图18-11所示），还是前轮轴承的问题。

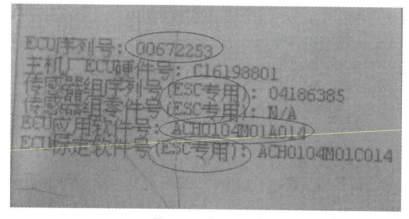

图18-10　电脑的版本

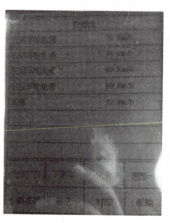

图18-11　数据流

因为ESP接收到了右前轮的转速高于其他3个轮，并且右前轮是驱动轮，电脑认为右前轮处于打滑状态，命令系统对右前轮实施轻微制动，并且控制发动机扭矩的输出，防止进一步打滑。

更换了原厂的右前轮轴承，再试车四轮的车速基本相同，连续行驶几十千米，再没有出现这个故障，完工交车。

故障总结： 奇瑞A3车型虽然国产，但是其控制还是比较先进的，所用的车速传感器也是霍尔式的，可判断车轮向前还是向后行驶，它的轴承带信号转子，安装的时候有正反方向，副厂的轴承不能用。

三、瑞虎机油灯亮

车型：奇瑞瑞虎，配置SRQ481发动机，如图18-12所示。

故障现象：该车热车怠速时机油灯点亮，并且蜂鸣器报警。

故障诊断：先检查机油压力，油压表显示怠速时机油压力为150kPa，压力正常，该车因机油灯亮在别的修理厂更换了机油泵总成，结果还是怠

图18-12 发动机

速机油灯亮。又更换了主轴瓦和连杆瓦，结果还是没好，而且怠速一段时间后机油灯亮。在连接机油压力表的同时怠速运转，这时候机油压力报警开关已经拆掉，只能通过压力表来看机油压力，怠速运转5~6min，机油压力逐渐降低，由原来的150kPa降到不到100kPa，并且还在继续降低。一般发动机怠速时的机油压力高于50kPa就没有问题，继续怠速运转，并观察机油压力，大约20min后，机油压力变成了0，一点压力都没有了，但是感觉发动机并没有什么异样，虽然感觉不到不正常，还是不敢继续运转了，立刻熄火。

先分析一下，机油压力逐渐降低的原因主要跟温度有关，因为发动机运转时间越长，发动机温度就越高，机油的黏度就会相应地降低，会不会是机油的问题，咨询客户，机油换过3次，先是海湾机油，后来又换的嘉实多和黄壳机油，这些都是品牌机油，不会有质量问题。

发动机在怠速时，如果机油压力正常，打开机油加油口盖可以看到飞溅的机油，先检查凸轮轴是否上机油，可是拧开加油口盖却很难把机油口盖打开，机油口盖被牢牢地吸在了气门室盖上，熄火后才能很容易地拿下来，也就是曲轴箱内有很高的负压，这很不正常。曲轴箱内如果有负压，那一定是曲轴箱通风系统有问题。

该车的曲轴箱通风系统有一个废气调节阀控制（如图18-13所示），该阀一端连接气门室盖，另一端接进气支管，而且管径很粗，比一般车的暖风水管的直径还要稍粗一点，拔下插在气门室盖的废气管，管口在发动机怠速时有很大的真空吸力，并且

293

发动机怠速随之不稳和升高。废气管拔下并堵死，发动机的机油口盖就能够很容易的打开，奇怪的是，这时发动机的机油压力也正常了。

有很大的真空本身就不正常，唯一的可能就是废气阀坏了，拆下来，打开，发现阀的膜片碎了（如图18-14所示），根本就不能调节废气的流量了，正是因为膜片的损坏，发动机进气支管与气门室盖几乎是畅通的，这也就是曲轴箱内真空吸力很强的原因。可是再一想，一般的发动机曲轴箱通风应该有一个吸气的真空管，另外还应该有一个和空气滤清器连接新鲜空气进气管，可是找遍了发动机和空气进气管，也没发现进入发动机的新鲜空气进气管，找来奇瑞的维修培训手册，发现这车居然没有新鲜空气进气管，它的原理是曲轴箱的废气是窜缸混合气，废气阀只是把这部分由活塞和缸壁间隙窜入汽缸的窜缸混合气回收回来，并不引入新鲜空气平衡曲轴箱压力，真是第一次见到这种设计。它的理念是，怠速时，窜缸混合气少，真空吸力大，强大的真空吸力拉动膜片克服弹簧的弹力，将阀的开度关闭到很小，这样就只有很小一部分的真空吸力，这个吸力正好和曲轴箱内窜缸混合气的压力相抵，曲轴箱理论上应该是大气压力或是很低的负压。当发动机负荷增加，进气管内真空度减小，弹簧的弹力和进气管真空的吸力再次形成平衡，弹簧的弹力将阀的开度根据发动机的负荷打开，也就是发动机负荷越大，真空度越小，阀的开度越大，同时发动机负荷越大，窜缸混合气越多，曲轴箱的压力越高，这样就可以把窜缸混合气都吸入进气支管。

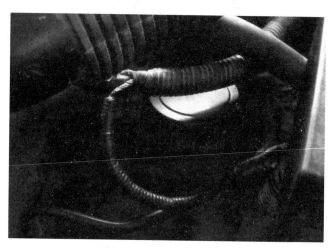

图18-13 曲轴箱通风系统

正是这个理想的设计，当阀的膜片损坏时，进气支管强大的真空使曲轴箱内的压力降低，机油泵在发动机怠速时泵出的机油硬是被这强有力的真空吸力吸了回来，机油压力就随着

图18-14 碎的膜片

294

发动机怠速的降低，导致机油压力报警，机油灯亮。

更换新的废气阀，结果还是打不开加油口盖，把新阀打开，新的膜片没有破，但是膜片一侧压扁了，新膜片也漏气。重新调整膜片位置，安装膜片，试车，还是不行。最后不得已，把新阀的弹簧拿掉，把旧阀的弹簧剪去一半，再次安装，这次正常了。

维修中留意观察了奇瑞这款发动机的曲轴箱通风系统，以后的车型上曲轴箱通风装置得到了改善，另外加了一根曲轴箱通往空气滤清器的管，这样曲轴箱被抽成强负压的故障就可以避免了。

第十九章　名爵车系

名爵 3 变速器保养不当带来的问题

车型：2010 年上海名爵 3 轿车，搭载南京邦奇产 VT-2 型钢带式无级变速器，如图 19-1 所示。

故障现象：做完变速器例行换油保养后仅使用了接近半个月的时间，变速器出现不换挡的故障现象且车速只能维持在低速范围内。

故障诊断：该车正常行驶 6 万多千米后到修理厂进行相关的保养作业，包括对变速器的保养换油。由于维修作业人员不清楚该车配备的是无级变速器，而认为是普通的带有液力变扭器的自动变速器，于是在作业中一不小心就把普通的自动变速器 ATF

图 19-1　名爵 3 无级变速器

润滑油给换上了。刚开始试车并没有感觉出不良迹象，于是正常交车。半个月后用户再次把车勉强开到修理厂说变速器可能出故障了，无论怎样对发动机进行加速，车速就是上不去，最快也就能跑到 40km/h 左右。在这种情况下该厂主修人员才了解到当前故障是因前些天的保养把油换错而导致的。因此决定让用户把车放到厂里进行相关维修并解决。

当时由于该厂只有奥迪链传动式无级变速器 CVTF 润滑油，所以还是先换上去再说。但更换完奥迪专用无级变速器 CVTF 润滑油，变速器还是不换挡，车速还是上不去，没有办法只能重新订购该变速器所需的专用 CVTF 润滑油。但没想到的是重新更换上该变速器的专用 CVTF 润滑油后变速器还是依然不换挡，此时笔者才通过电话了解到该车的情况。考虑到这种变速器在正常保养作业中也难免会出现这种不换挡的现象，但并不是故障而是需要道路试验完成它的换挡程序的激活过程，变速器才会恢复到正常运行状态。这样对方修理人员按照我们的技术指导，在空旷路面进行相关的换挡程序激活的道路实验过程。但对方却说该车发动机转速已达到极限转速，但最高车速也就能够达到 60km/h 左右，根本达不到换挡程序的激活条件。正常情况下利用发动机的较高转速（通常会在 5000~6000r/min）将实际车速拉到 80km/h 以上方可激活该变速器的换挡程序，也就使变速器恢复到正常运行当中去。后来他们又找一下坡路段进行路试，但依然完成不了换挡程序的激活条件。最后我们分析可能是变速器本身存在故障而导致其换挡程序无法激活。多次路试均不见效的情况下，他们把变速器油底壳拆下来进行检查，结果发现在油底壳内表面有一层金属粉末，而 CVTF 润滑油并没有被严重污染。因此分析可能是变速器内部机械元件有磨损需要解体检查和维修，没有办法该修理厂把变速器抬下来发送至北京，我方介入维修过程。

把变速器彻底解体后逐一进行各部件的检查，首先确实发现主从动带轮表面及钢带均有轻微的磨损迹象（如图 19-2 和图 19-3 所示），而通过磨损迹象来看似乎并不是润滑不良而引起磨损，更像是钢带在带轮上摩擦时存在打滑而引起的磨损。另外，前进挡摩擦片内花键齿也有损伤，本来很宽的齿槽已变得很窄，就好像通过严重撞击引起的，如图 19-4 所示。

图 19-2　轻微磨损的主动带轮

图 19-3　轻微磨损的钢带

故障分析：前进挡摩擦片的问题似乎跟变速器的换挡控制没有任何关系，而带轮及钢带的轻微磨损也不像是不换挡原因的根本所在。结合未解体前路试时所得到的信息，说明发动机转速能够达到上限，而实际车速却达不到激活换挡程序的条件车速，说明要么是前进挡离合器存在打滑，要么就是变速机构（主从动带轮及钢带）打滑。对以上部件的直观检查说明，第一前进挡摩擦片没有打滑迹象，第二钢带是否存在严重打滑还不知晓应做进一步的检查。而在该变速器由低速挡到高速挡变化时最主要的参

图 19-4　严重磨损的前进挡摩擦片内花键齿槽

与部件应该是主动带轮而不是从动带轮，因此应注重对主动带轮液压缸的检查，同时也是找出该变速器故障根源的主要依据。另外，根据该变速器变速原理分析，当换挡条件具备时电脑对换挡执行器（EDS2 和 EDS1）发出换挡指令，以调节主从动带轮缸内的油压并促使主从动轮缸半径的变化，从而完成传动比的切换。因此从电脑的指令至两个油压调节电磁阀对两个油缸内油压的调节，最终至主从动轮径的变化。所以说如终端元件至轮缸内密封性能较好，我们难免还要对压力源至油泵及液压阀体进行检查。

　　再次对部件进行检查：通过对机械与液压部件的仔细检查，油泵和阀体均未有磨损很正常。但对主动带轮进行加压密封性能试验时却发现有严重的泄漏情况（如图 19-5 所示），而对前进挡离合器进行加压试验时密封效果良好工作正常，看来该变速器的真正故障也终于找到了，就是主动带轮缸内密封不足而使钢带打滑引起，最终使变速器不能正常换挡。

　　故障排除：更换磨损

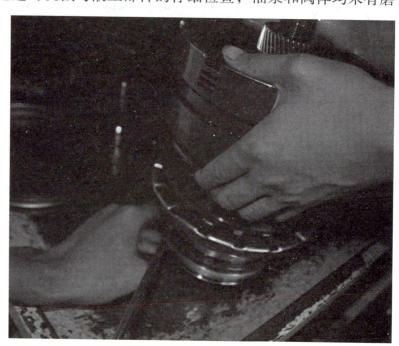

图 19-5　对主动带轮缸进行加压密封性能试验

298

的主从动带轮总成及钢带，同时也更换了前进挡离合器摩擦组件，装车后通过路试试验故障得以最终排除。

故障总结： 近年来变速器保养后带来的问题层出不穷，有的是材料选择问题，有的是操作流程问题等。无论是有级自动变速器还是无级变速器或是直接换挡式变速器，由于对润滑要求不一样，对润滑油选择要求也不一样，应该一一对号且不能疏忽大意。本案例就是一起因选油不当而引起的故障，由于对润滑摩擦要求不一样，所以初期把 ATF 润滑油错加后，通过一段时间的使用导致变速机构的带轮缸内的活塞密封元件受损，从而引起不换挡故障的发生，但更重要的是，无论对用户还是对修理企业都是不小的损失，正确选材规范操作是我们对变速器保养工作的正确对待方法。

第二十章　其他车系

一、奔奔行驶中突然熄火

车型：2011 年长安奔奔 mini 轿车，配置 JL465Q5 型 1.0L 自然吸气发动机，匹配手动变速器。

行驶里程：53322km。

故障现象：正常行驶时突然熄火，有时能直接打着车，有时需要等几分钟，此时启动机正常运转。

故障诊断：一年前该车出现过一次事故，把蓄电池附近的一个插头给挤坏了。车主说出现故障后只要把这个插头活动一下就能打着，当时修理工把插头拔掉，确实打不着车，就处理了一下插头，让车主先开一段时间试试，因为故障有可能两天也不出现，一时也试不出来。过了几天车又开回来了，还是那个故障，为了防止插头的部分针脚再出现故障，修理工把插头给去掉了，直接把插头两端的线接在一起了（如图 20-1 所示），确保该接头肯定不会虚接了，就这样车主又开了一星期，故障还是没有解决。这次来之后，首先连接了诊断仪，读取了

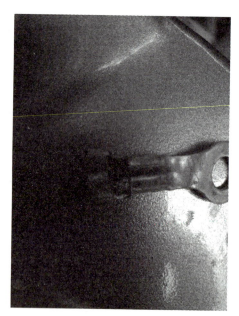

图 20-1　处理插头

发动机故障码，系统显示正常。根据已知的情况判断，造成发动机突然熄火有以下几种可能：(1) 发动机关键传感器线路出现偶发断路或断路现象（曲轴位置传感器、进气压力传感器)；(2) 点火系统控制电路出现故障；(3) 发动机控制单元供电出现问题；(4) 发动机控制单元本身故障。注：因为发动机熄火时特别突然，没有出现加不上油的情况，故没有把燃油系统列在怀疑范围之内。通过沟通了解到，该车出现故障时，关闭再打开点火开关，发动机故障警告灯未点亮，由此检查怀疑，有可能是第三、第

四种可能。接下来肯定是要找控制单元的供电，找到发动机控制单元（如图 20-2 所示），发现各螺丝及搭铁线安装牢固，没有出现锈蚀的现象。检查火线控制，由于该

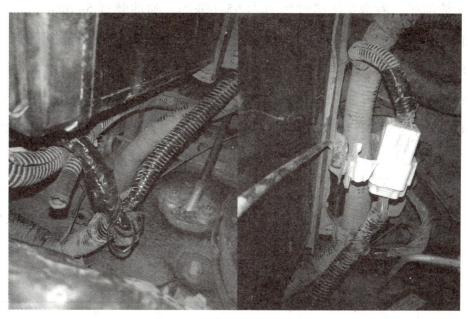

图 20-2　各螺丝及搭线丝安装牢固

车左前部位出现过事故，我们重点检查了左前部位，通过晃动线束最后发现，位于左前纵梁的搭铁线可能接触不好，已经出现了烧蚀的痕迹，由于温度过高，线路虚接处已经变了颜色。为了确定熄火是由该搭铁线引起的，笔者拆下了该搭铁线，反复试验，最终确定该搭铁线虚接与故障出现现象一致，如图 20-3 所示。多次的试验当中发现该搭铁线出现了不牢固的现象。

故障排除： 处理好左前纵梁的搭铁线线路，故障解决。

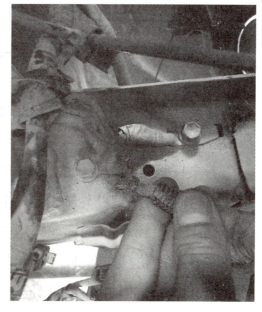

图 20-3　拆下该搭铁丝

二、东风小康怠速熄火加速无力

车型： 新款东风小康 V27，配置 465 的 16 气门发动机，控制系统为博世 M7。

VIN：LGK032K10B9××××××。

故障现象：该车改装了燃气系统，故障现象是怠速不稳，行驶时收油门熄火，加速无力。启动时感觉个别汽缸没有缸压，油门踩到底时长时间拉车勉强可以启动，检测仪检测无故障码，看数据流进气压力为55~60kPa，喷油脉宽5~7ms。

故障诊断：因为启动时感觉个别缸无缸压，先用缸压表检测汽缸压力，拆下4个火花塞，油门踩到底，1缸第一个压缩无缸压，连续启动，经过3~4个压缩，缸压可以达到300kPa，2缸和3缸差不多，第1个压缩200~300kPa，连续启动缸压也不超过500kPa，4缸几乎无缸压。标准缸压是最小1250kPa，两缸之间的压差100kPa。

本着先简单后复杂的思路，先看配气正时，拆下正时皮带看正时记号，记号没有错。

接下来再检查气门间隙，分别转到1~4缸压缩上止点，检查气门间隙如表20-1所示。

表20-1　气门间隙

序号	1	2	3	4	5	6	7	8
进气门（mm）	0.10	0.10	0.15	0.15	0.17	0.17	0.17	0.17
排气门（mm）	0.01	0.15	0.10	0.01	0.10	0.01	0.10	0.04

标准的气门间隙是水温在15~25℃的时候，进气门为0.16~0.24mm，排气门为0.24~0.32mm。

结果在意料之中，因为气门间隙过小，导致气门漏气，从而引起缸压不足，进气压力过高。

看来只能拆下缸盖了。这款车的缸盖和丰田发动机的相同，使用的是带有剪齿的进气凸轮轴，在进气凸轮轴的齿轮上有主、副两个齿轮，在拆凸轮轴的时候，先要在维修孔上拧一颗6mm的螺丝，用于锁住主、副齿轮（如图20-4所示），然后把进排气凸轮轴齿轮上的标记对准，再拆下进、排气凸轮轴。

经过一番努力，缸盖拆下来了，然后把挺杆做好标记，按顺序摆好，再压下气门，看气门和气门口，每个缸的气门都存在不同程度的漏气。但是该车只行驶了54000多千米，是

图20-4　用螺丝锁住主、副齿轮

今年刚买的新车，气门都还可以再用。再看气门口，工作面宽度都超过1mm，排气门的气门口几乎陷到缸盖里面了，气门间隙过小原因是气门口下陷（如图20-5所示），气门陷入气门口里面，导致气门挺杆与凸轮轴之间的间隙过小，甚至没有间隙。

图20-5　气门口下陷

本着为客户节约的原则，建议更换气门口，并且可以买到长安之星CB10发动机的气门口，东风小康和长安之星都是微型车，配件应该通用，就决定更换气门口。

等到拿下一个进气门的气门口把新的气门口放上去才知道，东风小康的气门口要比长安之星CB10的气门口大一号，CB10的气门口不能用，可是东风小康的气门口现在还买不到配件，没办法，只好更换缸盖了。

新的缸盖，旧的气门，气门研磨好了之后，先不装气门油封，装上气门弹簧、挺杆和凸轮轴，再检查气门间隙，结果如表20-2所示。

表20-2　换缸盖后的气门间隙

序号	1	2	3	4	5	6	7	8
进气门（mm）	0.35	0.32	0.40	0.35	0.45	0.45	0.35	0.35
排气门（mm）	0.35	0.35	0.42	0.45	0.40	0.40	0.45	0.50

这个气门间隙有点大，过大的气门间隙会导致发动机气门响，但是燃气的发动机在进气的时候吸入汽缸的天然气和空气的混合气，两种都是气态的，并且燃气的温度和发动机的温度相同，这样燃烧室在进气的时候就得不到混合气的冷却降温，尤其是排气门，始终处于一种高温的工作环境，然而气门口的材质要比气门的材质差很多，因此排气门的气门口磨损就特别严重，这次故意把气门间隙留得大很多，就是为了让发动机能够行驶的里程多一些。

再次拆下凸轮轴和气门，清洗缸盖和气门，并用压缩空气吹干，安装气门弹簧底下的垫片，安装气门油封，再次组装好气门机构。

把缸盖装好，更换新的缸垫，按由中间到两边的顺序紧固缸盖螺丝，先拧紧到42N·m，再拧紧到70N·m。按标记安装凸轮轴，拧紧凸轮轴螺丝，拆下维修螺丝。

启动发动机，运转平稳，加速流畅，连接检测仪查看进气压力，怠速时进气压力为 32kPa，喷油脉宽 1.8~2.0ms，数据正常，故障排除。

三、福田欧马可启动不着车

车型：福田欧马可轻卡，配置 4JB1 发动机，博世 EDC-16 柴油共轨电喷系统。

故障现象：启动不着车。

故障诊断：接车时这辆车已经在修理厂及维修站修过，客户说之前是行驶中熄火，偶尔还可以启动着车，再后来启动困难，"突突"几下，再后来就再怎么拉车都没有任何反应了。

前后经历了半年的维修过程，车的当前状态可想而知，喷油器、高压油泵、油轨、曲轴位置传感器、凸轮轴位置传感器全都换过一遍，发动机控制单元换过 2 个。

不管多难修的车，万里长征还是从脚下走起。先做基本检查。长时间的拉车，蓄电池是废了，需要外接蓄电池来启动，启动机在拉车时动力强劲，没有缸压表，只能通过启动机拉车的声音来判断缸压是否足够，感觉还可以。

柴油车与汽油车不同，油路的空气会引起启动困难，先给油路排气，用力按压油水分离器上的膜片式手油泵，直到回油管没有气泡流出。打开点火开关，故障灯正常点亮，提故障码，只有一个油水分离器加热线路故障，可以清除。

启动发动机，同时检查油轨压力，启动车时油轨压力可以达到 27000kPa 以上，轨压正常，但是发动机没有任何着火的迹象。再提故障码，系统无故障。

柴油电喷的发动机原理和汽油直喷类似，都是机械的高压油泵把油压提升到所需压力，然后把高压燃油输送到一根油轨中，油轨连接 4 个喷油器。只不过柴油共轨的油压更高，怠速时一般在 30000kPa，高速时可以达到 110000kPa，现在新款的柴油发动机油压最高可达 160000kPa 的压力。这么高的油压在喷油器的控制上就与汽油车的不同（如图 20-6 所示），因为

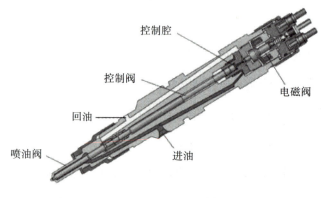

控制腔
控制阀
电磁阀
回油
喷油阀
进油

图 20-6　喷油器结构

任何电磁阀都不能在30000~110000kPa的压力下通过磁力打开阀门，因此柴油车的油嘴控制是通过回油来打开针阀的。高压燃油同时进入喷油器的针阀底部和针阀控制阀的顶部，针阀控制阀顶部被电磁阀的针阀关闭，针阀控制阀的顶部的燃油向下的压力加上针阀上部弹簧向下的推力大于针阀底部高压燃油向上的推力（如图20-7所示），喷油器针阀关闭，喷油器不喷油。当喷油器电磁阀衔铁被高电压产生的磁力向上提起时，喷油器控制阀顶部的高压燃油压力突然降低，针阀底部的高压燃油的压力迅速地把喷油器针阀顶起，针阀被打开，喷油器喷油（如图20-8所示）。根据这个原理，喷油器是否工作只要看喷油器的回油管是否回油就可以。

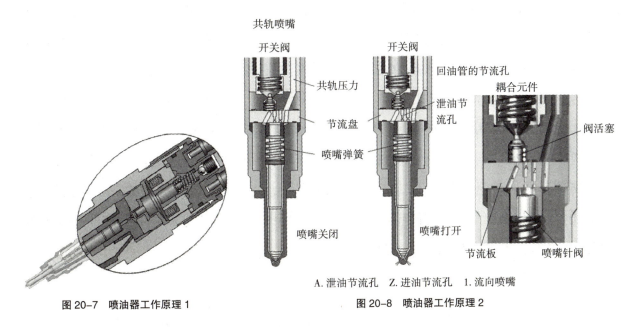

A.泄油节流孔　Z.进油节流孔　1.流向喷嘴

图20-7　喷油器工作原理1　　　　　　　　　图20-8　喷油器工作原理2

　　知道了原理，诊断就变得简单，拔掉喷油器的回油管，再启动车，同时观察油轨压力，在正常范围内，这时发现4个喷油器没有1个有回油现象，也就是说，喷油器根本就不工作，喷油器不喷油怎么可能着车。

　　现在分析一下，发动机没有与启动相关的故障码，可以认为发动机控制系统不存在电气断路和短路故障，但是肯定有某一个跟启动相关的传感器和执行器信号或状态有问题，控制单元认为没有达到可以启动车的条件。现在再梳理一下博世EDC-16的共轨电喷系统。这套系统结构很简单，主要的输入信号有曲轴位置传感器的上止点信号及转速信号，凸轮轴位置传感器的判缸信号，这个信号至关重要，柴油车没有点火线圈，更不会像汽油车那样一个喷油器管两个缸，柴油车的喷油信号就是点火信号，顺序都不能错。油轨压力信号也是一个至关重要的信号，因为这套系统的高压油轨上连限压阀都没有，油轨的压力全靠轨压传感器反馈，再由控制进油的燃油流量控制阀

（流量单元）调节进油量来控制油压。水温信号、进气温度信号、增压压力传感器信号等这些传感器都是修正信号，不会影响到启动。输出的燃油流量控制阀（流量单元）也是可以影响到启动的一个执行器。

根据控制原理，在发动机的轨压信号正常，流量单元没有断路和短路的情况下，只要有曲轴的转速和上止点信号，有凸轮轴的判缸信号就可以启动着车，现在不着车，一定是两个转速传感器和轨压传感器再加流量单元中的一个或几个有问题。控制单元可以读取油压压力，基本可以排除轨压传感器和流量单元的可能，只剩下曲轴位置传感器信号和凸轴位置传感器信号。

先检查曲轴位置传感器信号，该传感器是一个磁感应式转速传感器，由一个永磁的铁芯和缠绕在铁芯上的线圈组成，因为柴油发动机的转速低，在低转速要获得足够强的转速信号，这个传感器的线圈匝数比汽油发动机的要多，因此，它的电阻值就大。传感器电阻在常温下是 1500Ω 左右，测量电阻，在正常范围内，再测量电压，启动发动机时，用万用表交流挡测量传感器的电压，启动车时电压为 3.5V 以上，电压足够。再检查凸轮轴传感器，安装在凸轮轴的前部，凸轮轴的转速更低，因此一般的凸轮轴转速传感器都是霍尔式的转速传感器,3 根线，一根电源线是 5V 的，一根搭铁线，一根转速信号输出线。检查传感器的电源搭铁都正常，在启动车时用示波器检查凸轮轴信号波形，有 5V 左右的方波信号输出。双通道示波器同时连接曲轴位置传感器和凸轴位置传感器的信号线，示波器时间调整到 20ms，启动发动机，在出现曲轴信号齿缺齿的位置（如图 20-9 所示）不定期的会有凸轮轴的方波信号，凸轮轴在曲轴转 2 圈时，输出一个方波信号，在示波器的 20ms 挡时，信号清晰，但是不能捕捉 2 个曲轴循环的全部信号。因此在示波器显示的时候曲轴位置信号和凸轴位置信号有时会重合，有时不重合，信号也是正常的，这就奇怪了。

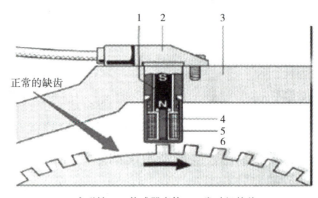

1. 永磁铁　2. 传感器壳体　3. 发动机外盖
4. 软铁芯　5. 线圈　6. 传感线圈

图 20-9　曲轴信号齿缺齿的位置

把控制系统的线路全部排查了 3 遍，所有可能的虚接或是锈蚀的连接器统统维修一遍，结果还是不喷油。再次分析原因，又回到正时相位上来了，齿轮传动的正时系统不存在跳齿错齿，那还会有什么原因呢。这次再次连接示波器，把时间范围调整到 100ms，启动车，在捕捉了 2 个曲轴位置信号时看两个信号的位置，似乎也没问题，再把时间范围调整到 200ms，连续捕捉几个曲轴循环信号，这时无意中发现，在两个凸位信号齿的中间，居然有 4 个曲位缺齿信号。这显然不对，检查曲位信号齿，在信号齿的一个位置有两个信号齿被人为地掰断了，而且这个位置正好和曲位正常缺齿位置相差差不多 180°。

拆下变速器，重新补焊两个信号齿，再装车启动，一次启动成功，故障排除。

故障总结：有时是人为的故障，人修人，累死人！

四、圣达菲加速无力冒黑烟

车型：华泰圣达菲，配置 2.0L 柴油共轨发动机及 4 速自动变速器。

故障现象：行驶中突然加速不良，冒黑烟，由车速最高 40km/h，一直到无法行驶，加速"突突"。由潍坊到烟台，在高速公路上清洗过一次涡轮增压中冷器，可以勉强行驶一段时间，最后跑到距烟台 40 多千米处实在无法行驶了，就拖了回来。

故障诊断：接车后已经下班，想把车开到车间，车间门口的一个小缓坡成了难以逾越的障碍，最终还是放弃了，把车停在外边。

第二天，开始维修，因为怀疑是涡轮增压器有问题，就拆下涡轮增压器，可是早晨却能够顺利地跨过昨天那道难以逾越的障碍，轻松开进车间。之所以怀疑涡轮增压器，第一，是因为中冷器内一直有大量的机油，怀疑增压器漏油；第二，发动机在突然加速时，进气管会被吸瘪，很明显，是增压的压力不够，正常情况下加速时进气管的压力是大于大气压力，接的软管应该是鼓胀的。因此拆下涡轮增压器检查。

拆下增压器，拆解发现，增压器确实有问题，增压空气的出口被机油污染成了黑色，增压器上真空调节膜盒也处于卡滞状态，根本扳不动。解体增压器，排气涡轮侧有很多的细粉末状黑灰，VGT 调节器被这些黑灰卡死了，很明显，这是长时间燃油燃烧不充分在排出燃烧室后沉积在排气涡轮侧的（如图 20-10 所示）。涡轮的周围也是厚厚的一圈黑炭粉末。把这些黑灰粉末彻底地清除干净，并且清洗涡轮增压器，检查涡轮轴运转正常，无明显的阻力，涡轮的状态也正常，没有缺失和变形。涡轮轴与轴套间也没有间隙。重新安装起来，并且实验 VGT 控制阀运行正常。

安装涡轮增压器，然后试车，居然还是不好。发动机有时冒黑烟，有时还好一些，第一次试车时最快能跑 100km/h，并且还是冒烟，第二次试车，根本就跑不起来，出门就回来了，排气管排的黑烟遮天蔽日，拆下进气管软管，加速时发动机前边也是黑烟滚滚。本以为还是中冷器堵塞，拔下进气管，可是加速性能没有任何改善，并且从进气口往外冒不太黑的黑烟，这回有把握了，是排气管堵了，因为排气不畅，所以废气被倒逼回了进气管（在气门叠开状态时）。

图 20-10　排气涡轮侧的黑灰

立刻拆下三元催化器，一看，稍有堵塞，但是一定不至于加不上油。在不装三元催化时启动发动机，加速，结果是一股黑烟充满了整个车间。这时，把换挡杆换到 D 挡，稍一加速，前边进气管也开始黑烟阵阵地排废气了，判断再次失误。三元催化没堵那么严重，或许不是三元催化堵塞引起的。这时的进气软管已经拆掉了，即使没有三元催化，自然吸气也是可以加速的，只是动力稍小一些罢了，怎么也不会冒这么大的烟，还加不上油，还是哪里有问题。

这时该借助检测仪了，连接检测仪，读取故障码。故障码显示 U-0029：汽车通信总线 A 故障。

这个故障码根本就不会影响发动机的加速。再看数据流（如图 20-11 所示）。

项目	数值	单位
空气流量	144.6	mg/st
加速踏板位置传感器	0.0	%
加速踏板位置传感器电压	796.5	mV
冷却液温度传感器	88.0	℃
发动机转速	820.0	rpm
车速传感器	0.0	Km/h
燃油压力	27290	kPa

图 20-11　数据流

对比上次修的圣达菲，空气流量不对了，特别小。上次的空气流量在怠速时是 300mg/s。难道是流量计坏了，拔下流量计，再看数据流，空气流量达到了 8000mg/s，

308

再加速，还是冒烟，加不上油，也不是流量计的问题。

忽然想起来，在拆三元催化的时候，EGR 控制阀的真空管是人为堵上的，我们在安装的时候，把管换掉了，把堵塞的东西也扔了，直接把管插在上边，这时怠速，EGR 控制阀应该没有真空，拔掉真空管一试，竟然有真空，是 EGR 一直处于打开状态，怪不得进气口有那么大的黑烟冒出来，是真空管插错了。手头并没有这车的真空管路图，只有顺藤摸瓜了。

3 个电磁阀，分别控制节气门（减速制动或熄火时用的）、EGR 阀和 VGT 阀的。现在在怠速时就一直有真空，很有可能是真空源的管。柴油发动机进气管里基本没有真空，增压的发动机进气管内是高于大气压力的正气压，就更没有真空了，真空一般来自于发电机后部的真空泵。找到真空泵，并没有这根细的真空管，只有一根粗的去真空包的管，在真空包的下边，分出了一根细的真空管，是这根管给这 3 个电磁阀提供真空源。再看这根管正是连接到 ERG 阀的这根，肯定是插错了，仔细辨认，3 个电磁阀有一个管口是并联到一起的，这根肯定是连接真空源的，最右边的电磁阀是控制节气门的，中间这个是应该是控制 EGR 的，因为最左边的电磁阀连接的 VGT 阀。重

新连接后，就感觉怠速时中冷器的出口就有了很强的增压压力，怠速也正常不抖了，如图 20-12 所示。到驾驶室踩一脚油门，转速忽地一声窜到了4500r/min，加速好了，原来是 EGR 参与了工作，而且还是最大开度，那么多的废气进入燃烧室，肯定是氧气

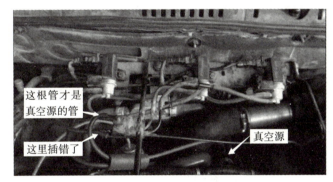

这根管才是真空源的管

这里插错了

真空源

图 20-12　插错的真空管

不足，没有氧气又怎么能够让燃油充分燃烧，又怎么会有动力，终于找到原因了。

现在想想，这车很早就把管插错了，因为这车在半年前出差坏到半路了，大修了发动机，并且更换了涡轮增压器，那时候真空管就插错了，只是他们把 EGR 阀堵死了，EGR 不工作，所以还可以行驶，一直以来的加速无力是因为涡轮增压器一直处在最小的增压状态，怠速时几乎就没有增压压力，所以才会加速时进气软管被吸瘪，并且由于增压压力过低，进气时的吸力把增压器润滑的机油也给吸了出来，才会有很多机油进入了中冷器，导致中冷器几次被堵。真相大白了，看来还是人为的故障最难修啊。

因为长时间的不完全燃烧，三元催化器内也是积炭严重，需要清洗，用自来水冲

洗三元催化，清水一进去，立刻从另一端就有"墨水"涌了出来，反复冲洗，然后再用压缩空气吹，吹的时候还是黑烟弥漫，黑灰一片，总之是各种的脏（如图20-13所示）。

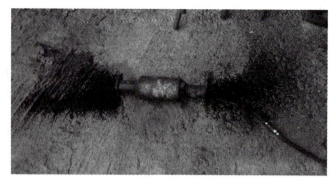

图 20-13　积炭严重

清洗之后装车试车，高速公路加速时推背感明显，加速时的近期压力最大可以达到31psi，大约238kPa。压力提高了，加速行驶的时候都会有种啸叫声。柴油发动机的涡轮增压压力大型货车是280kPa，也就相当于36.4psi，感觉进气压正常。再检查一下VGT阀的控制信号，信号是正常的，检测仪显示VTG在怠速时75%，用示波器分别测量3个电磁阀的波形，右侧第一个是最大的，最大占空比信号的就是VTG控制阀。因为怠速时EGR的控制占空比只有5%，仅仅是消除真空膜盒的拉动EGR阀的自由间隙而已。至此故障彻底排除。

编写组成员简介

白晓迪

2005 年 6 月就读于解放军军需工业大学汽车检测与维修专业。2007 年 12 月参加腾骅汽车自动变速器维修培训第 801 期学员。2007 年取得汽车维修工高级证书。2011 年参加美国 ATRA 协会组织的自动变速器再制造技术培训。2012 年 7 月至 2014 年 4 月接受美国 APEC 技术咨询公司的自动变速器再制造系统培训。2014 年 6 月取得汽车维修工技师证书。2014 年 7 月取得质量管理体系内审员资格证书。2014 年 9 月中国汽车诊断师大赛变速器赛区华东地区冠军。2015 年 3 月中国汽车诊断师大赛变速器赛区全国亚军。2015 年 5 月中国汽车诊断师大赛获得"中国汽车诊断师—变速器专项"荣誉称号。2015 年 6 月成为 F6 汽车养护站"汽车变速器养护项目"专家讲师。现任杭州腾骅汽车变速器有限公司生产部再制造项目经理兼苏州区域经理，主要负责技术培训，再制造生产技术管理，疑难故障诊断。

白永平

毕业于西京学院汽车检测与维修专业。2007 年 12 月至 2008 年 6 月在温岭金奥达奥迪 4S 店实习。2008 年 6 月至 2009 年 6 月在温岭金奥达奥迪 4S 店当中工。2009 年 6 月至 2010 年 4 月任温岭金奥达奥迪 4S 店机电组长。2010 年 5 月至 2011 年 9 月任陕西庞大乐业奥迪 4S 店机修组组长。2011 年 10 月至 2014 年 6 月任中锐教育集团汽车技术培训师。2014 年 6 月至今任中锐教育集团华汽西航项目教学主任兼西安阎良之星汽车贸易有限公司售后技术经理。曾获中国诊断师大赛"天元赛区西安赛场"第一名（2014 年），安吉好途邦"赛倍飒"中国诊断大师赛第一名（2014 年），中国诊断师大赛天元赛区总决赛"第三名"（2014 年）。

陈小江

陈小江，目前在甘肃兰州新奥驰泰汽车销售服务公司从事机电维修工作。2007年开始从事汽车机电维修工作，主要从事维修大众奥迪。多次参加一汽大众厂家举办的技术培训，获得一汽大众售后专家级技师认证。2014年曾荣获首届中国汽车诊断师大赛总决赛第四名。

陈怡明

2010—至今，兰州美亚自动变速器维修有限公司，任技术总监。2009—2010年，广州西福自动变速器有限公司（深圳分公司），任维修中工。2008—2009年，广州西福自动变速器有限公司。

教育培训：

2008年9月，广东省广州市技能鉴定中心，获得汽车维修中级证。2008年11月，广东省广州市技能鉴定中心，获得汽车电工维修中级证。2009年12月，广州西福自动变动箱有限公司，获得年度新人奖。2014年11月，全国汽车诊断师大赛银川赛区，获得季军。2015年1月，全国汽车诊断师大赛济南总决赛。

房长瑞

2005年参加工作，任职于河北省秦皇岛市珺吉汽车空调电器有限公司，2007—2015年在广东省广州西福自动变速维修有限公司担任自动变速器维修技师。2014年获得汽车诊断技师赛广州赛区冠军。现任职河北省秦皇岛市西福自动变速器技术总监。从业以来，维修自动变速器3000多台，有丰富的自动变速器维修经验。

黄逵富

目前就职于广西贺州市均程汽车销售有限公司。2006 年毕业于桂林航天工业学院汽车检测与维护专业。毕业至今一直从事汽车维修工作，曾经在东风悦达起亚 4S 店担任过机电班组长及内训师；2009 年至今一直在长安福特 4S 店担任内训师及技术总监等职务。精于汽车电器、发动机系统故障分析与排除，并在 2014 中国汽车诊断师大赛天元赛区桂林赛场获得二等奖。

李铁峰

北京天元陆兵汽车科技服务有限公司特聘培训讲师，广州华宇汽车自动变速器专修全国连锁联保服务有限公司九江分公司经理、技术总监、培训讲师，全国汽车自动变速器维修服务联盟维修专家。2015 年获全国汽车诊断师大赛亚军，2016 年担任全国汽车养护师大赛专家评委及北京天元陆兵城市技术服务中心维修指导专家。

林　巍

1975 年生人，自幼跟随父亲学习汽车驾驶、维修至今，从事汽车维修 20 多年。2002 年在西安汽车科技学院学习，取得中级工资质，2009 年在珠海笛威学习自动变速器维修，2014 年在北京陆兵学院学习自动变速器养护并获得变速器维修师资质。在 2014 年获得中国汽车诊断师大赛康众赛区甘肃赛场优秀奖，同年获得中国汽车诊断师大赛康众赛区决赛优秀奖。

刘华伟

2004 年就读于山东电子职业技术学院汽车电子专业，2010 年入职上海四惠汽车技术发展有限公司，学习自动变速器维修，从最底层学徒工做起，逐渐成长为公司技术主管、技术经理。一直工作在技术一线，期间解决很很多技术难题，总结了丰富的维修经验，在此基础上研发了相关的检测和维修设备，并申请了国家专利。

裴振国

高中文化，汽车维修中级职称，从事汽车自动变速器维修服务至今已有 13 年工作经验，2002 年分别到广州、深圳汽车自动变速器专修厂学习维修技术，2009 年在青岛创办豪顺汽车自动变速器服务有限公司。

任 君

80 后修理工，毕业于河南机电学校汽车运用与维修专业。对汽车维修和无线电 DIY 有浓厚的兴趣。2006 年开始在广州学习自动变速器维修，凭借自己不懈的努力从普通维修工成长为公司主管，负责公司的维修及配件业务，期间多次获得公司优秀员工和优秀主管荣誉。2014 年在全国零公里润滑油杯变速器诊断赛广州赛区中荣获三等奖。同年返乡自主创业，组建信阳任君自动变速器公司，主要从事自动变速器的维修业务。

商爱朋

2005 年毕业于邢台军需工业学院。十年来一直坚持在汽车维修第一线，先后在一类维修厂和上海通用旗下 4S 店工作，做过汽车维修电工、机电维修技师、技术总监等岗位，供职过的企业都有自动变速器维修业务。立足于维修实践，坚持学习钻研汽车自动变速器维修和疑难杂症的排除。并将学习心得总结出来，和同行交流学习。在《汽车维修技师》《汽车维修与修理》《汽车维修与保养》等杂志发表通用车系维修及自动变速器维修论文 50 余篇。河北省三包争议处理咨询专家，上海通用培训中心认证银牌维修技师，大学英语六级。2014 年和人合伙在河北保定成立安迅汽车技术服务有限公司，开展自动变速器维修和保养业务。

宋晓章

汽车运用与修理专业毕业，目前就职于东营石大汽车销售服务有限公司，任公司技术总监。1999 年起从事汽车修理工作至今。现主要从事汽车故障诊断、竣工车辆检验、汽车维修技术培训和教学、生产安全管理等工作，对汽车各系统机械和电气故障有较强的分析能力。2012 获单位先进个人；2013 年获得汽车维修工二级职业资格证书；2014 年获全国诊断师大赛杭州站首赛变速器赛季军，同年获上汽大众 No.1 服务技能大赛山东赛区优秀选手称号；为将来新能源汽车维护打基础，于 2015 年获得维修电工三级资格证书，于 2017 年获得低压电工操作证书。

温棕明

1998—2007 年在北京北汽集团福斯特汽修厂、北京众义达集团从事机电工作，在北京陆兵汽车技术服务有限公司专业维修自动变速器，2007 年进入保定轩宇集团继续机电工作，多年的经验积累和孜孜不倦的学习萌生了自己创业的梦想，2009 年 6 月 1 日创立保定恒屹自动变速器有限公司，专业维修各车型自动变速器，2015 年创立保定恒屹名车专修，专业维修各国名车，业余时间在《汽车驾驶与维修》维修版和《汽车维修技师》上发表多篇经典自动变速器维修案例分析。

张 杰

1994 年从事汽修工作以来，始终致力于汽车维修技术的学习。在烟台东联工作期间，多次参加丰田和通用技术培训。先后考取汽车维修工高级工、维修技师资格证书。

2012 年 4 月 8 日举办首届烟台汽车维修技术论坛。2012 年 10 月 27 日组织举办了烟台地区汽车维修工技能大赛。自 2012 年开始自发为福山区修理厂每周做一次技术培训。2013 年被烟台汽车工程职业学院聘请为兼职教师。在工作期间曾多次在《汽车维修技师》杂志发表技术文章。2014 年参加全国汽车诊断技师赛自动变速器赛区比赛，取得场赛亚军，总决赛十佳选手成绩。

张银波

现任莘县贵银汽车服务有限公司技术总监，负责公司内部培训及技术指导工作。2007 年开始进入汽车维修行业。2008 年下半年，在保定明星汽车专修学校完成了高级电工班培训。2009 年进入聊城博世汽车连锁维修中心，由普工升至车间主管。精通多品牌的疑难故障诊断，并在汽车维修技术类期刊发表多篇文章。